Jetzt mal was anderes, Schatz!

Katrin Kremzow

Jetzt mal was anderes, Schatz!

Liebesroman

Rellin Verlag

Impressum

Rellin Verlag
Jetzt mal was anderes, Schatz!
© 2024 Rellin Verlag, 16562 Hohen Neuendorf
Hochwaldallee 87
Lektorat und Gestaltung | Rellin Schreibwerkstatt Oybin
Umschlag | Jan Koch (Gestaltung), Iris Coccejus-Mey (Illu)
Foto Autorin: Michael Landmann
Druck | BoD
info@rellinverlag.de
www.rellinverlag.de

ISBN: 978-3-911222-01-3

Nichts ändert sich, bis du dich selbst änderst.
Und dann ändert sich alles.

*

Dieses Buch widme ich meinem Mann
und allen mutigen Männern.
K.K.

1 | Knospen

Die Osterglocken im Vorbeet am Haus haben in diesem Frühjahr wieder nur Knospen, wie schon im vergangenen Jahr. Sie blühen einfach nicht auf. Sie schieben schon im zeitigen Februar ihre zarten kleinen Blätter durch die gefrorene Erde, trotzen der späten Schneedecke im März, verharren im Frost und wachsen weiter, wenn die kraftvolle Frühlingssonne alles aufatmen lässt. Doch sie blühen nicht auf. Rosa hat einen ganzen Eimer Unkraut, das der Winter übriggelassen hatte, gejätet und zum Kompost gebracht. Jetzt sitzt sie in ihrem Gärtnerlook, grüne Latzhose und Gartenclogs, auf der weißen Bank vor dem Haus, hat die Hacke an der Wand abgestellt und genießt den weiten Blick ins Thüringer Becken. Bis zum Dün im Norden kann sie heute blicken, selbst den Hainich im Westen erahnt sie im Flimmern der Wolkenbänke. Die Sonne meint es gut in diesem Frühjahr, die Temperaturen erinnern eher an Mai, auf den Beeten vor den Nachbarhäusern ringsherum überlassen die Schneeglöckchen und Krokusse bereits den Osterglocken und Narzissen das Farbenspiel.

Ob die Osterglocken es schaffen, genau zu Ostern zu blühen, fragt Rosa sich jedes Jahr wieder erwartungsfroh, schließlich wünschen sich das die Menschen zum gleichnamigen Fest. Manchmal blühten sie weit vorher, manchmal erst viel später. In diesem Jahr blühen sie genau zu Ostern. Punktlandung. Bei den Nachbarn. Rosas Osterglocken haben Stiele geschoben schon vor drei Wochen. Sie haben Knospen, ganz geschwollen, voller Zuversicht. Doch sie blühen nicht auf; keine Blüte in strahlendem

Gelb mit einer großen wahren Glocke, deren Ton man fast zu hören glaubt. Es bleiben Knospen. Nach zwei Wochen werden sie vertrocknen, das Laub gelb, sie legen sich am Boden nieder, bis nichts mehr an ihre verborgen gebliebene Schönheit erinnert, sie sind vergangen.

Auf einmal kommt Rosa ein eigenartiger Gedanke: Ich bin genauso eine Knospe. Ich bin eine Frau, die nicht aufblüht, hochgewachsen ist diese Frau, alles hat sich zur rechten Zeit in Position gebracht, doch nur bis zur Knospe. Ich bin wie diese Osterglocken nur eine Knospe, die nicht erblüht. Wie kann das sein? Weiß sie schlicht und einfach nicht, wie das geht, als Frau zu erblühen oder darf sie es nicht? Sie ist beinah erschrocken über diesen Gedanken.

Verwirrt erhebt sie sich von der Bank und sammelt die Gartengeräte ein, um sie wieder im Schuppen zu verstauen. An der Terrassentür bleibt sie stehen und lässt ihren Blick nachdenklich über den kleinen Hausgarten am Hang schweifen. Als sie vor zehn Jahren hier in Neuwig das Grundstück gefunden hatten und sich ein Haus bauen wollten, hatte Rosa die Planung dafür in die Hand genommen. Stefan war es irgendwie egal, wie das neue Haus aussehen sollte, Hauptsache, man hat Platz und es regnet nicht rein. Auch die Gartenplanung war damals Rosas Metier, sie entschied sich für einen Bauerngarten mit vielen Rosen hinter und den herrlichen Frühjahrsblühern vor dem Haus, die in den ersten Jahren die Blicke der Spaziergänger auch wirklich auf sich zogen. Doch nun fehlt den Pflanzen wohl etwas. Genauso wie ihr. Es fehlt ihr etwas, um zu erblühen. Jetzt bloß nicht trübsinnig werden, diesen Zustand kann Rosa nicht leiden. Sie tauscht die Clogs gegen die Birkenstocks und verschwindet durch die Terrassentür zur Küche ins Haus. Rosa bekommt Lust zu singen, anstatt Trübsal zu blasen, und sie fängt in den höchsten Tönen an zu trällern. Zum Glück hat sie ein ganzes Arsenal an Frühlingsliedern drauf, in denen es grünt und blüht.

»Es grünt so grün, wenn Spaniens Blüten blü-hün ...« – »Wenn der weiße Flieder wieder blüüüüht ...« – »Frühlingszeit, Frühlingszeit, machst mir das Herz so weit.« Die Rolle der Eliza Doolittle im Musical My fair lady wäre für immer die ihre, wenn sie der Erfurter Intendant jemals hätte singen hören.

»Reicht es nicht, wenn du im Chor singst, es nervt.« Stefan poltert in der Kammer und sucht seine Fußballschuhe zusammen. »Ich singe hier in meinem Zuhause, solange es mir passt!«, kontert Rosa. »Das spornt mich an beim Essen kochen.« Die Ironie ist nicht zu überhören.

Stefan schaut kurz aus der Kammer: »Apropos Essen, wie lange brauchst du noch? Ich muss halb zwölf los, das Spiel heute fängt schon um zwei an und 'ne Stunde vorher Dasein ist Pflicht. Schaffst du das?« Rosa verdreht die Augen, schaut zur Küchenuhr. Jetzt weiß sie, dass sie sich beeilen muss. Jedes Wochenende dasselbe, das Familienleben wird von Stefans Fußballmannschaft und deren Anstoßzeiten diktiert. Sie kann sich nicht erinnern, dass es mal anders war. Fußball ist unser Leben hat die Nationalmannschaft um Gert Müller in den Siebziger gesungen, das ist auch das Motto ihres Mannes.

Schnell schält sie die Kartoffeln, Möhren, Sellerie, eine Stange Porree dazu, die Zwiebeln zuvor braun anschwitzen – Kartoffelsuppe. »Halbe Stunde. Reicht das?« Sie ruft ins Haus, ohne zu wissen, ob Stefan die Botschaft erreicht. »Mann, das wird knapp«, hört sie ihn schimpfen, »ich hatte dir gesagt, ich muss heute eher weg.« – »Dann kommst du eben etwas später. Du bist doch nur der Trainer, die Spieler können sich in der Zeit schon mal warm machen.« Stefan steht auf einmal im Türrahmen und schaut mit in Falten gelegter Stirn ärgerlich in die Küche. »So einen Unsinn können nur Frauen erzählen, die von Disziplin im Fußball keinen blassen Schimmer haben. Ich bin Vorbild. Komme ich zu spät, machen das die Spieler bald auch.«

Warum nur hatte sie damals, als sie sich eine halbe Ewigkeit nach ihrer ersten Begegnung wiedertrafen, »Ja« gesagt, als er mit den Beinen baumelnd auf dem Küchentisch saß und ihr als Bedingung für ein Zusammenleben mit ihm verkündete: »Ich bin Fußballer, das heißt: Dienstag und Donnerstag Training, am Wochenende Sonnabend oder Sonntag Spiel. Das musst du akzeptieren, wenn wir zusammenbleiben wollen. Wenn nicht, wird das nichts mit uns beiden.«

Als Rosa das hörte, hatte sie sofort ein Déjà-vu aus ihrer Kindheit. Genauso kannte sie es von zu Hause, dasselbe hatte sie mit ihrem Vater Heinz erlebt. Auf die Frage »Wo ist Papa?«, kam von ihrer Mutter Ursula so oft ein resigniertes »Zum Fußball, wo sonst.«

»Ja, kein Problem«, hatte sie Stefan auf dessen Bedingungen geantwortet, doch nun, nach dreißig Jahren, ist es wie in dem Film *Und täglich grüßt das Murmeltier*, nur dass ihr Murmeltier Fußball heißt und wöchentlich grüßt.

Rosa hat grundsätzlich nichts gegen Fußball, sie kann den tatsächlich als Sport akzeptieren, anders wäre es bei Angeln oder Schach. Fußballer haben meistens tolle

Oberschenkel, einen angedeuteten Sixpack, die neuesten Trendfrisuren und obendrein schöne Knackärsche, dazu kann sie als Frau nicht Nein sagen. Leider bedarf das Leben von Männern, die diesem Spiel frönen, kaum anderer Aktivitäten, es füllt sie vollkommen aus, da sie neben dem Kicken im eigenen Verein gerne abends im Fernsehen gut bezahlten Profis beim Spielen zusehen. Wenn es vor zehn Jahren nur am Wochenende Fernsehfußball gab, ist der nun täglich verfügbar und nicht nur den Kneiper im Ort freut es, wenn es zu den Champions-League-Spielen wieder mehr Gäste gibt, sondern auch die Männer, die sich im Rudel vor dem Bildschirm im Gasthaus zusammenfinden und ihren Emotionen freien Lauf lassen können. Rosa ist früher oft beim Fußball dabei gewesen als Zuschauerin am Spielfeldrand, auch zur Sportschau hat sie sich für den Tabellenstand der Liga interessiert und als vor zwei Jahren Deutschland die Fußballweltmeisterschaft gewann, lag sie sich mit wildfremden Menschen während des Public Viewings in den Armen. Doch langsam ist die Luft bei ihr raus, sie merkt, es ist nur das Leben der Anderen.

»Hast du heute was vor?«, fragt Stefan und löffelt die heiße Suppe hastig in sich hinein. »Ich treffe mich Nachmittag mit Bibi in der Stadt zum Käffchen.« – »Wer ist denn das nun wieder? Eine von den Klugscheißern aus dem Salon?« Rosa überlegt, wie sie gelassen auf die Frage antworten soll. Seit fünf Jahren bekommt sie von Stefan nur solche blöden Bemerkungen zu ihrem »affigen« Salon zu hören. Vor fünf Jahren hatte sie das ehemalige Büro im Gemeindehaus anmieten können, den nüchternen Raum in einen Lese-Salon mit großem ovalen Tisch in der Mitte verwandelt, wohin sie nun regelmäßig interessierte und aufgeweckte Menschen zu Gesprächen über Gott und die Welt einlädt. Sie nennt ihn inoffiziell ihren *Philosophischen Salon*, denn es geht um die Sinnfragen des Lebens. *Wo kommen wir her? Wo gehen wir hin? Und was genau passiert dazwischen?* Stefan ist es nicht geheuer, was sie da macht und mit wem. Er kommt aber auch nicht auf die Idee dabei zu sein, um sich ein Bild zu machen. Rosas Antwort fällt entsprechend spröde aus. »In dem Fall ist es eine Freundin, ja, aber sie ist meine neue Kollegin im Team. Bianca heißt sie richtig, will aber Bibi genannt werden.« – »Dann bist du ja gut versorgt, bestimmt redet sie gern und viel, so wie du.« Stefan zwinkert ihr zu und grinst. Rosa beschließt, sich nicht zu ärgern. Stefan steht auf, bewaffnet sich mit zwei gepackten Taschen, darin die Trikots für die Mannschaft, der Kühlbox für die Versorgung lädierter Körperteile und dem kleinen Koffer mit dem Sprüh-Eis. »Bis heute Abend! Wirst es ja sehen, wenn ich da bin.« Er winkt ihr kurz zu und die Tür fällt krachend ins Schloss.

Einatmen – Ausatmen. Um drei ist Rosa mit Bibi verabredet, dieser Gedanke lässt sie lächeln. Obwohl Bibi schon seit drei Jahren das Außendienst-Team Thüringen verstärkt, haben sie sich erst Anfang dieses Jahres zum Hausärzte-Tag näher kennenlernen können. Rosa hatte sich zum Standdienst bereiterklärt und Bibi unterstützte sie dabei, die ganzen Werbeartikel und Publikationen in das Congress-Centrum zu schleppen, in den Pausen Smalltalk mit den Ärzten zu halten und ansonsten die Zeit totzuschlagen. Sie hatten viel Zeit sich näher zu kommen. Bibi ist zehn Jahre jünger als sie, ein Figürchen wie Fotomodelle im Katalog, immer von Kopf bis Fuß passend gestylt und ja, sie redet gerne und viel, warum auch nicht, sie wäre ja sonst 'ne Fehlbesetzung im Pharmaaußendienst. Im Unterschied zu Rosa ist Bibi Single, obwohl sie mal 'ne Zeit lang verheiratet war, da war sie dreißig. Ihr Ex war Unternehmer und nur am Ackern. Kein Urlaub, keine Kultur, keine Mußestunden, auch um die gemeinsame Tochter durfte sie sich allein kümmern. Kohle war ausreichend vorhanden, doch Bibi hat die Frage nach Geld oder Liebe mit dem Herzen beantwortet und ihrem Mann den Laufpass gegeben. Nun ist sie schon länger auf der Suche nach einem passenden Partner.

Als Rosa ihr lauschen durfte, was sie auf dieser Suche so erlebt hat, musste sie darüber nachdenken, ob sie als langjährige Ehefrau nicht doch eine ganze Menge verpasst im Leben. Als sie das Bibi sagte, antwortete die lachend: »Ne, bestimmt nicht, auf das Meiste, was ich da erlebe, kannst du locker verzichten.« – »Hört sich aber abenteuerlich an«, erwiderte Rosa und stimmte in das Gelächter mit ein.

Heute winkt ihr Bibi schon von weitem freudig zu. Sie steht einfach da vor dem netten, kleinen Café, die tiefschwarzen Haare zu einem kleinen Dutt zusammengebunden, am Gesicht kringeln sich rechts und links zwei Lockensträhnen, die ihrem strahlenden Lachen einem passenden Rahmen geben. Sie umarmen sich herzlich und Bibi meint: »Lass uns draußen sitzen, in der Sonne ist es super herrlich warm.« Rosa stimmt ihr zu, die Kraft der Sonne hat sie heute Morgen bereits gespürt.

»Zeig mal die Karte.« Bibi nimmt die bunte Pappe mit den Fotos der Eisbecher mit den überklebten Preisen vom Tisch und seziert mit Kennerblick das Angebot. »Das

Joghurteis schmeckt sensationell, kann ich empfehlen, und dazu diesen selbstgebackenen Mohnkuchen, der Hammer.« Rosa muss lächeln über die Superlative, die Bibi ständig verwendet. Anscheinend reitet sie die Wellen ihres Lebens ausschließlich auf der Schaumkrone. »Wenn du das so anpreist, nehm ich auch das was du aussuchst. Und dann erzählst du mir, was sich in den letzten Wochen auf dem Jahrmarkt der Eitelkeiten so aufgetan hat.«

Bestellen und ein neuer Redeschwall sind bei Bibi eins: »Hör auf, meistens nur Flachzangen die Männer auf den Dating-Plattformen. Alle erzählen mir, was sie haben wollen, nie etwas darüber, was sie zu bieten haben.«

Sie sprudelt los im Beschreiben ihrer ernüchternden Begegnungen mit den Kandidaten ihrer Wahl. Der eine sucht ihrer Meinung nach nur die Frau, die ihm das Haus sauber hält, ein anderer eine Begleitung für Freizeit und Urlaub, damit es nicht so langweilig ist, und viele halten auch nicht damit hinterm Berg, dass es ihnen um regelmäßigen Sex geht.

Rosa muss die ganze Zeit darüber nachdenken, was sich Bibi eigentlich wünscht. Sucht sie spannende Bettgeschichten, jemanden, der sie versorgt, oder ist sie auch eine Knospe, die aufblühen möchte? Sie fragt vorsichtig nach. »Das klingt alles ziemlich hart, was du über die Männer erzählst. Tust du ihnen damit nicht unrecht?« Bibi schaut sie verwundert an. »Ich glaub einfach daran, dass es irgendwo da draußen den Mann gibt, der zu mir passt. Und den suche ich, das find ich legitim.« – »Und wie merkst du, dass es passt?« – »Es passt, wenn es sich gut anfühlt.« Rosa ist sich nicht sicher, ob Bibi grad die richtige Gesprächspartnerin ist für ihre morgendliche

Offenbarung am Blumenbeet, doch letztlich schätzt sie an Bibi, dass sie mit ihr überhaupt über Männer reden kann. Ehrlich reden kann, denn Bibi redet wie ihr der Schnabel gewachsen ist. Bei ihr gibt es keine Tabus, wie bei den meisten anderen Frauen, die Rosa kennt. Rosa erzählt also ganz ehrlich von den Osterglocken, ihrem Zweifel, ihrer gefühlten Unzufriedenheit und ihrer Sehnsucht nach etwas Unbestimmtem in ihrer Ehe. Bibi hat sofort nach Rosas Geständnis einen Lösungsvorschlag. »Für mich ist das Wichtigste, dass es im Bett stimmt, dann kommt der Rest hinterher.«

Wie bitte? Ist es nicht genau umgekehrt? Rosa produziert Fragezeichen in ihrem Kopf. Bibi hat offenbar ein Verständnis für Rangfolgen in der Zweisamkeit, das jenseits von Rosas Vorstellungskraft liegt. Bibi legt nach: »Wenn dafür nicht genügend Zeit ist und keine Muße, kannst du alles andere vergessen. Das ist meine Erfahrung.« – »Und was soll ich deiner Meinung nach jetzt machen?«

Bibi stützt die Ellenbogen auf der Tischplatte auf, legt ihr Kinn in beide Hände und überlegt. »Hhmm? Im Juni zur Tagung in Berlin sind wir mit allen männlichen Kollegen aus ganz Deutschland in diesem herrlich anonymen Hotel.« – »Und, was hat das mit mir zu tun?« Bibi zieht die Augenbrauen nach oben, lächelt süffisant und wiegt ihren Kopf hin und her. »Sollte es da für dich nicht Möglichkeiten geben, nach neuen Ufern Ausschau zu halten?«

Rosa schließt die Augen, um die Tragweite dieses Vorschlags zu erkennen. »Was meinst du damit?« – »Jetzt stell dich nicht so an. Das ist doch zu einer Tagung gang und gäbe. Die Kerle sind nach drei Bier an der Bar rattenscharf, da kannst du mal was Neues ausprobieren, nur so zum Vergleich.«

Diesen Vorschlag muss Rosa erstmal verdauen. Als sie im Schein der Abendsonne zuhause ankommt, sieht sie Stefans Auto bereits in der Auffahrt stehen. Kein gutes Zeichen. Er sitzt vor dem Fernseher auf der Couch, Füße auf dem kleinen Schemel und hat sich ein Bier aufgemacht.

»Nanu, schon zurück? Keine Drei-Punkte-Feier im Vereinsheim?« Rosas Interesse ist durchaus ehrlich, denn hat seine Mannschaft gewonnen, dann ist gute Laune angesagt und es kann noch ein schöner Abend werden. »Hör auf, das war wieder die Krönung heute. Der Stürmer hat kurzfristig abgesagt, seine Freundin hat heute Geburtstag. Der Libero war dermaßen verkatert, der hat den Ball anscheinend noch doppelt gesehen und zwei wichtige Leute waren einfach nicht da und keiner wusste, wieso.« Stefan macht seinem Frust lautstark Luft. »Sowas gab es bei uns früher nicht. Das Wichtigste war immer das Spiel!« Er schüttelt verständnislos den Kopf.

Rosa weiß, dass er es gerne wieder so haben möchte, mit Disziplin, Loyalität und Freude am Spielen, wie damals in seinem Verein in Berlin. Nur deshalb hat er Ja gesagt, als das Angebot kam, bei *FC Einheit Erfurt* als Trainer anzutreten – das war nach seiner Knieverletzung, die ihm das geliebte Fußballspielen nicht mehr möglich machte. Als Trainer wollte er die alten Tugenden hochhalten. So war der Plan. »Wenn wir vorne mitspielen wollen, braucht es Einsatz, vollen Einsatz, das müsste doch jedem Spieler klar sein?« Er schenkt sich Bier ins Glas. »Wir haben das Zeug, Bezirksmeister zu werden, doch das wird nichts mit so einem Schlendrian.« Er setzt das Glas an und trinkt es mit einem Zug aus. »Hhmm, ahhh! Das beruhigt. Ich bin auf hundertachtzig.«

Rosa bewundert Stefan dafür, wieviel Ernsthaftigkeit und Herzblut er in sein Hobby hineinlegt, sein Verein ist Heimat für ihn, dort gehört er dazu, doch Stefan braucht auch klare Regeln, sonst funktioniert es für ihn nicht, und darum gibt es immer wieder mächtig Ärger in der *Heimat*. »Dazu kam noch der Schiri. Er hat nur gegen uns gepfiffen. Handelfmeter, der niemals einer war. Zwei null verloren, gegen den Vorletzten! Ich brauch einen Schnaps!«

Rosa holt zwei Gläschen vom Guten William, bringt sich ebenfalls ein Bierglas mit, setzt sich zu ihm und schenkt sich auch vom Gerstensaft ein. »Komm, Kopf hoch. Nach dem Spiel ist vor dem Spiel!« Stefan schaut sie überrascht an. »Dass du solche Sprüche kennst?« – »Ach weißt du, ich bin erst dreißig Jahre mit einem Fußballer verheiratet.«

Sie muss lachen und beide stoßen an, dann lehnt sie sich an seine Schulter und spürt, wie stark sie sich doch mit ihm verbunden fühlt. »Und bei dir? Wie war dein Treffen?« Rosa erschrickt ein bisschen bei dieser Frage. »Ach, Frauengespräche, nichts Besonderes«, wiegelt sie schnell weiteres Nachfragen ab. Wenn du wüsstest!? Deinem Rosinchen sind heute ganz neue Horizonte aufgezeigt worden ... Ihr ist zwar noch etwas schwindlig bei diesen Vorstellungen, doch sie wird ab jetzt auf Entdeckungsreise gehen. So hat Bibi es genannt. Plötzlich schämt sie sich fast bei diesem Gedanken, es fühlt sich an, als ob sie Stefan bereits damit hintergeht.

Als ihr Vater sie zum ersten Mal sah, soll er zu dem kleinen zerknitterten Wesen gesagt haben: »Du heißt für mich Rosi, denn du sieht aus wie 'ne Rosine.« Ursula lachte. Sie hatte in dieser Märznacht ihr erstes Kind zur Welt gebracht, in einem kalten, sterilen Kreißsaal, der nur durch die Herzenswärme der Hebammen beheizt war. Sie hatte geschrien und gehechelt, gepresst und gehofft, dass es endlich vorbei sein möge, und dann war es nur noch ein Glücksgefühl, das ihren ganzen Körper und ihr Herz überschwemmte, als sie ihr Kind im Arm hielt. Nun war Heinz gekommen, um seine Tochter hinter der Glasscheibe der Säuglingsstation in Augenschein zu nehmen und ihr zuzuwinken. Sein Kommentar war typisch für ihn. Egal in welcher Lebenslage, ihm saß der Schalk im Nacken. Ursula liebte ihn für seine Frohnatur.

Damals, zur Kirmes in Brachfeld, war er ihr sofort aufgefallen zwischen den vielen fremden Menschen auf dem Tanzboden an diesem sommerlich warmen Abend im Mai. Die hohen Fenster des Saales waren weit geöffnet, die Kastanien vor dem Gasthaus verströmten ihren Duft und der vermischte sich mit Tabakrauch, Schweiß und Alkoholdunst im Raum. Die kleine Kapelle spielte begeistert flotte Rhythmen, die die Tanzbeine zum Schwingen brachten. Heinz hatte die Neue sofort entdeckt, als er den Saal betrat, und fragte seinen Freund: »Sag mal, kennst du die Fremde dort hinten am letzten Tisch, die hab ich hier noch nie gesehen.« – »Das ist die neue Frau Lehrerin für die Kleenen in der Unterstufe. Kommt aus der Stadt irgendwoher, denkt, sie is was Feineres.« – »Weißte, wie die heißt?« – »Nee, das musste schon selber rauskriegen. Sach bloß, du hast en Auge uff die?«

Was Feines, das klang gut in seinen Ohren. Die Mädels aus dem Dorf waren so gewöhnlich, oft einfältig. Die da hinten hatte Format, da gab es keinen Zweifel. Ich glaub, die werde ich heiraten, war sofort seine Überzeugung. Als er vor ihr stand mit seiner samtschwarzen Elvis-Tolle, den blauen Augen und dem gewinnenden Lächeln musste Ursula nicht lange überlegen, ob sie mit ihm tanzen wollte. Tanzen, klar. Und tanzen konnte er wie kein zweiter. Wie eine Feder schwebte sie mit ihm zuerst über das Parkett und dann hinein ins Liebesglück.

Ursulas Ankunft bei Heinz auf dem Zweiseitenhof der Hennigs ein paar Wochen später war eher wie die auf einem anderen Planeten als in ihrem zukünftigen Zuhause. Ursula war sich sofort sicher, dass sie nicht zu grunzenden Schweinen, freilaufenden Hühnern, in deren Kacke zu treten man bei jedem Schritt im Hof Gefahr lief, und einem struppigen schwarzen Hund passen würde. Tiere waren für sie als Stadtkind bis dahin Abbildungen in Kinder- oder Lehrbüchern gewesen. Und dann noch der dazugehörige Unrat überall, die Abwasser–Gosse, ein Misthaufen an der Hofmauer, so etwas kannte sie nicht. Sie war in einer kleinen Zweiraumwohnung aufgewachsen und ihre Mutter war ein Sauberkeitsapostel, der jedes Staubkorn als einen Angriff auf sein Dasein empfand und es sofort von Tisch und Schrank entfernen musste.

Ursulas Bild ihres neuen Heims kam ins Wanken wie ein Schiff bei hohem Seegang. Als Frieda, ihre zukünftige Schwiegermutter, ihr vorführte, wie man das soeben um einen Kopf eingekürzte Huhn mit kochendem Wasser überbrüht, seine Federn herausrupft und es seiner Innereien entledigt, schaffte sie es gerade noch zum Misthaufen, um sich dort zu übergeben.

»Ich bin Lehrerin«, hatte sie danach Heinz klar gemacht »ich werde hier keine Schweine füttern, den Hühnern nicht ihre Eier vom Nest stehlen, geschweige denn ihnen den Kopf abschlagen. Ich will mich auch nicht von diesem schrecklichen schwarzen Hund anspringen lassen, jedes Mal, wenn ich aus der Tür trete. Erklär das alles deiner Mutter. Und wenn der Hund nicht an seiner Hütte angebunden wird, ziehe ich hier niemals ein.« Dafür liebte Heinz seine Ursula. Die wusste genau, was sie will. Sie hatte einen Standpunkt und da gab es nicht viel Spielraum. Doch er hatte den unerschütterlichen Glauben daran, dass sich auch ohne sein Zutun schon alles zum Besten wenden wird, eine bewundernswerte Lebenseinstellung vieler der Eingeborenen hier auf dem Dorf.

Ursula zog also auf den Hof mit Scheune, Stall und Garten, in das einstöckige Fachwerkhaus, Baujahr 1900, in die Wohnung im ersten Stockwerk mit zwei Zimmern, Küche und Heinz. Dazu ein Untergeschoss mit zwei Zimmern und Heinz' Mutter darin. Kein Bad, doch fließend Wasser, mit Plumpsklo auf dem Hof direkt am Misthaufen. Sommers wie winters.

Es wurde Hochzeit gehalten und Frieda ließ ab da keinen Tag vergehen, ohne auf die Unzulänglichkeiten der Schwiegertochter hinzuweisen. »So 'ne Städtern hast du anschleppt, so 'ne feine Madam«, hielt sie ihrem Sohn ständig vor. »Die gehört in die Stadt, nicht zu uns hier aufs Dorf.« Wenn Ursula weinend in der Küche saß, fehlten Heinz die Worte, sie zu trösten. »Die Frieda meint es nicht so, die hatte es auch nicht leicht in ihrem Leben, darum ist sie manchmal so garstig. Ihr werdet euch schon aneinander gewöhnen.« – Ursula war sich da weniger sicher: »Wo andere ein Herz haben, hat diese Frau ein Loch!«

Es war unversöhnlich. Was Ursula blieb, war die Flucht in ihre Arbeit, in ihre Schule, zu ihren Kindern, die ihr als Schüler anvertraut waren, und diese schloss sie in ihr Herz. Bald keimte der Wunsch nach einem eigenen Kind auch in der jungen Frau. Ein Kind macht Mann und Frau zur Familie und vielleicht würde dann auch alles besser. »Ursel, glaub mir, das wird ein Junge, ich spür's. Ganz bestimmt ein Stammhalter, ein echter Henning! Und wenn er nach mir kommt, ein Fußballer!«

Doch nun hielt er seine Tochter im Arm, in die er sich sofort verliebte und ihr den passenden Namen gab. Ursula war skeptisch: »Rosi nur? Vielleicht Rosemarie, wie meine Großmutter?« – »Oder Lieselotte, so hieß meine«, überlegte nun Heinz und legte fest: »Dann nennen wir sie Rosalie. Den Namen hab ich mal in einem Roman gelesen.« Ursula kam ins Schwärmen: »Rosalie bedeutet die Rose, die Rosengleiche. Denn für mich sieht sie aus wie eine kleine Knospe, die zur Rose erblühen wird.«

Rosalie war nun der Name des kleinen Mädchens, doch alle nannten sie Rosa. Für Heinz blieb sie für immer sein Rosinchen, die Rosine im Kuchen. Sie war kein Junge, der Fußballer wird wie er, doch sie sah drollig aus mit ihrem runden Gesicht und den leuchtenden blauen Augen darin, die hatte sie von ihm. Rosa lachte, wenn er ins Körbchen hineinsah und quietsche vor Vergnügen, wenn er Grimassen schnitt und sie auf seinen Armen schaukelte.

Auch Ursula liebte ihr kleine Tochter, doch Lehrerin zu sein war ihre Berufung. In diesem Land DDR wurden in den frühen Sechzigerjahren Lehrer gebraucht, die den Kindern die neuen Lehren beibrachten. Ursula war eine davon. Mit neu erzogenen Kindern sollte die neue Zeit erschaffen werden. So wehte der Wind der Veränderung bereits bis nach Brachfeld und Hausfrau und Mutter zu sein passte nicht mehr für die neuen Frauen dieser neuen Zeit.

»Meine Schüler brauchen mich, ich werde arbeiten gehen und trotzdem für unser Kind sorgen. Ich hab deine Tante Käthe schon gefragt, ob sie unseren Nachwuchs bald in ihre Obhut nimmt«, eröffnete Ursula ihrem Mann kurz nach Rosas Geburt. »Das haben früher die Damen der feinen Leute so gemacht, wird das jetzt wieder modern?« Heinz hatte seine Bedenken, ein Kind gehört doch zur Mutter? Wird nicht die Familie zerstört, wenn die Kinder fremdbetreut werden?

Ursula hatte die neuen Wahrheiten bereits verinnerlicht. Das konnte nicht schaden und schließlich brauchten sie das Geld. Punkt und Ende der Diskussion. Rosa war sechs Wochen alt, als ihr, einem winzigen kleinem Wesen, das Herzensband zur Mutter gekappt wurde. Für Frieda war das weiteres Wasser auf ihre Mühlen. »Auch noch 'ne Rabenmutter, dass ich das noch alles erleben muss! Gott sei uns gnädig!« Für Tante Käthe, die kleine, dralle Gattin des Schulleiters, die Frau aus gutem Haus, deren eigene zwei Söhne schon zur Schule gingen, ziemte es sich nicht, arbeiten zu gehen. Sie hatte Zeit, Platz in ihrem großen Haus am Ortsrand, war immer gut gelaunt und dazu prinzipienfest, was Kindererziehung betraf, und damit die ideale Ersatzmama. »Das ist bestimmt ein ganz artiges Kind, das merke ich sofort«, meinte sie, als sie Rosa zum ersten Mal sah.

Sie hatte sich getäuscht, denn das Kindchen machte sich lautstark bemerkbar, wenn seine Bedürfnisse nicht erfüllt wurden. Was hat sie denn nur? Ich kann mir das nicht erklären, es ist doch für sie gesorgt? Bestimmt hat sie Hunger! Tante Käthe fütterte das Kind fleißig mit der Flasche, mit Kindernahrung aus der Packung, die besser sein sollte als Muttermilch, und es wurde schnell dick und rund.

Als Ursula eines schönen Sonntags im Frühling stolz die Tochter im Kinderwagen die Dorfstraße entlang schob, die Leute neugierig ihren Kopf hineinsteckten, kommentierte die schwatzhafte Nachbarin Luzie das Baby mit den Worten: »Du lieber Himmel, das ist aber 'ne Fette!« In diesem entscheidenden Moment war es um die bedingungslose Liebe zu ihrem Kind bei Ursula geschehen. Mein Kind ist fett. Es ist nicht niedlich und knuffig und einfach nur wunderbar. Nein, es ist zu dick. Es stimmt was nicht mit ihr. Sie ist nicht, wie sie sein sollte.

Dieser schlimme Gedanke bohrte sich augenblicklich in Ursulas Herz. Wie einen Splitter, der nie wieder herausgezogen wurde, trug sie ihn immer bei sich. Das Kind müsste anders sein. Sie begann, Rosa mit anderen Kindern zu vergleichen. Sie wünschte sich ein liebes Kind, das allen gefällt. Doch Rosa entwickelte über die Jahre Verhaltensweisen, mit denen anscheinend keiner gerechnet hatte. Sie wollte nicht leise sein, sie plapperte immerfort, sie wollte nicht essen, was sie essen sollte, und sie wollte nicht schlafen, wenn man sie hinlegte. Sie hatte ihren eigenen Kopf mitgebracht, mit eigenen Vorstellungen darin.

»Das Kind ist wirklich schwierig. Es soll immer nach ihr gehen. Es ist schwer, mit ihr fertig zu werden. Sie ist so ein Trotzkopf!« Ursula wusste sich nicht zu helfen und klagte ihren Freundinnen ihr Leid. »Was soll ich nur mit ihr machen? Sie muss doch hören!« Der gute Rat war nicht teuer, dafür eindeutig. »Da musst du hart durchgreifen, bloß nichts durchgehen lassen. Das merkt sie sich sonst und dann bleibt sie so ungezogen.« Doch trotz aller Strenge und Bestrafungen blieb Rosa ein Trotzkopf, der nicht parierte. Es wurde zum Dorfgespräch, wenn Ursula sie auf dem Nachhauseweg vom Spielplatz hinter sich herzerrte und Rosa aus Leibeskräften brüllte: »Ich will nicht nach Hause. Ich will noch weiter schaukeln!« Alle wussten Bescheid, Ursula ist mit ihrer Tochter auf dem Heimweg. Dort, an der Bäckerei vorbei, stand die Bäckersfrau angelehnt im Türrahmen, grinste kopfschüttelnd, winkte und rief ihnen hinterher »Die hat einen starken Willen! Aus der wird mal was werden!«

Was sollte denn wohl aus einem ungezogenen Mädchen werden? Das, was keiner haben wollte – eine ungehorsame Erwachsene. Dafür trainierte Rosa bereits in ihren frühen Kindertagen. Sie wollte sich nicht fügen in vorgefertigte Schablonen, sie hatte immer ihre eigenen Ideen, das Leben zu kreieren, sie hatte recht bald das Gefühl, die Welt der Erwachsenen, in die sie später einziehen sollte, ist nichts für sie. Sie beschloss, sich ihre eigene Welt, ihr eigenes Universum in ihrem Kopf zu erschaffen, ihr Rosinen-Universum. Es war eine wunderbare Welt, voller netter lustiger Leute, große und kleine, die um sie herum mit ihr lebten, und einer Mama und einem Papa, die immer für sie Zeit hatten. Ein Leben voller Freude, Fröhlichkeit und Liebe. Mit Eierkuchen und Apfelmus, Hefeklößen mit warmen Birnen, Kartoffelstampf mit Butter. Niemand verbot ihr irgendetwas, niemand strafte sie für ihr Benehmen. Sie konnte sein, wie sie sein wollte. Lebhaft! Lebendig! Immer auf Entdeckungstour. In ihrer Vorstellung war sie ein Schmetterling, der von einer Blume zur anderen schaukelt und den süßen Nektar aus den Blüten des Lebens schlürft. Eltern und andere Autoritäten, die sie herumkommandierten, kamen in ihrem Universum nicht vor. Das Wichtigste aber war, dass alle sie liebhatten.

So wie in den Geschichten der Pippi Langstrumpf, die Rosa zufällig im alten Holzschrank auf ihren Streifzügen über den kalten, dunklen Dachboden des Hauses fand. Lange hatte sie sich nicht getraut, den großen, klobigen Schrank zu öffnen, als würde er etwas Verbotenes, ja Gefährliches bergen. Knarrend öffneten sich seine Türen, als sie es wagte, den Schlüssel im Schloss umzudrehen. Niemand war zu Hause, keiner konnte es bemerken und sie dafür strafen. Welche Geheimnisse wird er gleich preisgeben? Unter den vergilbten alten Büchern von längst vergessenen Autoren fand Rosa auch das von Astrid Lindgren mit dem rotbezopften Mädchen auf der Titelseite.

Der Mutter erzählte sie nichts von ihrem Fund. Es sollte ihr Geheimnis bleiben, dass sie jeden Abend unter der Bettdecke in dem Buch las. Sie dachte sich, dass der Mutter wohl die Haare zu Berge stehen würden, wenn sie von den tollen Abenteuern der Pippi erführe.

Wahrscheinlich wusste Ursula nichts von diesen gefährlichen Schriften im Haus. Rosa war fasziniert von solch einem Leben. Später, als die Pippi-Langstrumpf-Filme im Westfernsehen liefen, schlich sich Rosa samstags Nachmittag heimlich zum Fernseher in das Wohnzimmer. Westfernsehen war verboten, antiautoritäre Lebensweisen erst recht. Eines Tages bekam Ursula es mit, dass Rosa heimlich zur Flimmerkiste verschwunden war, riss die Tür zum Wohnzimmer auf und sah Rosa gebannt auf den Bildschirm starren: »Hab ich dir nicht gesagt, dass du das nicht gucken darfst. Fernseher aus und raus!« Ursula war außer sich. »Sowas Blödes auch noch zu verfilmen. Das ist doch total unrealistisch. Wo kämen wir denn hin, wenn Kinder machen dürften, was ihnen einfällt?«

Das war einfach zu viel für eine Erziehungsberechtigte, die sozialistische Persönlichkeiten aus ihren Schülern formen wollte. »Wie kann man Kindern solche Geschichten erzählen? Das ist unverantwortlich! Was soll denn bei solch einer Erziehung herauskommen?« Rosa zog den Kopf ein, um einer Ohrfeige zu entgehen, und rannte heulend durch die Tür an ihrer Mutter vorbei, die steile Treppe hinunter auf den Hof, um bei Heinz, der gerade beim Holzsägen war, Beistand zu finden. Sie stürzte sich an ihn und umschlang auf den Knien seine Beine, wobei die Tränen ihren Wangen hinab rannen. »Was ist denn so Schlimmes passiert?«, fragte er erschrocken. Rosa schluchzte: »Mutti erlaubt mir nicht, Pippi Langstrumpf zu schauen. Ich find das so toll. Ich will das gucken.« – »Ach mein Rosinchen, die Mutti meint es nicht so. Sie denkt, dass es nicht gut ist, solchen Unsinn zu machen wie die Pippi. Sei nicht traurig«, streichelte er ihr über den

Kopf. Rosa bekam kaum Luft, um zu antworten. »Ich versteh das gar nicht. Es ist doch alles so lustig, das Mädchen Pippi ist immer fröhlich, so will ich auch leben. Ich will endlich auch frei sein!« Heinz verstand seine Tochter gut. »Ich glaube, das mit dem frei sein, das lässt noch auf sich warten, da musst du Geduld haben. Ich spreche aber mit der Mutti, nächste Woche erlaubt sie dir, Pippi zu schauen.«

Doch Ursula blieb unnachgiebig: »Es braucht Regeln, sonst funktioniert die Welt nicht.« Ja, welche Welt denn? Rosas Welt war ohne Regeln. Dafür mit Rosinen! »Pöhh! Dann gucke ich eben nicht, ich hab schon längst meine eigene, viel bessere Welt!«

Wenn Rosa allein zu Hause war – und das war sie ziemlich oft –, schloss sie ihre Augen und flog in ihr Rosinen-Universum hinaus. Im Laufe der Schuljahre wurde ihr die Erwachsenen-Welt immer rätselhafter. Was sie in der Schule lernte, unterschied sich von dem, was sie erlebte, immer mehr. Sie beschlich das Gefühl: Hier stimmt doch was nicht! Das ist doch alles nicht richtig! Es fühlt sich irgendwie falsch an. Es formierten sich ganze Heere von Fragen in ihrem Kopf. Wo findet man darauf Antworten?

Sie versuchte es in der Dorfbibliothek. Hohe Regale mit hunderten Büchern versprachen Rosas Rätsel zu lösen. Lesen wurde ihre Leidenschaft. Die Geschichten in den Büchern waren ihre Zuflucht in unbekannte Welten, wo spannende Abenteuer spielten, von denen sie nur träumen konnte und doch las sie nie etwas, was ihrem Universum ähnlich war. Selbst in den Märchen mussten die Prinzen und Prinzessinnen erst Leiden und Qualen über sich ergehen lassen, bevor sie endlich gerettet wurden. Dann kam der Satz: *Nun lebten sie glücklich und zufrieden bis an ihr Lebensende.*

Und? Wieso geht die Geschichte nicht weiter? Nie wurde beschrieben, wie das glückliche Leben aussah. Was haben sie denn gemacht, so glücklich und zufrieden? Wenn das bekannt wäre, könnte Ursula das doch den Kindern in der Unterstufe beibringen. Auch später, in so vielen dicken Romanen der Weltliteratur, durch die sie sich hindurch wühlte, gab es reichlich Drama, Mord und Totschlag, selten ein Happy End. Sterben aus Liebe, Sterben aus Rache, Sterben aus Verzweiflung. Wo blieb der Spaß? Geht es im Leben etwa darum, in Angst und Schrecken versetzt zu werden und darin zu leiden und zu wehklagen? Das kann doch nicht der Ernst sein! Macht hier niemand sich die Welt, wie sie ihm gefällt?

Ihre Eltern zweifelten nicht und ihre Mitschüler und Freunde zweifelten auch nicht. Niemand zweifelte daran, dass das Leben auf der Erde nun eben mal problematisch ist. Rosa begehrte dagegen auf. »Wieso kann man es denn nicht anders machen? Vielleicht kann man ja mal was ändern an den Regeln und Verboten?«

Auf ihr Hinterfragen zu Hause wie in der Schule bei den Lehrern bekam sie zur Antwort: »Mach mal halblang! Nimm dich mal ein bisschen zurück! Führ dich mal nicht so auf! Du stehst nicht im Mittelpunkt!« Häh? In ihrer Fantasie stand sie immer im Mittelpunkt. Wer sollte denn in ihrer Welt sonst im Mittelpunkt stehen? »Papa, kann es sein, dass mit mir irgendwas nicht stimmt? Ich fühle mich nicht dazugehörig. Ständig hab ich es mit Menschen zu tun, die mir sagen wollen, wie ich zu sein habe.« – »Mein großes Mädchen, das Gefühl kenne ich auch. Es wird dich dein Leben lang begleiten, doch irgendwann wirst du herausfinden, warum du es hast.«

Eines wusste sie jetzt bereits – sie war Rosa, eine Rose, mit dem Stolz, ein eigenes Universum zu bewohnen. Das beschützte sie trotzig hinter einer Dornenhecke. Sie war eine Kratzbürste und sollte es bleiben. An ihrem fünfzehnten Geburtstag schwor sich Rosa: »Ich will nie die Hoffnung verlieren, mein eigenes Universum zu beziehen und nie meine Träume vergessen. Ich mach nicht mehr halblang. Ich mach nur noch ganz lang!« So zog Rosa zur deren Eroberung in die Welt, mit Sicherheit und guter Laune. Sie war nicht bereit, sich mit weniger zufrieden zu geben als mit dem Leben, das sie sich wünschte.

3 | Paradies

Das Frühjahr meint es weiter gut in diesem Jahr. Sonne satt, der Wetterbericht übt sich in Superlativen: trockenster Mai seit Jahren, soviel Sonneneinstrahlung wie zuletzt 1928, um einer Wasserknappheit vorzubeugen ist Bewässern von Kleingärten mit Leitungswasser verboten. Zum Glück hat Rosa mit ihrem Bruder Hannes vergangenes Jahr im Garten in Brachfeld einen neuen Brunnen bohren lassen, zwölf Meter tief, mit Handpumpe und Anschluss für eine Benzinpumpe, um die großen Wasserfässer zu füllen. Der Traum eines jeden Gärtners. Den heutigen Sonntag wird sie als ihren Gartentag ganz für sich allein haben, sie hat sich Kaffee und Kuchen von zu Hause mitgebracht und will in ihrem Paradies die Frühjahrsbestellung zum Abschluss bringen.

Unternehmungslustig steht Rosa am Gartentor und lässt ihren Blick über die frischgemähte Wiese, das große Blumenbeet und die kleinen Felder mit den ausgesäten Bohnen, Möhren und Erbsen schweifen, daneben die Beete mit den Rosenkohl-Pflänzchen, dem Porree und Sellerie. Sie liebt es, im Frühjahr von der Ernte zu träumen, vor allem das Wurzelgemüse ist Lebenselixier für sie.

In das noch freie Feld wird sie heute bei empfohlenem abnehmendem Mond die Kartoffeln legen. Rosa mag den Geruch der frisch geernteten Knollen im Herbst, freut sich auf die Gerichte aus der selbstangebauten Bio-Nahrung, eigenhändig gehegt und gepflegt, gegossen und gehackt, all diese Energie werden ihr die Pflanzen im Winter zurückgeben. Wenn man einem Herrscher aus der

Weltgeschichte wirklich Dank schuldet, dann ist das für Rosa der Preußenkönig Friedrich der Große, der den Bauern in Deutschland den Kartoffelanbau angeraten hat. Manche behaupten sogar, er habe mit dem Kartoffelbefehl von 1756 die Bauer gezwungen die genügsame Andenfrucht anzubauen. Ein Mythos besagt, dass er auf eine List zurückgriff, um die Kartoffel seinen Bauern schmackhaft zu machen. Er soll rund um Berlin Kartoffelfelder anlegen lassen haben, die von Soldaten bewacht wurden. Danach ließ er das Gerücht streuen, dass die angebauten Knollenfrüchte nur für die königliche Tafel seien. Die Wachsoldaten wurden aber angehalten, sich schlafend zu stellen, um den Bauern aus der Umgebung das Entwenden der Kartoffeln zu ermöglichen. Die Bauern bissen an, sie müssen gedacht haben, was für den König gut ist, kann uns sicher auch munden. Und so sollen sie in der Nacht auf den Äckern die Kartoffelsaat gestohlen haben, um sie auf den eigenen Feldern anzupflanzen. Egal wie es war, für Rosa ist die Kartoffel ein Segen für ihre Ernährung. Auch alles andere hier im Garten zeigt ihr, dass sie eingebunden ist in den Kreislauf der Natur, in das Geben und Nehmen, in das die Menschen früher direkt verwoben waren, und was heute vielen abhandengekommen ist.

Vor neun Jahren hatte sie mit Hannes nach dem tödlichen Unfall ihres Vaters wie verlassen mitten im *Paradies* gestanden und sie beide merkten: Verdammt, das hier macht eine Menge Arbeit. Diese Arbeit hatte Vater Heinz klaglos die ganzen Jahre fast allein vollbracht. Der Keller war immer voll mit Kartoffeln, Kraut und Zwiebeln bis ins Frühjahr, die Wiese wurde von Schafen perfekt abgemäht und Kirschen im Juni sowie Äpfel im September hingen zum Abpflücken für jeden Besucher an den Ästen der Bäume. Der Rest der Familie hat höchstens Tisch und Stühle auf dem Rasen aufgestellt, den Grill angeheizt und die Bierkästen herbeigekarrt, wenn eine Feier anstand, und sich gerne den Bauch mit Himbeeren vollgeschlagen, die in dichten Trauben den ganzen Sommer über an den Zweigen hingen. Dann plötzlich standen Rosa und Hannes vaterlos auf dem Grundstück und einer fragte den anderen: »Nehmen wir das Erbe an?« – »Yes, we do!«

Beide lernten nach dem Versuch-Irrtum Prinzip. Ein Rasentraktor ersetzte bald die Schafe, eine Motorhacke den Spaten, ein Notstromaggregat die Benzinpumpe, doch die Bedürfnisse der Pflanzen zu ergründen dauerte. Rosa weiß jetzt: Pflanzen sind wie Kinder, einmal falsch behandelt, verzeihen sie es kaum mehr. Jede braucht etwas anderes und das zu unterschiedlichen Zeiten im Jahreslauf. Der Spinat kommt mit allen zwölf Monaten gut zurecht, die Bohne will es warm haben, die Kartoffel nicht minder. Die Zwiebel ist so genügsam wie der Porree, doch alle wollen sie gut versorgt sein mit der Nahrung, die sie brauchen. Da sie nicht reden können, merkt die Gärtnerin es an ihrem Gedeihen, ob die Behandlung mangelhaft, ausreichend oder sehr gut war.

Oma Frieda war überzeugt davon, dass man mit den Pflanzen reden muss, damit sie ins Wachstum kommen und reiche Ernte liefern. So weit ist Rosa noch nicht, doch sicher ist was dran, denn wussten die Vorfahren nicht so viel mehr noch als wir? Die angeblichen Gelehrten und Wissenschaftler haben mit heutiger Arroganz dieses Erfahrungswissen ignoriert und nun ist es in Vergessenheit geraten. Was für ein Frevel! Wenn Rosa darüber nachdenkt, wie wenig auch sie sich vor Heinz' Tod dafür interessiert hat, einen Garten selbst zu bewirtschaften, schämt sie sich etwas.

Dann hatte sie dieses Stück Land plötzlich, von einem Tag auf den anderen, an der Backe. Nein, das ist nicht richtig. Sie liebt ihr *Paradies,* sie will es nicht *an der Backe* haben, sie will es hegen und pflegen, sein Boden soll sie erden und die hohen Bäume sollen ihre Verbindung zum Himmel sein. Ja, dieser Garten ist wirklich ihr Paradies. Manche sagen: »Das ist kein Garten, das ist Großgrundbesitz.« Sind viertausend Quadratmeter Großgrundbesitz? Für sie ist es der Garten, es gab ihn von Anfang an als Ort, wo sich das Leben irgendwie außerhalb des eigentlichen Alltags der Familie abspielte. Dort war alles anstrengend und problematisch, im Garten war alles leicht und unbeschwert.

Es wurde sich erzählt, der Urgroßvater hätte den Garten eines schönen Tages zufällig im Gasthaus ersteigert. Die Mär wurde weitergetragen, dass er beim Vorbeigehen am Fenster des Gasthauses Lärm vernahm und in den Gastraum ging, um den Grund des Palavers zu erfahren. Alles verstummte, als er eintrat. Der Schäfer? Was will der hier? »Was ich hier will? Gucken, was ihr hier treibt.« – »Hier wird ein Garten versteigert, nur Wiese, nichts für dich.« – »Was soll er denn kosten?« – »Das kannst du dir nicht leisten.« – »Was kann ich nicht? Ich bin in einer halben Stunde wieder da.« Sie warteten entgeistert, er kam zurück. »Wie viel? Hier habt ihr euer Geld und nun her mit dem Kaufvertrag auf: Wilhelm Brand, geboren am 1. Mai 1875 in Hachelbich, wohnhaft in Brachfeld, Obere Straße.«

So soll es gewesen sein. Aber weiß es schon, wie das wirklich war? Alle, die dabei waren, sind nicht mehr, und alle, die es weitererzählten, haben etwas dazugedichtet. Für Rosa ist es genau so gewesen, weil es ihr gefällt. Heute sitzt sie hier und weiß, dass Wilhelm ein Paradies gekauft hat, einen Kraftplatz mit Wiese und Ackerland und rundherum sehr alten hohen Bäumen, Eschen und riesigen Robinien.

Der Vater sagte jedes Mal, wenn die Familie hier zusammenkam: »Eigentlich haben wir es hier wie im Wald. Wieso? Vom Wald sieht man auch nur die ersten Bäume.« Alle stimmten ihm lachend zu. Der Nebenarm der Schmalen Limme, der im Norden am Grundstück vorbeifließt, verhindert, dass auch in ferner Zukunft neue Häuser auf den angrenzenden Feldern gebaut werden, die die Ruhe gefährden würden, die hier herrscht. Das *Paradies* hat weder Strom- noch Wasseranschluss, dafür ein selbstgebautes Plumpsklo, biologisch nachhaltig auf Sägespäne-Basis. Den neuen Brunnen hat Hannes mit einem Natursteinsockel ummauert, so dass man glaubt, aus diesem Märchenbrunnen könnte in jedem Moment der Froschkönig klettern.

Rosa überkommt jedes Mal, wenn sie das große Gartentor öffnet, das Gefühl, wirklich hierher zu gehören. Es ist, als spürte sie den Odem ihrer Ahnen, als ob all die Menschen, die jemals hier waren, immer noch anwesend sind. Sie spürt das All-eins-Sein und die Gewissheit, ein Teil von allem zu sein. Ohne sie würde etwas fehlen. Sie erlebt ein *Satori*, wie die ostasiatischen Weisen es bezeichnen, einen Augenblick der Stille und der Unendlichkeit. In diesem einen Augenblick hebt sich für Rosa die

Frage nach dem Sinn des Lebens auf, das *In dieser Welt zu sein* ist der Sinn. Sie selbst ist das Bewusstsein, das alles rundherum wahrnehmen kann, das riechen, fühlen und spüren kann, wie der Wind sanft alles streichelt und die Sonne alles erwärmt. Wäre ohne sie, die Wahrnehmende, überhaupt irgendetwas da? Ist also dieses Paradies erst entstanden, als der Mensch es wahrnehmen konnte?

Ein Motorgeräusch reißt Rosa aus ihrem Flow. Knatterknatter. Hannes ist mit der Simson in den Garten eingebogen, stellt das Moped am Gerätehaus ab und kommt zur Gartenbank an der Laube geschlendert, auf der sich Rosa ihren Kaffee aus der Thermosflasche schmecken lässt. »Na Große, warst ja fleißig, alle Beete bestellt.« Rosa erhebt sich, um ihn zu begrüßen, und er drückt sie kurz an sich. »Ja, dieses Jahr hat alles gepasst, die Erde ist wunderbar locker und immer noch feucht unter der trockenen Krume. Nun könnte es aber mal regnen«

Hannes stimmt ihr zu. »Die Fässer sind alle voll, zum Gießen ist genug Wasser da.« Er geht zur Laube, in der immer ein gut gekühltes Bier auf den Gärtner nach getaner Arbeit wartet. »Trinkste eins mit?« Rosa zeigt auf ihren Kaffeepott und schüttelt den Kopf. »Außerdem muss ich noch fahren.« – »Alkoholfreies ist auch im Angebot.« – »Danke Hannes, ich will heute nicht so spät zurückfahren.« Er macht es sich in einem weißen Korbstuhl gemütlich, streckt die Beine lang aus und seine Geste mit der Flasche in ihre Richtung deutet an, er würde mit ihr anstoßen. »Auf gutes Gedeihen!«

Rosa freut sich nun über seine Gesellschaft, auch Alleinsein hat Grenzen. Sie fragt ihn: »Wie geht's bei euch zu Hause weiter?« Hannes zieht die Luft hörbar durch die

Zähne ein und die Augenbrauen nach oben. »Ich denke, sobald sie was gefunden hat, zieht Jacky aus. Endgültig.« Rosa ist nicht wirklich erstaunt, dass seine Freundin immer mal auszieht, ist nichts Neues. Vor zehn Jahren hatte Hannes Jacky auf dem Dorffest kennengelernt. Sie war strahlend, lustig, trinkfest. Sie hatte ihn beeindruckt und er sie. Das perfekte Zusammentreffen. »So jemanden wie dich hab ich gesucht!« Sie wollten es wissen und zogen zusammen. Nächtelang haben sie diskutiert, bald schmückten das Zimmer unzählige Rotweinflaschen, verziert mit dicken Resten der Tropfkerzen. Sie waren verliebt. Was soll noch kommen? *Wir versuchen es gemeinsam,* war die Devise, aber es knirschte von Anfang an. *Du solltest! Du müsstest! Ach, komm schon, das kommt in jeder Beziehung vor.* Oft ging es ihm auf die Nerven und er war lieber mit den Freunden zusammen. *Noch ein Bierchen, dann gehe ich heim.* Es wurden meist mehrere.

Jacky begann es zu hassen. Wo waren die Gemeinsamkeiten? Ja, an den Abenden im Partykeller bis in den Morgen, sie bei Rotwein, er beim Bier, da war die Überschneidung ihrer Universen zu spüren. Da hat jeder die Antennen für den anderen ausgefahren und war auf Empfang, doch der Alltag bestand aus lauter Vorwürfen, da war es nur Senden. Es ging so nicht. Mehrmals war sie morgens einfach weg, doch nach ein paar Tagen, auch mal nach zwei, drei Wochen kam sie zurück, bis zum nächsten Desaster. Es geht nicht *mit* und es geht nicht *ohne.* Rosa kennt das von ihrer ersten Jugendliebe Axel auch. Ein Liedtext von Hansi Biebl fällt ihr ein, wie oft hatte sie die Melodie und diese Zeilen dazu im Ohr. *Komm her, geh nicht mehr fort, ich brauch dich, lass nicht von mir, ich schwör und geb mein Wort, doch wenn du da bist quälen wir uns beide nur. Ich glaub, ich krieg 'ne Meise, ich komme nicht mehr raus, es läuft in keiner Weise, oh sag mir warum halten wir uns zwei nicht aus?* Bei seinen Konzerten haben sie zu diesem Titel als Jugendliche getanzt. Doch Rosa hatte die Wahrheit in den Worten gespürt und wusste auf diese Frage in ihrer Beziehung keine Antwort, Axel wusste sie auch nicht und trennte sich von ihr. Immerhin ist sie nun mit Stefan bereits dreißig Jahre verheiratet, sie halten sich aus, ja, doch das reicht ihr nicht mehr. »Was glaubst du, warum es mit euch nicht passt?«, fragt sie. Hannes schüttelt den Kopf. »Keine Ahnung. Ich kann es ihr nicht recht machen. Die Stimmung ist nur noch mies, wir reden nicht mehr, da kann ich auch alleine bleiben. *No woman, no cry!*« Er setzt ein gequältes Lächeln auf und trinkt die Flasche Bier aus. Armer Hannes! »Hat es bei euch im Bett gestimmt?« Rosa rutscht die Frage so raus, da sie an Bibis Worte im Café vor vier Wochen denken muss. »Du stellt wieder sehr direkte Fragen, Schwesterchen. Am Anfang, klar. Doch wenn keine Freude aufkommt, will keiner Sex haben.« Sie ist überrascht von seiner Antwort, die wie aus der Pistole geschossen kommt. »Sorry, wollte nicht indiskret sein.«

Sie räumt die Hacke und den Reihenzieher in den Schuppen und packt ihre Gartentasche. »Mensch, bleib doch noch einen Moment, ich brauch dich jetzt. Wenn es auch nicht so aussieht, es geht mir an die Nieren.« Rosa setzt sich erschrocken zurück auf die Bank. Wie unempathisch von ihr. Hannes will noch mit ihr reden und sie denkt nur über ihre eigene Missstimmung nach. »Okay, dann nehm ich jetzt ein Alkoholfreies.« Hannes lächelt und löst mit dem Zollstockende den Kronkorken so, dass er zischend von der Flasche springt. Das können wahrscheinlich nur Männer. Hätte Rosa keinen richtigen Flaschenöffner dabei, würde sie wahrscheinlich neben einem Bierkasten in der Wüste verdursten. Er lehnt sich in seinen Stuhl und blickt versonnen zu den hohen Bäumen auf der Flussseite des Gartens.

»Erinnerst du dich, Rosa, unser Vater hat oft gesagt: Der Mensch ist doch das dümmste Tier.« – »Ja, ich erinnere mich.« Rosa nimmt einen großen Schluck aus der Flasche. »Meinst du, dass es stimmt?« Er schaut sie um eine Antwort bittend an. »Ich denke, der Mensch ist nicht dumm. Er hat nur die Anbindung an seine Intuition verloren. Tiere haben Instinkte, Menschen haben Intuition, das Bauchgefühl. Manche spüren es, doch sie lassen sich nicht von innen führen. Ich denke, es ist immer richtig, was es uns sagt. Doch wir vertrauen ihm nicht. Wir gleichen die innere Stimme mit dem Verstand ab und der behält, die Oberhand, weil er sagt, *ich bin realistisch und ich bin logisch* und schon verstummt die innere Stimme.«

Er schaut sie etwas ungläubig an. »Rosa, jetzt bitte keinen philosophischen Vortrag, mach es kurz.« – »Das ist nicht philosophisch, das ist tieferes Verstehen.« Hannes blickt nun traurig auf den Boden. »Über sowas schwafelst du wohl in deinem Lesesalon mit den Leuten?« Rosa lacht. »Schwafeln würde ich es nicht nennen, doch für dich lasse ich es gern so stehen.« – »Wieso setzt sich die innere Stimme nicht durch?« – »Sie lässt das, was man Ego nennt, gewähren, da das Ego Erfahrungen machen möchte. Ein Zwiegespräch zwischen beiden ginge wohl

so: *Okay, bitte, liebes Ego, du darfst Erfahrungen machen,
doch beklag dich hinterher nicht bei mir: Hätte ich nur
auf dich gehört! Tief drinnen wusste ich, das wird nichts.
Ach?! Und warum hast du es getan? Ich dachte, es wäre
'ne gute Idee. So, so, denken ist immer schlecht. Willst du
dich entscheiden, frag dein Bauchgefühl.*« Hannes grinst.
»Hört sich einfach an, doch es ist schwierig.« – »Was ist
daran schwierig?« – »Es sind so viele Stimmen, das ganze
Für und Wider.« Rosa ist in ihrem Element und freut sich,
dass sich Hannes darauf einlässt, ehrlich zu sich selbst zu
sein. »Viele Stimmen aus dem Kopf, ja. Und was ist mit
der Stimme aus dem Bauch, der Intuition?« Hannes fühlt
in sich rein und es dauert, bis er antwortet. »Die klingt nur
ganz leise, irgendwie am Rand. Ich höre sie mahnen, doch
wer hört schon auf eine leise Stimme?«

Rosa hat das Bier ausgetrunken und erhebt sich von
der Gartenbank, stellt die leere Flasche in den Kasten in
der Gartenlaube und schnappt sich ihre Tasche. »Hannes,
mir gelingt das auch nicht immer. Trotzdem, zu wissen,
dass zwei Stimmen im Kopf sich melden, ist schon die
halbe Miete.« Sie verabschieden sich. »Sag Stefan einen
schönen Gruß. Heute hatte *Einheit* ein wichtiges Spiel,
hoffentlich haben sie gewonnen.«

Rosa steigt in ihr Auto ein und biegt nach fünfzehn
Minuten in Neuwig in die Gasse zu ihrem Haus ein.

Auf der Einfahrt sieht sie schon das blaue Auto stehen
mit dem großen grünen Schriftzug *Vom Feinsten - Fein-
kost für Kenner.* Da sich Stefan nicht nur beim Fußball,
sondern auch als Vertreter für Brotaufstriche mächtig ins
Zeug legt, darf er seit drei Jahren seinen Dienstwagen privat nutzen. Heute ist er also nach dem wichtigen Spiel

gleich nach Hause gefahren. Das ist ein ganz schlechtes Zeichen. Früher hatte er sich auf die Spiele gefreut, jetzt fährt er immer öfter schlecht gelaunt danach nach Hause, sein Lebenselixier Fußball verliert an Kraft.

Der Schlüssel dreht sich im Schloss, die Tür geht auf und warme Luft schlägt ihr entgegen. Es riecht nach Spiegelei. Sie hört den Fernseher laufen, hängt ihre Jacke auf einen Bügel in der Garderobe, schlüpft in die Hauslatschen und geht zur Küche. Das ist meistens die Zimmeraufteilung, wenn es nichts zu bereden gibt, er vorm Flimmerkasten im Wohnzimmer, sie mit einem Buch in der Küche. Hurra, Kommunikation gibt's ja auch woanders, denkt Rosa traurig. Doch heute, zum Sonntag, will sie es wenigstens versuchen.

Sie gießt sich eine Tasse Tee auf und setzt sich zu ihm auf die Couch. »Na, wie war's, bist du zufrieden mit dem Ergebnis?« Sie findet die Frage ziemlich unverfänglich, doch sie hat sich geirrt. »Was fragst du so blöd? Das interessiert dich doch überhaupt nicht wirklich. Du musst nicht so tun, als wäre es wichtig, ob ich zufrieden bin mit dem Spielausgang. Es ist dir doch ganz egal, Fußball ist was für Vollidioten oder etwa nicht?«

Na wunderbar, das war ja voll ins Wespennest. Rosa ärgert sich, weiß nicht genau ob über sich oder über diese fiesen Vorwürfe. Wieder mal *Szenen einer Ehe* im Vollbildmodus. »Was soll das? Ich finde Fußball nicht idiotisch, nur dass der für dich alles sein soll, das reicht mir langsam. Wenn Fußball Sport ist, mag das gut sein, eben ein Spiel, aber du machst ja deinen Lebensinhalt draus.« – »Das hast du mir schon hundert Mal erzählt, was soll ich denn sonst machen? Kapier's doch endlich, mir reicht meine Arbeit, der Fußball und abends entspannt Fernsehen. Das machen alle so, die ich kenne. Was du da für 'n Scheiß auf *YouTube* anguckst, deine Abende mit deinen Spiri-Heinis und die komischen Bücher, die du liest, mit all dem kann ich nichts anfangen.« – »Du weißt überhaupt nicht, worum es da geht, willst aber wissen, dass du damit nichts anfangen kannst? Komm lieber mal mit, dann kannst du mitreden« – »Weißt du, das hab ich schon immer an dir gehasst, wenn du mich ändern wolltest und damit hast du nie aufgehört. Ich bin wie ich bin und dabei bleibts!«

Rosa merkt, nun läuft das Programm weiter auf Autopilot. Sie sitzen sich mit dem Gesicht zur Faust geballt noch eine Weile stumm gegenüber. Gleich wird er unvermittelt aufstehen und ohne sie eines Blickes zu würdigen den Raum verlassen mit den legendären Worten: »Ich sag jetzt gar nichts mehr!« Rückzug hinter die Mauern der eigenen Trutzburg, raus aus dem Feld der Herausforderungen, Streiten ist nicht seine Sache, besser erst wieder rauskommen, wenn sich der Nebel verzogen hat. Nach diesem Drehbuch wiederholt sich die Szene seit Monaten immer wieder. Rosa braucht jetzt mindestens eine Stunde, ehe an Schlafen gehen zu denken ist. Runterkommen.

Einatmen – Ausatmen. Das reicht nicht, sie geht zum Kühlschrank und gießt sich ein großes Glas Weißwein ein. Alkohol ist der Sanitäter in der Not gab's mal einen Song, der täglich im Radio lief. War das verkappte Werbung der Weinbauern oder der Psychotherapeuten? Jedenfalls beruhigt der Wein ihr in Wallung geratenes Blut, vernebelt das eben Gesprochene, das *War-doch-alles-halb-so-schlimm-Gefühl* macht sich breit. Streiten gehört zu einer

Beziehung, das klärt sich wieder, sowas hat sie sich früher eingeredet. Doch wie lange das noch hilft, weiß sie nicht. Das Schönste sei die Versöhnung danach im Bett! Auch 'ne lustige Annahme von Sachbuchautoren oder Angestellten in der Eheberatung. Was hat ihr vorhin Hannes zur Antwort gegeben? »Am Anfang war es gut, doch wenn keine Freude aufkommt, will keiner Sex haben.«

Genau da liegt der Hase im Pfeffer. Seit einigen Jahren erlebt Rosa immer öfter solche vertrackten Situationen, in denen sie zwar die Liebe noch fühlt und alles, was sie mal mit Stefan verband. doch oft genug ist die Luft um sie beide herum schwanger von Vorwürfen, man braucht bloß zuschnappen und die Stimmung ist auf dem Nullpunkt. Langsam kann sie darauf verzichten. Lebe ich doch mit meinem zukünftigen Ex-Mann zusammen? Wenn sie nicht streiten, herrscht friedliche Koexistenz und alle zwei Woche läuft Standardsex, um den ehelichen Pflichten nachzukommen. Nein, nein, nein! Es muss noch etwas anderes geben?! Ich will nicht koexistieren und keine sonst wie gearteten Pflichten erfüllen. Ich will mich mit meinem Mann verbunden fühlen und mit ihm verschmelzen, wie am Anfang, schreit die innere Stimme in ihr.

Letztens hörte sie eine Bekannte beiläufig sagen, das mit dem Sex werde total überbewertet, den hat man mit dreißig, doch nicht mehr mit fünfzig. *What?* Ist es nicht die schönste Nebensache der Welt? Und wie wäre es, wenn man ihn zur schönsten Hauptsache der Welt machen könnte? Rosa geht sich umziehen und ins Schlafzimmer, in dem Stefan so tut, als würde er schon schlafen. Sie liegt wach im Bett und die Gedanken trainieren Staffellauf, Runde für Runde, doch es gibt keinen Zieleinlauf.

Wenn mein Garten mein Paradies ist, ist meine Beziehung anscheinend das Gegenteil!

Wie sie das hasst! Kofferpacken. Grausig! Rosa zieht die große Schwebetür vom Kleiderschrank im Schlafzimmer zur Seite, um wie jedes Mal entsetzt festzustellen: Ich hab nichts anzuziehen. Nichts, womit sie sich auf der Tagung zeigen kann, nichts womit sie *up to date* ist, nichts was zusammenpasst. Es ist zum Heulen. Obwohl sie sich ständig neue Teile zu ihrer Garderobe dazu kauft, will sich keines davon wirklich perfekt in die Vorhandenen einfügen. Für ihr Tagesoutfit unter der Woche ist bestens gesorgt, denn sie wählt am Montag eines für die ganze Woche. Rosa trifft nicht jeden Tag dieselben Kolleginnen in einem Büro, die feststellen könnten: Das hat sie doch gestern schon angehabt. Nein, sie wird von immer neuen Menschen gesehen, das macht es einfach. Aber bei der Tagung wird sie täglich aufs Neue gemustert werden, vier Tage lang. Von den Damen, die die neuen Modetrends kennen, von den schlanken und den dicken und von denen, die heute wahrscheinlich auch nichts Verwertbares im Schrank finden.

Rosa wirft zuerst alles, was auf Kleiderbügeln hängt, aufs Ehebett und zieht die andere Schranktür auf. Hier stapeln sich Pullover, T-Shirts, Basics, Unterziehteile mit kurzen und langen Ärmeln, doch nichts passt zusammen, noch nicht, denn dies muss sie nun in den nächsten Stunden ändern. Vier Tage kaserniert im Hotel, vier Tage Berlin, ohne von der Stadt etwas zu sehen, vier Tage, an denen man nicht weiß: Ist die Klimaanlage heute auf Vollgas eingestellt und in jedem Moment könnte ein Pinguin zur Tür reinkommen? Oder die Klimamaschine hat leider gestern ihren Geist aufgegeben und die Männer hängen beizeiten einer nach dem anderen ihre Sakkos an den Haken und konkurrieren nun um die Größe ihre Schweißflecken unter den Achseln.

Rosa muss für alle Fälle gewappnet sein. Schnell wird klar: Der kleine Koffer reicht nicht. Stefan wird wieder fragen, ob sie auf Weltreise gehen will, er musste ja auch noch nie auf einer Tagung erscheinen und bekommt von seiner Firma eine Fleece-Jacke mit eingesticktem Firmenlogo für die Arbeit gestellt, die einmal wöchentlich gewaschen wird. Rosa treibt es die Schweißperlen auf die Stirn. Für den ersten Tag das blaue Jackett mit der weißen Bluse darunter, das ist praktisch. Wird's zu warm, kann sie das Jackett ausziehen. Für den zweiten Tag vielleicht den karierten Rock mit dem schwarzen Oberteil und dem gewirkten rot-schwarzen Blazer? Doch welche Schuhe passen dazu? Stiefel wären super, doch es ist Sommer, fuck! Rosa ist den Tränen nah.

Vielleicht melde ich mich morgen früh krank, denkt sie kurz, dann wäre das Problem sofort gelöst. Nein, so was macht sie nicht, lügen ist eine Kunst, in die sie nicht eingeweiht wurde. Also weitersuchen. Was ist mit den Abendveranstaltungen? Sie braucht was zum Aufbrezeln, vielleicht was mit Dekolleté Bibis Vorschlag, mal auf die Pirsch zu gehen, nur so zum Vergleich, klingt ihr schon noch verlockend im Ohr.

Hier, die rote Bluse mit dem Ausschnitt, die kommt in die nähere Auswahl. Stefan findet es immer toll, wenn sie die trägt, mit ihrer Oberweite braucht sie sich nicht zu verstecken, »das sieht immer noch lecker aus«, sagt er jedes Mal. Rot ist auch die Farbe der einzigen Reizwäsche, die sie besitzt. Nur einmal getragen, fristet sie seit Jahren ganz hinten im Schubfach der Unterwäsche ihr trauriges Dasein. Ein Push-up-BH mit aufregender Bänderoptik, so stand es auf der Verpackung, dazu ein Stringrock mit abnehmbaren Strapsen in edlem Spitzenlook. Sie sieht noch heute die Enttäuschung in Stefans Gesicht, als sie damit zur Schlafzimmertür hereinkommt und er offensichtlich bemerkt, dass ein Modell aus dem Katalog mit Größe 34 ein anderes Bild darin abgibt als seine Frau mit 'ner 40 und den dazugehörigen Kurven und Dellen. Dennoch hatte die ungewöhnliche Kostümierung zur Folge, dass er erregter war als sonst, was wiederum ihr Liebesspiel noch mehr einkürzte, woraufhin sie auf weitere Einsätze von Dessous verzichtete.

Es soll Männer geben, die lange durchhalten, erzählt man sich in Frauenkreisen, darum wandert die Wäsche mit in den Koffer. Sie möchte auf alles vorbereitet sein. Nach zwei geschlagenen Stunden ist die Reisekleidung verstaut, Rosa kann den Koffer kaum anheben. Das gibt ihr die Hoffnung, genug dabei zu haben. »Wann willst du morgen los?« Stefan registriert Rosas Treiben mit leichtem Unbehagen zu. Wenn sie ihm auch vor jeder Tagung glaubhaft versichert hat, dass für sie ein Tête-à-Tête mit Kollegen ein Unding ist, kann er die Vorstellung nicht ablegen, dass dies trotzdem sehr einfach wäre. »Du hast eine blühende Fantasie«, kontert sie jedes Mal auf seine Bedenken bei der Abfahrt. »Viel Spaß!«, sagt er auch an diesem Montagmorgen. Werd ich haben, denkt sie. Es soll ja zu unser beiden Schaden nicht sein, im Gegenteil, nur etwas Staub aufwirbeln und frische Ideen reinbringen in die eingefahrenen Gewohnheiten.

Bibi wartet bereits auf dem verabredeten Parkplatz nahe der Autobahn. Hier am Rande der Stadt kann Rosa ihr Auto stehen lassen, sie steigt zu Bibi ein. Fahrgemeinschaft wird firmenseitig gewünscht und diesen Wunsch erfüllen beide dem Chef gerne. Drei Stunden Schnattern am Stück, nur eine kurze Pause für Käffchen und Klo. Bibi erzählt von ihren Männerbekanntschaften, von ihren Beweggründen, wann der potenzielle Neue an Bett und Tisch einen Daumen hoch oder diesen eben nicht bekommt. »Jetzt das mit Uwe, das ist großartig. Er trägt mich auf Händen, ich hab mich noch nie mit ihm gestritten.« Bibi ist begeistert und schwärmt von ihrem Schatz, mit dem sie nun seit vier Wochen zusammen ist. Nach vier Wochen hat sich Rosa mit Stefan auch noch nicht gestritten, versucht sie sich zu erinnern. Oder? Jedenfalls gehörte Auf-Händen-tragen nicht zum Programm. Doch, einmal, als sie in die neue Wohnung eingezogen sind, da hat Stefan es gemacht, also wirklich, nicht im übertragenen Sinne. Er hat sie sich, nachdem am Umzugstag alle Möbel in den Zimmern standen, einfach geschnappt und gesagt: »Ich trag dich jetzt feierlich über die Schwelle, denn das soll Glück bringen.«

Das war für Rosa wie im Film und das Glück ist tatsächlich mit eingezogen. Drei Jahre später haben sie geheiratet und danach wollten sie ein Kind. Mit Tim waren sie bald die kleine Familie, die sich Stefan so sehr gewünscht hatte, eine eigene intakte Familie. Als sich dann ein Schwesterchen ankündigte, zogen sie alle nach Erfurt, in Rosas Heimat, ins Thüringische. Ja, alles stand unter einem guten Stern, schließlich war es Liebe auf den ersten Blick gewesen und Amors Pfeil hatte mitten ins Herz getroffen. Wer nicht glaubt, dass es sowas gibt, kann mich ja mal fragen, sinniert sie vor sich hin, bis Bibi es bemerkt. »He, Rosa, du hörst mir gar nicht zu!« – »Doch, doch, erzähl weiter, ich war nur kurz in Gedanken darüber, wie es mit mir und Stefan begann.«

Jetzt ist Bibi neugierig. »Und, wie war's denn bei euch. Das war ja noch zu tiefsten DDR-Zeiten.« – »Ja, klar. Da war die Welt noch in Ordnung, jedenfalls war sie einfach. Alle wünschten sich nach der Ausbildung eine Familie. Dir jetzt unsere ganze Geschichte zu erzählen, ist zu lang für heute, doch ganz am Anfang war es Liebe auf den ersten Blick bei mir und Stefan. Hundertprozentig!« – »Wirklich?« Bibis Erstaunen ist echt. »Ja, es war bei uns beiden, als hätte der Blitz eingeschlagen. Doch wir sind erst später zusammengekommen, das erzähl ich dir ein andermal.« Bibi überlegt. »Und jetzt ist die Liebe weg?« Was soll Rosa darauf antworten? »Ja, also, doch nicht ganz. In der Tiefe meines Herzens spüre ich die Stelle, wo Amors Pfeil gelandet ist, irgendwie noch heute, doch in der Zweisamkeit stimmt es nicht, da fehlt was.« Bibi atmet hörbar erleichtert aus. »Und? Was hältst du von meinem Vorschlag letztens, zwecks neuer Abenteuer?« Sie grinst über das ganze Gesicht. Rosa tut es ihr gleich: »Du glaubst es nicht, ich hab die roten Dessous dabei.«

Sie lachen beide, bis sie Tränen in den Augen haben. Im Autoradio singt Adele aus voller Kehle: *»Set fire in the rain.«* Bibi biegt in die Tiefgarage ein, um direkt am Eingang zum Hotel zu parken. »Na dann, auf ins Getümmel!«

Die Hotellobby ist voller Menschen mit Koffern, den Frauen und Männern baumeln Namensschilder an blauen Bändern mit dem Firmenlogo um den Hals. Der Innenhof des Hotels erinnert an eine Piazza in Italien. Man begrüßt sich herzlich bis stürmisch, in einer Außendienstorganisation wie der von *Insulpharm* treffen sich alle Kollegen nur einmal im Jahr zur Gesamttagung, darum freut man sich über bekannte nette Gesichter, die zu ebensolchen Menschen gehören.

Rosa schaut sich um, wer ihr bekannt vorkommt. Ah, dort, Thomas aus Hessen, mit ihm war sie mal während einer Regionaltagung gemeinsam in einen Workshop eingeteilt und sie verstanden sich prima. Dahinten erkennt sie Andreas aus der Nachbargruppe, der so herrlich sächsisch spricht, zu ihm setzt sie sich am liebsten an den Tisch während der Mahlzeiten. Sein Humor ist erfrischend, Probleme kennt er nicht und auch sein Glas ist immer halb voll. Sie winkt ihm zu, er nickt, als wollte er sagen: Ich freue mich auf unser Aufeinandertreffen am Tisch beim Essen. Direkt neben ihm steht der introvertierte Hartmut. Auch mit ihm hat sie sich gerne mal unterhalten, doch er tut ihr immer schnell leid, weil er aus seinem traurigen Single-Dasein keinen Hehl macht und sie aber leider nicht zuständig ist, das abzuändern. Upps?! Sondiere ich etwa schon die potenziellen Kandidaten für den anvisierten *One-Night-Stand*, fragt sie sich überrascht.

Der Geräuschpegel in der Halle schwillt immer mehr an. »Warum stehen denn alle hier rum?«, fragt Rosa die Frau in Uniform hinter der Rezeption. »Die Zimmer sind noch nicht fertig.« Aha, wie jedes Mal. Das Plenum fängt eigentlich in einer halben Stunde an.

Plötzlich steht Gordon, ihr Gebietsleiter, vor Rosa. »Hallo, meine Liebe. Gute Anreise gehabt?« – »Ja, prima, alles frei auf der Piste.« – »Wir sehen uns! Spätestens beim Abendessen, Tisch 14 sitzt unsere Truppe.«

Rosa weiß oft nicht, wie sie ihrem Chef begegnen soll, er kommt für sie aus einer anderen Welt. Zwanzig Jahre jünger als sie, im Westen sozialisiert, keine Familie, spaziert schnurstracks auf der Karriereleiter nach oben und er lebt offensichtlich nur, um zu arbeiten. Das glatte Gegenteil von ihr, sie hat die Mitte des Lebens längst durchschritten, ist verheiratet, im Osten großgeworden, in der Hierarchie Schütze Arsch im letzten Glied und sie arbeitet, um zu leben. Er ist nicht ihr Fall, sie umgibt sich lieber mit Menschen, die so ticken wie sie, nach dem Gesetz der Anziehung, gleich und gleich gesellt sich gern.

Nun schiebt sich Bibi freudestrahlend durch die Massen direkt auf sie zu. »Mensch Rosa, du glaubst nicht, wer hier ist!« Sie ist ganz außer Atem. »Richard Gere!« – »Klar, Bibi, ich nehme an, zusammen mit Julia Roberts, als Special-Guests zur Abendveranstaltung heute.«

Bibi lacht. »Nein, er heißt eigentlich Jürgen, ein toller Mann, ich kenn ihn von meiner Einschulung hier bei *Insul* vor drei Jahren. Er sieht zwar nicht so gut aus, doch er hat denselben Charme wie Richard, den musst du kennenlernen, das wär der Richtige für ein Date.« – »Bibi, ich würde es noch lauter rumschreien.« Rosa ist sauer und schaut ihre Freundin böse an und funkelt: »Das geht wohl nur uns beide was an.« – »Tut mir leid, hast ja recht, ich gelobe Besserung, versprochen.« Bibi schaut Rosa um Entschuldigung bittend ins Gesicht, das sieht so süß aus, dass Rosa nun lachen muss.

»Pass auf, Bibi, wir lassen die Dinge einfach ihren Lauf nehmen, okay? Was passieren soll passiert, dein

Engagement in allen Ehren, doch ich verlass mich da auf meine Intuition.« Bibi nickt einverstanden.

Während des Plenums ist zuerst Beweihräucherung der Firma angesagt, danach Dank an alle Beteiligten für die guten Zahlen, doch keiner solle sich nun auf dem Erreichten ausruhen, die Ziele für das kommende Halbjahr sind ambitioniert, alle müssen Gas geben, damit das Betriebsergebnis auch weiterhin stimmt. *Bloß nicht lange freuen* ist die Devise. Rosa fällt eine Losung aus DDR- Zeiten ein: *Wie wir heute arbeiten, werden wir morgen leben.* Was war die Folge? Es wurde viel gearbeitet und es gab wenig Zeit zu leben. Daran hat sich auch in der als glorreich beschriebenen Marktwirtschaft nichts geändert.

Kurz vor dem Abendessen werden die Sieger des Zwölf-Monats-Wettbewerbs ausgezeichnet, die besten zehn je Region fahren zum *Incentive* nach Südfrankreich. Großer Jubel entfährt den genannten Mitstreitern von der Außendienstfront, Umarmung, Glückwünsche vom Tischnachbarn, daneben lange Gesichter bei den nicht Genannten. Im letzten Jahr war Rosa unter den Gewinnern und es ging vier Tage nach Lissabon. Sie fragte sich dort jeden Tag, ob es ihr gefällt, mit wildfremden Menschen Urlaub zu erleben, den sie nicht selbst machen wollte, den sich Reiseveranstalter ausdachten, die nicht nachgefragt hatten, was ihr gefallen würde. Es gab ein straffes Programm, streng nach Terminplan, alles war getaktet, danach hätte sie eigentlich drei Tage frei gebraucht. Vor allem fehlte ihr Stefan. Das hatte sie selbst überrascht, da sie sich beide seit einiger Zeit eher wie Hänsel und Gretel begegneten als wie ein Liebespaar. Trotzdem. Sie wünschte damals, er wäre mit in Lissabon.

Jetzt springen alle von ihren Stühlen auf und stürzen aus dem riesigen Veranstaltungssaal hinaus in Richtung Hotelbar. Vor dem Abendessen ist ausgewiesene Bar-Zeit, Sekt und Bier, was Flasche und Zapfhahn hergeben. Es macht den Eindruck, als ob ihre Schicksalsgefährten sonst nie was zum Trinken bekommen. Rosa schiebt sich mit Müh und Not nach vorn an den Tresen, um sich an eine gerade abgegebene Großbestellung »Zehn Glas Sekt!«, anzuschließen. »Nein, elf bitte. Ich nehme auch einen.«

Das Getränk tut gut, sie spürt, wie das Prickeln erst den Magen und wenig später ihre Adern erreicht. Kleinhirn an Großhirn: Jetzt Umschalten auf Entspannen! Rundherum stehen Frauen in Business-Dresscode, mehr oder weniger gut gelungen, und Männer in meist dunklen Anzügen, immer noch mit oder bereits ohne Binder. Lautstark wird sich unterhalten, es geht um die Arbeit, es wird gelacht und sich zugeprostet. In den Kunstbäumen auf der nachempfundenen Piazza sind die Lichterketten eingeschaltet, die Stimmung ist wie auf dem Rummel.

»Magst du noch ein Glas?«, hört Rosa eine fremde Stimme neben sich, dreht sich überrascht zur Seite, um zu sehen, wer da um ihre weitere Versorgung bemüht ist. Sie kennt den Mann nicht, doch sie sagt gerne »Ja«, denn sie hat keine Lust sich selbst nach vorn an die Bar zu drängeln. Es dauert nicht lange und er steht mit einem vollen Sektglas lächelnd wieder vor ihr. »Bitte sehr, auf eine gelungene Tagung!« Rosa fühlt sich geschmeichelt, von diesem netten Fremden bedient zu werden, und lässt ihr Glas behutsam an das seine anstoßen, ein schöner, klingender Ton entsteht. »Sehr erfreut, ich bin Rosa aus Thüringen.« – »Schön, ich bin der Jürgen, aus MeckPomm. Wie meint es doch dieser Tag wieder gut mit mir, dass ich gleich am ersten Abend eine so attraktive Kollegin kennenlerne?!«

Rosa muss innerlich feixen. Kaum hat sie selbst drei Kollegen auf Abenteuer-Tauglichkeit hin begutachtet, kommt der nächste von allein um die Ecke. Bei jedem anderen Mann hätte sie den eben gehörten Satz als plumpes Anbaggern abgetan, aber der hier hat wirklich Charme. Was hat er gesagt, wie er heißt, Jürgen? Sollte das etwa besagter …

Rosa will nicht weiter darüber nachdenken, denn Smalltalk scheint der zweite Vorname ihres Gegenübers zu sein. Witzig ist er und eloquent, auch sein Dialekt gefällt ihr, ein leichtes Plattdeutsch, das klingt für sie grundsätzlich sympathisch. Nun beginnt er Rosa von oben bis unten zu mustern. »Schick siehst du aus! Farblich passt alles bestens zusammen, zeugt von Geschmack!« Das Kompliment geht runter wie Öl, die zwei Stunden gestern beim Kofferpacken haben sich gelohnt.

Er schaut auf seine Uhr. »Oh, in 'ner halben Stunde ist Abendessen, will mich vorher etwas frischmachen und was Legeres anziehen. An welchem Tisch sitzt eure Gebietsgruppe?« Rosa überlegt kurz und ihr fällt ein, was Gordon ihr beim Eintreffen zuraunte. »Tisch 14« – »Dann können wir später gerne unser anregendes Gespräch fortsetzten, ich sitze Tisch 16. Es ist sehr schön mit dir zu schnacken. Wenn du möchtest?« – »Gerne«, antwortet Rosa und merkt, wie sie knallrot anläuft.

Frischmachen, was damit genau gemeint ist, dahinter ist sie noch nicht gekommen, doch sich umziehen, das wird sie jetzt auch tun. Sie weiß ganz genau, was sie gleich vom Kleiderbügel nehmen wird: die rote Bluse mit dem sexy Dekolleté. Wenn es der Jürgen ist, darf das Schicksal gerne seinen Lauf nehmen, auch wenn Bibi recht hat, schön ist er nicht, doch er sieht auf seine Weise gut aus und er hat etwas nicht beschreibbar Anziehendes. Dann werde ich heute Abend seine *pretty woman!* Sie fühlt sich wie ein Teenager, der zum ersten Mal zur Disko darf.

Die Kollegen am großen runden Tisch, eingedeckt wie zu einer Hochzeit mit einem herrlichen Blumenarrangement in der Mitte, begrüßen sie herzlich und bedauern alle gleichzeitig, dass es immer so voll ist, wenn sich vierhundert Menschen im Hotel versammeln, und man sich gar nicht in der eigenen Gruppe findet. Rosa kann diese Ansicht nicht teilen, sie findet es anregend, sich auch mal mit Leuten aus anderen Regionen auszutauschen, darüber, wie es bei denen läuft und sie die Arbeit so wuppen. Bibi hat ihr einen Platz neben sich freigehalten. .

»Na, hab's schon gesehen. Läuft«, stupst sie Rosa von der Seite an. Rosa legt den Zeigefinger senkrecht über ihre geschlossenen Lippen, funkelt Bibi wütend an. »Pscht ...« Sie schaut in die Runde, ob jemand zugehört hat, doch alle sind im Gespräch oder Essen holen. »Du hast versprochen, dich rauszuhalten.« – »Mensch, du bist aber auch zimperlich«, mault Bibi beleidigt.

Zum Abendessen kann sich Rosa an den vier verschiedenen, länderspezifischen Buffets schwer entscheiden. Der Anblick von österreichischem Wildbraten, französischen Steaks, deutschen Kartoffelkreationen, italienischen Nudelgerichten und Unmengen von verschiedenen Gemüsen und Salaten lässt ihr das Wasser im Munde zusammenlaufen. Bratenduft steigt in ihre Nase, es riecht nach Rosmarin, Knoblauch und Koriander, die leckere Antipasti glänzt verlockend im Olivenöl. Rosa nimmt von allem etwas in der Hoffnung, dass ihre Geschmacksknospen damit nicht überfordert werden. Am Tisch lässt sie den Kellner vom Weißen einschenken, den verträgt sie besser, denn am Ende des Abends weiß hier niemand mehr, wie viel er getrunken hat, da ab jetzt die Bedienung vom gewählten Getränk ständig nachschenkt. Ein bisschen wie im Schlaraffenland ist das schon, nur dass keine gebratenen Tauben fliegen.

Rosa merkt, wie sie langsam satt wird, doch eine Crême brulée geht noch. Auf dem Weg zu den Desserts läuft sie Jürgen direkt in die Arme. »Na, nicht so stürmisch, schöne Frau!«, lacht er, zwinkert ihr zu und geht zu seinem Sitzplatz, um dort mit seiner Tischnachbarin zu flirten. Rosa schaut etwas irritiert hinter ihm her. Bei ihm sieht es immer wie flirten aus, wenn er mit Frauen spricht, wohl ein echtes Naturtalent, von ihm können sich viele seiner Artgenossen eine Scheibe abschneiden.

Am Tisch hält Gordon gerade eine kleine Rede, wie schade er es findet, dass von seiner Gruppe niemand mit zum *Incentive* darf, sie hätten doch alle so einen tollen Job gemacht, er ist trotzdem stolz auf alle und froh, ihr Gebietsleiter zu sein. Wie schön er das sagt, mir kommen gleich die Tränen, denkt Rosa sarkastisch. Er verschwindet zum Tisch mit seinen ranghöheren Kollegen, gut so, die Gefahr, dass er ihr ein Sinnlosgespräch an die Backe drückt, ist gebannt.

Dafür möchte sich jetzt Carola gerne mal mit Rosa unterhalten. *Sie* hätte doch immer so gute Ideen, worüber sie mit den Ärzten plaudere, da möchte sie mal in den

Erfahrungsaustausch gehen. *Carola, ich hab schon auf Entspannen umgeschaltet*, möchte sie ihr am liebsten sagen, doch sie lässt sich darauf ein, will nicht als unkollegial dastehen. Gleichzeitig behält Rosa Tisch 16 im Auge, dort scheint immerzu jemand einen Witz zu erzählen, denn alle zwei Minuten ertönt schallendes Gelächter, alle schütteln sich vor Lachen, auch Jürgen. Er hat also zum Charme auch noch Humor, eine gute Kombination, die sie in ihrem Vorhaben bestärkt, es heute darauf ankommen zu lassen. Sie beschließ, ab jetzt nur noch Wasser zu trinken – Alkohol zum Lockerwerden ist sicher zielführend, doch im Nebel fischen gehen macht keinen Sinn. Wie werde ich jetzt Carola los, ist ihr zweiter Gedanke. »Carola, ich bin gleich wieder zurück. Nur mal für kleine Mädchen.«

Auf der Toilette ist es angenehm ruhig im Gegensatz zum Saal mit den vierzig Tischen, an denen Menschen einen ohrenbetäubenden Lärm verursachen, indem sie sich unterhalten, genau genommen schreien sich alle an, weil man sich sonst nicht hört. Die leise Klaviermusik aus den Lautsprechern über den Kabinen hier hat etwas Surreales. Rosa möchte am liebsten länger bleiben, vielleicht ändert sich in der Zwischenzeit das Setting an den Tischen draußen. Der Blick in den Spiegel ist zufriedenstellend, keine verschmierte Schminke, nur noch mal Lippenstift auftragen.

Schon auf dem Weg zum Tisch sieht sie, dass sich dort erheblich was verändert hat. Carola ist nicht mehr da, dafür sitzt Jürgen auf ihrem Platz und Bibi leistet ihm Gesellschaft. Hat sie das etwa eingefädelt, geht es Rosa sofort ärgerlich durch den Kopf, doch dann merkt sie, wie egal das ist und setzt sich zu seiner rechten. »Ach, die stürmische Kollegin vom Dessert-Buffet«, stellt er erfreut fest und wendet sich ihr zu. Bibi erhebt sich von ihrem Stuhl, winkt ihr vielsagend zu und geht wortlos. »Schön, dass du noch da bist. Ich hatte schon gedacht, du bist gegangen. Hattest du einen angenehmen Abend bis jetzt?« Ihm fällt wirklich immer was Passendes ein, dem Grand-Charmeur, stellt Rosa fest und ist gespannt, wie die Anmache weitergeht. »Ja, war ganz nett«, antwortet sie kühl. »Wollen wir schauen, ob es da eine Steigerung gibt? Nur nett, das wäre doch schade um die Lebenszeit.« – »Wie meinst du das?« Rosa möchte das Flirten genießen, nimmt einen großen Schluck vom Getränk vor ihr auf dem Tisch, nun doch wieder aus dem Weinglas.

»Es ist hier furchtbar laut, ich lade dich auf mein Zimmer ein, dort können wir uns in Ruhe kennenlernen. Wenn du möchtest, kann ich dich dabei verwöhnen.« Oha, der lässt nichts anbrennen, in der Jugendzeit brauchte der Anwärter auf ein Schäferstündchen 'ne Briefmarkensammlung als Köder, heute sind Männer im Hotel und im gehobenen Alter zielorientierter. »Du bist dir deiner Sache wohl sehr sicher?« – »Na klar, ich sehe es den Frauen an, wenn sie *dahingehend* Entzugserscheinungen haben.« Rosa erschrickt. »Woran siehst du das denn?« Jürgen lächelt leicht mit erhobener linker Augenbraue und antwortet: »Reine Intuition. Zimmer 301, um elf?« – »Ich wohne auf demselben Gang. Scheint kein Zufall zu sein, ich klopfe zweimal kurz. Okay?«

Rosa ist bass erstaunt über ihre Coolness. Auf ihrem Zimmer duscht sie kurz, steigt in die roten Dessous, zieht sich das Kleid über, das sie auch am nächsten Abend tragen will, und schaut auf die digitale Uhr auf dem Nachttisch. Zehn vor elf. Der Countdown läuft. Zwei vor elf, sie geht zur Tür und drückt die Klinke nach unten. Plötzlich bleibt sie vor der geschlossen Tür stehen. Als wäre ihr Körper in eine Komplettstarre gefallen kann sie sich nicht mehr bewegen. Einatmen – Ausatmen. Die linke Gehirnhälfte flucht. Nun geh schon, so 'ne Gelegenheit kannste doch nicht liegenlassen. Aus der rechten kommt der Gegenbefehl. Was machst du da? Lass das! Was soll das bringen?

Rosa hört die beiden Stimmen und sieht die Zahlen auf dem Wecker größer werden. Eine halbe Stunde steht sie wie angewurzelt an der Tür. Ich mach's! Sie huscht über den leeren Gang fünf Türen weiter und klopft das verabredete Zeichen. Nun mach schon auf!

Endlich hört sie Schritte, Jürgen öffnet mit freiem Oberkörper und nur mit Slip bekleidet langsam die Tür einen Spalt breit. »Was ist? Willst du mich nicht reinlassen?« Jürgen schaut zum Boden. »Ehrlich gesagt, nein, geht nicht.« – »Wieso nicht, wir sind verabredet?« Rosa schaut ihn entgeistert an. Er stammelt: »Wir waren für elf verabredet und jetzt ist es halb zwölf.«

Rosa versteht partout nicht, was er meint, schiebt ihn zur Seite, um einzutreten. Doch er hält sie fest. Von der Tür aus kann sie in den großen Spiegel vor dem Bett sehen. Was sie darin sieht, ist eine leicht bekleidete Frau. Sie kann es nicht glauben – Bibi!

Rosa weiß am nächsten Tag nicht, ob sie in der Nacht überhaupt geschlafen hat, jedenfalls fallen ihr während des Plenums ständig die Augen zu. Sie sitzt in der letzten Reihe und möchte heute mit niemandem reden. Als ihr

Jürgen morgens am Aufzug begegnete, warf sie ihm einen Blick zu, der wohl getötet hätte, wenn sowas möglich wäre, und als sich Bibi zur ihr an den Frühstückstisch setzte und eine Entschuldigung brabbeln wollte, nahm Rosa sofort ihren Teller, stand auf und zischte ihr ein »Halt einfach nur die Klappe!« zu. Früher soll es Tarnkappen gegeben haben, um sich unsichtbar zu machen. Solch eine hätte sie gerne, aber dazu ist die ach so moderne Technik nicht in der Lage.

Die Teilnahme an der Abendveranstaltung ist Pflicht. Rosa hat keinerlei Appetit auf Essen, sie beteiligt sich nicht an den Gesprächen rundherum, erst recht hat sie keine Lust zu tanzen, obwohl die taffen Jungs der engagierte Partyband auf der Bühne des Kongresszentrums es verstehen, den Massen einzuheizen.

Vom Nachbartisch winkt ihr Andreas zu. Der könnte meine Laune aufbessern, überlegt sie kurz und setzt sich zu ihm. »Na, was issen los?« Rosa wundert sich über seine Frage. »Was soll los sein? Alles bestens.« – »Rosa, jetzt schwindelst du. Ging wohl gestern in die Hose mit Jürgen?« Sie nickt und erschrickt darüber. Kann man sich die Aufzeichnungen der Kameraüberwachung in den Hotelgängen schon im Internet ansehen? Andreas schaut sie mitleidig an. »Den Jürgen kenn ich, der ist immer auf Trophäen aus. Das steigert seinen Selbstwert.«

Rosa möchte am liebsten im Boden versinken, doch sie lässt Andreas weiterreden. »Ich erklär dir das mal, wie das bei solchen Männern angelegt ist. Das Ziel ist, immer eine abzuschleppen. Die Frage, die sich stellt: *Kann ich's noch, das Jägersein?*« Rosa ist peinlich berührt und fragt nach: »Um sich selbst was zu beweisen oder anderen?« – »Nur sich selbst. Wichtig ist, die Frau muss auch einverstanden sein, sonst kriegst du sie nicht ins Bett. Das geht mit Alkohol am besten, ich muss an so einem Abend immer schauen, trinkt sie auch mit. Wenn nicht, klappt es meistens nicht.« Rosa begreift, dass das Spiel gestern genauso ablief. Andreas konkretisiert. »Fremdgehen, wenn es ums reine Abenteuer geht, klappt nur mit Alkohol. Da muss der Mann klar unterscheiden zwischen Abschleppen wollen oder eine Geliebte suchen. Will ich heute nur ficken oder geht da mehr?«

Halleluja! Diese eben gehörten Vokabeln muss Rosa erstmal sortieren. »Und du? Bist du auch so ein Mann?« Andreas lacht. »Klar, in meiner Jugend hab ich es so gelernt, von meinen Kumpels, ich war recht erfolgreich mit der Masche. Bis ich mich in meine Frau verliebt hab. Sie hat mir gezeigt, was ich wirklich gesucht habe.«

Jetzt ist Rosa noch beeindruckter von Andreas' Aufklärung über die Abläufe in alkoholisieren Männerköpfen. »Ich hab's gestern mit ihm vermasselt, doch er hatte schnell Ersatz.« Sie macht eine Denkpause. »Vielleicht war es besser so?« Diese Frage sagt sie mehr zu sich selbst und es entspannt sich etwas in ihr.

Andreas lehnt sich zurück an seine Stuhllehne, trinkt sein Glas Rotwein aus und genießt sichtlich die Resonanz auf seine Ausführungen.

Rosa nutzt die Gelegenheit, den ehrlichen Tischnachbarn weiter auszufragen. »Es geht also dem Mann beim Fremdgehen nicht um Gefühle fühlen?« Andreas überlegt. »Ich denke nicht. Männer wollen Gefühle nicht fühlen! Sie können es nicht, weil Gefühle wehtun. Darum zünden sie lieber die Silvesterrakete, machen kurz *Ahhhh* und ist sie verglüht, ist die Party zu Ende. Dann drehen sie sich weg, am besten die Frau geht nachts noch.«

Rosa schüttelt den Kopf und es ist, als ob sich die Puzzleteile der letzten vierundzwanzig Stunden zu einem neuen Bild zusammensetzen. Jäger, Abschleppen, Silvesterrakete, das wäre die Dramaturgie gestern Nacht gewesen? Na danke!

Es steigt eine angenehme Freude darüber in ihr auf, dass ihre innere Stimme sie von diesem angeblich amourösen Abenteuer abgehalten hat. »Andreas, du bist heute mein Schutzengel! Ich war echt total depri und hab von dir grad viel über Männer gelernt. Darf ich dich dafür umarmen, auch wenn ich keine Trophäe für dich bin?« Er lacht, erhebt sich vom Stuhl und sie liegen sich ein paar Sekunden lang in den Armen. »Wollen wir tanzen?« Andreas reicht ihr den Arm. »Gute Idee!«

Auf der Nachhausefahrt schwärmt Bibi in den höchsten Tönen von der nächtlichen Begegnung mit Jürgen. »Es war klasse, erst hat er mich von hinten genommen, dann hab ich ihn geritten.« Rosa versucht sich das mit zwei nackten Menschen in Bewegung vorzustellen, doch es kommen ihr zu Bibis Beschreibungen nur Erinnerungen aus dem Sportunterricht, sie muss an Bockspringen und Seitpferd denken. Auf keinen Fall möchte Rosa Sex als körperliche Ertüchtigung erleben, sie denkt eher an etwas zum Dahinschmelzen. Noch ein Grund mehr, darüber froh zu sein, dass sie am Montagabend so lange gezögert hat.

5 | Cornwall

»Links!« Stefan stehen die Schweißperlen auf der Stirn. Die Fahrt von Dover bis zum Stadtrand von London war easy, erst etwas ungewohnt, doch er hatte sich schnell daran gewöhnt, als Geisterfahrer unterwegs zu sein. Linksverkehr im Empire – mit dem Lenkrad auf der falschen Seite! Als sie entschieden, im Sommerurlaub ihre Tochter Karolin während deren Praktikums in Cornwall zu besuchen, waren sie sich einig, das mit dem eigenen Auto zu erleben. Wenn schon – denn schon! Und was wäre ein Englandurlaub ohne ein paar vorgelagerte Tage in der Hauptstadt?

Gerade hat Stefan zum ersten Mal nichts dagegen, dass Rosa ihn beim Einfahren in die unzähligen Kreisverkehre in dieser Stadt von der Seite anschreit. Ein Fahrzeug geradeaus auf der linken Fahrbahn zu halten ist möglich, doch nach links in einen Kreisverkehr einzubiegen, das schlägt Alarm im Oberstübchen, löst in den Armen am Lenkrad einen Reflex nach rechts aus, nur Rosas eindringliche Stimme vom Beifahrersitz verhindert die anscheinend unausweichliche Karambolage.

»Schatz, du hast es geschafft! Ich bin stolz auf dich. Gib fünf!« Sie hält ihm die flache Hand entgegen, er klatscht geräuschvoll ab und stellt sich ins Halteverbot vor dem *Loges Hotel* in Kensington. »Geschafft, ja, das bin ich auch.« – »Ich frag gleich, wo wir parken können.« – »Den Wagen rühr ich dann hier nicht mehr vom Fleck, mit Autofahren hat das in dieser Stadt nichts zu tun, eher mit: Fahrzeuge durch Straßen schieben. Und ich dachte, ich kenne den Großstadtverkehr ...«

Rosa steigt aus und verschwindet in der zweiflügeligen weißen Eingangstür des viktorianischen Gebäudes. Als sie zurückkommt, reißt sie die Beifahrertür auf, schwingt sich auf den Sitz und zeigt mit einer Handbewegung, wie es weitergeht. Geradeaus, dann nach fünfzig Metern rechts in die Tiefgarage. London, ab jetzt nur noch zu Fuß!

Das gebuchte Zimmer übertrifft ihre Erwartungen, es ist *very britisch*, plüschig und mit dem verblassten Charme längst vergangener Zeiten, deren Mythos wahrscheinlich nur durch Hollywoodfilme und Theateraufführungen von *My fair lady* in Rosas Kopf gepflanzt wurde. Sie wirft sich auf das große, weiß bezogene Bett. »Wie toll! In dieser Stadt hat Henry Higgins der Eliza Doolittle ein ordentliches Englisch beigebracht. Ich würde auch gerne mal wieder singen: *Ich hätt getanzt heut Nacht* ...« Stefan zieht die Stirn kraus und hängt wie unbeteiligt seine Hemden in den Kleiderschrank. »Ist dir das Pub rechts vor der letzten Abbiege aufgefallen? Ich würde erst mal singen: *Bier her, Bier her oder ich fall um.* Und Hunger hab ich auch.« – »Ach Mensch, Stefan, du bist so unromantisch. Ich freu mich auf diesen Urlaub und nun gleich im ersten Zimmer so ein schönes großes Bett ...«

Rosa klimpert mit den Augenlidern. Die Hoffnung, dass sich wenigstens in den Ferien, jenseits des Alltags, wieder mal liebevolle Begegnungen mit dem eigenen Ehemann anbahnen könnten, spätestens am Abend im Doppelbett, hat sie nicht aufgegeben. Sowas ist selten geworden, doch vielleicht wird es ja in diesem Urlaub besser. Sie steht auf, umarmt ihn und drückt ihm einen Kuss auf den Mund. »Hast ja recht. Die Minipizza auf der Fähre ist längst verdaut.«

Vor dem Pub stehen jede Menge junge Leute in Klamotten im Business-Stil, reden laut, gestikulieren, lachen und trinken alle Bier, Männlein wie Weiblein nach der Arbeit. *After-Work-Party*! Die Engländer wissen zu leben. Rosa setzt sich an den einzig freien Tisch direkt am Fenster und bewundert das fröhliche Treiben. Stefan hat sofort festgestellt: »Hier ist Selbstbedienung!«, und sich durch die gut gelaunten Leute an den Tresen geschoben.

Der Anblick macht ihn sprachlos. Anstatt dreier Zapfhähne gibt es hier erheblich mehr, mindestens sechzehn oder sogar zwanzig solcher mit Muskelkraft betriebener Pumphähne spendieren die süßlich herben Flüssigkeiten der verschiedensten Brauhäuser. Ohne Kohlensäure als Treibgas fließen sie gemächlich in die Gläser, um am Ende eine kleine Schaumkrone zu hinterlassen, die direkt am Glasrand abschließt. Es hat etwas Martialisches zuzusehen, wie die Jungs am Hahn durch echte Handarbeit Glas für Glas füllen und erfreuten Gesichtern entgegenreichen.

Stefan bringt zuerst freudestrahlend zwei dicke Humpen *Guiness* zum Tisch, um danach zwei riesige Burger als ihr Abendessen zu servieren. Zuhause würde Rosa diese Speise als *Un-Essen* bezeichnen, doch in einem Englandurlaub wäre sie mit dieser Einstellung auf verlorenem Posten, jedenfalls hier im Pub. Nach zwei Stunden merkt sie: Das Essen hat die beabsichtige Wirkung, sie ist satt und gleichzeitig nach zwei der ungewohnten Getränke beschwipst und todmüde.

»Lass uns gehen«, schlägt sie vor. Stefan zieht eine Flunsch: »Ich würde gern noch bleiben, das ist hier ja eine Stimmung wie auf der Kirmes. Komm, eins nehmen wir noch.« Rosa verdreht die Augen und schüttelt vehement den Kopf. »Dann musst du mich tragen. Überleg es dir, ich bin kein leichtes Mädchen.« Sie lacht über ihr Wortspiel. »Morgen gibt es auch noch Bier hier.«

Auf dem Weg zum Hotel merkt sie schnell, dass sie gleich in das große Bett fallen wird, um den Schlaf der Gerechten zu schlafen, und das erhoffte Schäferstündchen wieder ausfällt. Zum Trost sagt sie sich selbst im Stillen: *Auch das Bett steht ja morgen noch hier.*

»Ich muss schon sagen, das Hotel hast du wieder gut ausgesucht.« Rosa schaut, verblüfft durch dieses Lob, zu Stefan, der den Stadtplan auf dem Tisch ausbreitet: »Wir können von hier aus zu Fuß gemütlich durch den *Hyde Park* laufen, ehe wir uns ins Getümmel stürzen.« Stefan schlägt eine Tagestour mit den ihm wichtigen Highlights vor, denn London in zwei Tagen ist sportlich. Überhaupt: Sightseeing in der Großstadt ist eigentlich eine dumme Idee, wenn der Urlaub dem friedlichen Beisammensein mit anschließendem romantischem Stelldichein am Abend dienen soll. Rosa verscheucht den Gedanken und antwortet: »Cool, Hyde Park, vielleicht spricht grad irgendein abgefahrener Typ in der *Speaker's Corner.*« Sie kennt die Geschichte um diesen Ort aus dem Fernseh-Sprachkurs, den sie damals in der Schule angesehen haben. In *English for you* hat Diana Loeser mit *Cat-eye-Brille* im Gesicht, die ihr durchaus etwas Sinnliches verlieh, perückenähnlicher Frisur und in akkurater Muttersprache über den Alltag in ihrem Heimatland berichtet, in das zu fahren ihren Zuschauer als niemals möglich erscheinen musste. Ihre Begrüßung war legendär – »Hello viewers!«, das klingt jedem heute noch im Ohr, der die Sendung kennt. Im Hyde Park an der Speaker's Cooner kann sich hinstellen wer will und sich als Protestler Luft verschaffen oder als Visionär die Zukunft erklären. Einfach hinstellen und unzensiert losproklamieren, so ist Rosas Vorstellung. Mal sehen, wer da heute eine Rede schwingt.

Die Enttäuschung ist groß, es gibt die Stelle noch, doch niemand redet, die umstehenden Bäume und Büsche lassen gerade noch so eine gepflasterte Stelle am Rand des Parks erkennen, wo ein kleines Schild an die Vergangenheit erinnert. Vielleicht sind jetzt alle zufrieden hier in London oder das DDR-Fernsehen hat damals wieder mal total übertrieben?

»Jetzt möchte ich zum *Covent Garden.* Dort trifft nämlich Professor Higgins die ordinäre Eliza und wettet mit seinem Freund, dass er aus ihr eine Dame machen kann, die er in die feine Gesellschaft einführt«, freut sich Rosa. Stefan studiert die Karte und winkt ab. »Das ist noch 'ne ganze Ecke weg. Jetzt erst mal *Royal Albert Hall*, schau, da vorn das riesige Gebäude.« Rosa ist ziemlich beeindruckt, fragt sich aber gleichzeitig, wozu solch Prunk gut sein soll, eine Nummer kleiner hätte es auch getan. Sie setzt sich auf eine Parkbank, um im Reiseführer nachzulesen, was es mit dem Gebäude auf sich hat. »Ha, diese Halle ist zu Ehren des Prinzgemahls Albert gebaut worden und das war ein Landsmann von uns, genauer gesagt unser Nachbar, Prinz Albrecht aus Gotha.« Stefan setzt sich neugierig zu ihr auf die Bank. »Wie kommt der denn hier her?« Rosa blättert im Reiseführer und liest vor: »Er war der Gatte von Königin Viktoria im 19. Jahrhundert. Als sie achtzehn war, brauchte sie einen passenden Mann, weil man damals die Dynastien erhalten musste, indem man die Nachkommen untereinander verheiratet hat und man wurde dabei in Gotha fündig. Hier steht, alle europäischen Herrschaftshäuser sind untereinander verwandt, bis nach Russland.«

Rosa sinnt über das Gelesene nach. Die jungen Leute der adligen Oberschicht wurden also nur verkuppelt. Ob es überhaupt eine Idee von Liebe in solch einer Beziehung gab? Wohl eher nicht. Ist die Idee von Liebe eine Erfindung der Dichter der Romantik und ansonsten ein Hirngespinst? Eigentlich erstaunlich, dass eine Frau früher Herrscherin werden konnte! Sie hat wahrscheinlich genauso despotisch regiert wie ihre Kollegen. Wenn's keine männlichen Nachkommen gab, mussten die weiblichen den Job übernehmen, Hauptsache die Blutlinie hat gestimmt, doch es war Herrschaft.

Wenn Rosa das Wort Herrschen liest, sträuben sich ihr sofort die Nackenhaare. Herrschaft, Herr, Diener, oben, unten, besser, schlechter. Der Mann steht über dem Weib, das ist angeblich ein Naturgesetz. Die Frau sei des Mannes Untertan, so steht es in der Bibel. Männlicher Chauvinismus, so nennt Rosa das heute, laut Lexikon: auf übertriebenem Selbstwertgefühl beruhende Grundhaltung von Männern, die bewirkt, dass Frauen geringer geachtet werden.

Höchstwahrscheinlich hat sich in den Köpfen der heutigen Männer dahingehend noch gar nicht viel geändert, und das in Zeiten von vor sich her getragener Gleichberechtigung der Frau. Unterwerfung und Geringschätzung des Weiblichen ist beim Mann immer noch in den Genen verankert. Das ist auch der Grund, warum sich Rosa keine Pornofilme anschauen kann. Stefan hatte eine Zeit lang immer mal solche Videos ausgeliehen, um neue Lust ins

Schlafzimmer zu bringen, so sein Ansinnen, doch für Rosa waren die gezeigten Szenen immer abschreckend. Meistens betätigten sich gleich zwei oder drei nackte, lüsterne Männer kräftig an einer Frau, die hatte deren Geschlechtsteile in der Hand, im Mund und eigentlich überall und die Männer verteilten ihr Sperma mit animalischen Lauten möglichst gut sichtbar für die Kamera. »Ich geb's dir!«, ächzten sie dabei und anscheinend bezog sich das ausschließlich auf ihre Körperflüssigkeit, denn von Zuneigung war nichts zu spüren. Stefan war offenbar der Meinung, so etwas macht Frauen Spaß, man hörte sie doch auch wollüstig stöhnen. Doch Rosa sah nur Männer, die Frauen dominieren und sie benutzen für ihr Vergnügen. Vergnügen? Ich glaube, das Wort wird hier in seiner Bedeutung verkannt, grübelt sie weiter.

»Wir können uns das Ding bei 'ner Führung in 'ner halben Stunde ansehen, zehn Pfund pro Nase.« Rosa wird aus ihrem Nachdenken über Begegnungen mit fremden, unbekleideten Menschen zurück auf die Parkbank geholt. »Welches Ding?« – »Na, den Kuppelbau der vor dir steht, von innen.« Er zieht sie von der Bank: »Los, mitkommen. Die Ausstellung im Eingangsbereich zeigt auch schon 'ne ganze Menge, welche Stars hier aufgetreten sind und wann, das reicht uns vielleicht!«

Stefan findet das Gebäude klasse, genauso wie die *Tower Bridges*, den *Big Ben,* das *Eye* und vor allem die urigen Taxis, von denen sie eines im strömenden Regen am Ende des zweiten Tages in gefühlter Schrittgeschwindigkeit zum Hotel kutschiert.

»Zum Glück gibt es jetzt das Smartphone, mit dem man die Fotos sofort dabeihat. So viel von zwei Tagen

London im Kasten, das glaubt uns keiner!« Stefan freut sich sichtlich, gleich morgen seiner Tochter in Wort und Bild von der Visite in London berichten zu können. »Ich bin so froh, die Großstadt hinter mir zu haben. Jetzt herrliche Landidylle in Cornwall«, erwidert ihm Rosa und nimmt ihren Beifahrerauftrag wieder an, aufzupassen, dass Stefan auf der Linksspur bleibt.

Die Reiseroute entlang der englischen Riviera hatte sie im Reisebüro empfohlen bekommen. Ab heute geht es von Ort zu Ort, mal eine oder zwei Übernachtungen in hübschen kleinen Pensionen oder Cottages, in der Hoffnung, dabei Land und Leute kennenzulernen, und als Höhepunkt Karolin in Truro treffen. Schon während der Fahrt durch den Südwesten Englands bemerkt Rosa: Cornwall hat den Charme des Verwunschenen, die Landschaft atmet hier etwas Verborgenes, dem Auge nicht Preisgegebenes. Nicht umsonst hat Agatha Christie, die hier geboren wurde, die Verbrechen ihrer Romane in dieser geheimnisvollen Landschaft begehen lassen.

Simon, der erste Gastgeber in Torquay, begrüßt seine deutschen Gäste herzlich. Er hat die fremde Sprache ein bisschen von den Urlaubern gelernt und Rosa ist froh, sich mit ihrem wenigen Englisch bei ihm recht gut verständlich machen zu können.

»Englische Riviera? Da hab ich mir was anderes drunter vorstellt.« Stefan lässt sich seine Enttäuschung beim abendlichen Spaziergang an der Promenade entlang anmerken. »Was fehlt dir denn?« – »Weiß nicht? Wahrscheinlich das Mittelmeer-Feeling.« Der Atlantik, der die Landzunge umspült, wirkt eher hart und fördernd als weich und einladend auf die Gäste am Ufer. »Vielleicht gibt es heute Livemusik in irgendeinem Pub, ist schließlich Samstag. Das könnte meine Laune deutlich bessern.« Rosa muss lächeln. Stefan braucht zum Glücklichsein im Urlaub mindestens einmal Livemusik und meistens wird ihm dieser Wunsch auch wie durch ein Wunder erfüllt. »Schau mal geradeaus!« Tatsächlich, am *The Devon-Pub* steht auf einer Kreidetafel: *Today live music*. Drei ambitionierte Musiker mit stimmgewaltiger Sängerin nennen sich *The Hot House* und zelebrieren die *early American roots music* so, dass es keinen der Gäste auf dem Stuhl hält und Stefan kann in dem ihm eigenen Freestyle tanzen und seinem Affen Zucker geben. Auch Rosa findet es klasse, sich inmitten der wildfremden Menschen fröhlich nach den Rhythmen der handgemachten Musik zu bewegen.

»Aus dem Abend könnte doch noch was werden?«, fragt Rosa, nachdem die letzten Klänge verhallt sind und die Leute langsam nach Hause gehen. Sie hakt sich an Stefans Arm unter und sie schlendern beschwingt zurück zur Pension. Es ist fast Mitternacht. »Heute bin ich müde. Die lange Fahrt, weißt du und um acht ist schon Frühstück.« Rosa boxt ihn verspielt in die Seite. »Jetzt hör auf. Das große Bett in London blieb schon unbenutzt.« – »Es bräuchte schon eine erotische Situation dafür, meinst du nicht?«

Eine was? Rosa weiß nicht, ob er das ernst meint. Erotische Situation, was soll das sein? Sie sind dreißig Jahre verheiratet, da ist der Oxytocin Spiegel bei null und den braucht es nun mal, um Fleischeslust zu empfinden und es kaum erwarten zu können, zusammen in die Kiste zu springen. So würde Rosa es Stefan gerne erklären, doch es ist wohl nicht der richtige Augenblick. »Vielleicht ein Quicky?«, macht er ein bescheidenes Angebot. Ja, ein Quicky, was sonst. Ist es nicht immer nur ein Quicky bei uns? Ein Quicky ist wie Sahnetorte bestellen, um dann einen Keks zu bekommen. Na, dann nehmen wir den Keks, ist besser als verhungern. Sie kuschelt sich an Stefan unter der geblümten Bettdecke und fühlt sein Begehren. Sie streicheln und küssen sich kurz, sein erigiertes Glied verlangt Einlass. Es ist schön, ihn so nah zu spüren, doch wenn er zu ihr hereinkommt, spürt sie nur sein Wollen, nur sein Auf-das-Ziel-zusteuern. Das Ziel ist bei ihm schnell erreicht, zu schnell für sie, sie kann sich so nicht hingeben und sie weiß das. Wie hatte es Andreas bei der Tagung erzählt? *Ist die Silvesterrakete verraucht, möchte sich der Mann umdrehen und schlafen.* So wie Stefan jetzt. Und da ist es wieder, das Gefühl, nein die Gewissheit, dass etwas fehlt, dass irgendetwas nicht stimmt bei ihnen im Bett. Sie haben zwar Sex, oder das, was man so bezeichnet, doch die Knospe geht dabei nicht auf. Zum Erblühen braucht Rosa mehr. Nur was?

»Das Frühstück scheint für Bergarbeiter zu sein.« Stefan löffelt Bohnen, Schinken und Ei auf einen großen Teller, obwohl er heute nur Auto fahren wird. Rosa kann am Morgen nicht so viel essen, meistens reicht ihr ein Marmeladenbrötchen, dazu Kaffee. »Wie weit ist es bis zu diesem Landhaus *Lanhydrock House*? In den Reiseunterlagen wird ausdrücklich empfohlen, es nicht zu verpassen, und es liegt geradezu optimal, um dort einen Zwischenstopp zu machen.« Rosa sieht Stefan erwartungsvoll an, während er den genannten Ort vom Navi suchen lässt. »Eine Stunde nur, das passt. Karo erwartet uns 17 Uhr in Truro,

zwei Stunden Besichtigung in diesem Herrenhaus müsste
reichen, gut, das machen wir.«

Nun hat er einen Plan, da macht es Freude, den Wagen
zu starten und nachdem sie die Autobahn verlassen haben, werden die Straßen enger, gesäumt von dichten
Baumreihen und Gebüsch. Hier gibt es keine Straßenrän-
der, nur kleine Buchten in größeren Abständen ermöglichen abwechslungsreiche Ausweichmanöver mit
entgegenkommenden Fahrzeugen. Öfters muss sich Stefan mit deren Fahrern freundlich gestikulierend einigen,
wer rückwärtsfährt und wer die Vorfahrt hat. Beim Vor-
beifahren bleibt man stehen, kurbelt die Fensterscheibe
nach unten und sagt: »Thank you!« Very british.

Das Anwesen stellt sich als ein riesiger Land-
schaftspark heraus, durch ein Torhaus betreten Rosa und
Stefan den ummauerten Garten, Rhododendren und Mag-
nolien, Farne und Buchsbaum zieren die Wegränder, auf-
fällig in Form gestutzte Eiben stehen wie schwebende
Kegel auf dem millimeterfein geschnittenen Rasen. Aha,
so muss er also aussehen, der viel gerühmte englische
Zierrasen, der Traum aller Eigenheimbesitzer in den Vor-
orten der deutschen Großstädte und auch Stefans. Das
Wohnhaus mit seinen Ursprüngen im 16. Jahrhundert mit
dicken Mauern aus grauem Stein ist viel größer als erwartet, neunundvierzig Räume gibt es zu besichtigen, dazu
einen riesigen Küchentrakt und einige Familienzimmer,
so verspricht es ein Prospekt. Will ich das wirklich alles
sehen, denkt sich Rosa, und bleibt im Eingang stehen. Sie
merkt, wie ihre Lust auf vollgestopfte Vitrinen mit lang-
weiligen Erklärungen zu den Gegenständen darin schwin-
det, warum soll sie das alles spannend finden: klobige

Möbel in Zimmern mit schweren Stofftapeten, die das einfallende Licht kaum reflektieren können, Gemälde mit traurigen Menschen, die in den verflossenen Zeiten hier gelebt haben sollen ... Sie würde lieber etwas darüber erfahren, wie es den Männern und Frauen im Alltag ergangen ist, vor allem, wie sie geliebt haben. Darüber schweigt meist der Archivar. »*Du* wolltest doch hier her. Jetzt sind wir da und gehen rein.« Stefan kauft die Eintrittskarten. »Falls wir uns verlieren, treffen wir uns um drei am Eingang wieder. Okay?«

Rosa ist einverstanden, vielleicht findet sich entgegen ihrer Vorahnung doch ein Hinweis auf das wahre Leben hier. Wie haben die Paare Beziehung gelebt, was war ihr Sehnen? Welche Dramen haben sich hier abgespielt? Haben sich die Frauen damals auch gefragt, was ihnen zum Glück fehlt?

Schon im Eingangsbereich ist sie positiv überrascht. Schautafeln zur langen Geschichte des Hauses und zu den Gepflogenheiten der Generationen geben kurz und bündig auch in deutscher Sprache Auskunft. Rosa bleibt vor einem Aushang stehen. »Stefan, schau mal, hier wird über das traurige Los der Frauen im England des 19. Jahrhunderts geschrieben.« – »Was war denn so traurig? Ist doch alles vom Feinsten hier?«

Rosa steht vor der Beschreibung des viktorianischen Frauenbildes und schüttelt entrüstet den Kopf über den Text. »Lies dir das mal durch!« Frauen bekamen erst ab 1870 durch den *Education Act* ein verbrieftes Recht auf Bildung. Vorher reichte es bei den wohlhabenderen Schichten, ein wenig musizieren und singen, hübsch sticken und malen sowie das Personal anleiten zu können.

Die Frau galt einzig als der Engel des Hauses, der die eigenen Wünsche hinter denen des Mannes und der Kinder zurückstellt und keusch und rein lebt. Die viktorianischen Männer schmückten ihr Heim gern mit gehorsamen Damen, um sich außer Haus mit lockeren Ladies zu vergnügen, oft hielten sie sich eine Geliebte und belasteten sich nicht mit familiären Verpflichtungen.

»Das waren noch Zeiten!«, grinst Stefan über das ganze Gesicht, »ich kann da nichts traurig finden. Dieser Satz gefällt mir besonders gut: *Die englischen Frauen hatten sich in den Dienst des Mannes zu stellen, sein Wohlbehagen stand an erster Stelle ihres Strebens.*«

Rosa weiß nicht, ob sie darüber auch lachen kann. »Meinst du das ernst?« – »Na ja, die Vorstellung, mein Wohlbehagen steht bei dir an erster Stelle, klingt verlockend.« Er legt ihr den Arm um die Schulter und drückt sie lächelnd an sich.

Rosa schüttelt Stefans Arme ab: »Das verwirrt mich schon ein bisschen, was du grad gesagt hast, denn dann wäre der Kampf um die Gleichberechtigung der Frau in all den Jahrzehnten völlig umsonst gewesen, wenn in deinem Männerkopf das alte Muster noch erstrebenswert ist.« Stefan versucht, seine Frau wieder in die Arme zu ziehen: »Jetzt bleib mal auf dem Teppich. Du hättest bestimmt nichts dagegen, wenn es umgekehrt wäre. Und außerdem hab ich keine Lust, mich im Urlaub über sowas mit dir zu streiten. Ist doch alles gut ausgegangen für euch Frauen.« Er wendet sich ab und geht.

Es ist gut ausgegangen für uns Frauen. Diesen eben gehörten Satz bewegt Rosa in ihrem Oberstübchen hin und her, um ihn auf seine Aussagekraft zu untersuchen, während sie auch den Rest der Ausstellung echt gelungen findet.

Um drei ist Stefan nicht am Eingang wie verabredet. Wo bleibt er denn? Erschrocken stellt Rosa fest, dass sie das Handy im Auto liegen gelassen hat und den Autoschlüssel hat Stefan in der Tasche. Sie kann nur warten. Warten auf ihren Mann. Komisches Gefühl, nicht zu wissen, wo er ist, und noch komischer sind die Gedankenfilme, die nun ablaufen. Ist er in eine bis heute nicht bekannte Falltür getreten und niemand wird ihn je wiederfinden? Hat er sich in den Gängen der Dienstboten verlaufen und alle Türen führen immer wieder nur in den nächsten Gang? Ist er in einem Zimmer gefangen, wo es keinen Ausgang gibt? Rosas Herzschlagfrequenz steigt. Was wäre, wenn er verschwunden bleibt, vermisst in Cornwall, niemand wird von ihm Abschied nehmen können?

Es ist halb vier, als Stefan mit hochrotem Kopf vor ihr steht. Der Stein, der ihr vom Herzen fällt, muss hörbar sein. »Wo warst du so lange?« Der Tonfall ihrer Frage ist ohne einen Vorwurf, sondern zeigt ihre Sorge und die Ungewissheit der letzten halben Stunde, die nun langsam weicht. »Ich bin im Labyrinth hinten im Garten gewesen und dachte wirklich, da komm ich nie mehr raus. Weißt du, wie scheiße sich das angefühlt hat? Ich weiß nicht, wann ich das letzte Mal so einen Düsengang hatte.« Rosa sieht ihn verblüfft an, er steht immer noch mit einer Adrenalin-Überdosis vor ihr und darf langsam begreifen, er hat überlebt. Sie schütteln beide den Kopf und fangen an, über das Erlebte erleichtert und herzhaft zu lachen.

6 | Stefan

»Wo bleibt ihr denn?« Karo erwartet sie aufgeregt in Truro am verabredeten Treffpunkt. – »Beinahe hättest du deinen Vater nicht wiedergesehen, er hat sich in *Lanhydrock House* im Labyrinth verlaufen«, erklärt Rosa lachend. »Ohne Quatsch! Da müsste dranstehen: Betreten verboten!« Stefan erzählt von seinem unbeabsichtigten Urlaubserlebnis und hält dabei nach einem Tisch im *Turkish Head Pub* Ausschau. »Papa, hier wartet man am Eingang und wird platziert.« – »Echt? Das ist ja wie früher bei uns im Osten.«

Der zugewiesene Tisch in einer Sitzecke gibt den Blick frei auf das ganze Lokal, die ersten Biere stehen schnell vor ihnen. »Schön, dass es dir so gut geht hier und ohne dein Praktikum hätten wir wahrscheinlich nie unseren Urlaub nach England geplant.«

Rosa freut sich darüber, das Wochenende gemeinsam mit Karo zu verbringen und in ihr eine interessierte Gesprächspartnerin zu haben. Die Erlebnisse von London, die Geschichte von Prinz Albert und seiner Viktoria, vom Herrenlandsitz und ihre tiefgehenden Überlegungen zu den Frauenschicksalen und den verkuppelten Ehen sprudeln nur so aus ihr heraus. Karo hört geduldig zu, plötzlich fragt sie: »Wo habt ihr euch eigentlich kennengelernt? Verkuppelt wurdet ihr ja hoffentlich nicht?« Rosa sieht sie verwundert an, ausgerechnet hier, in Südengland, im Pub bei Kilkenny und *fish and chips* kommt diese Frage von Karo zum ersten Mal.

»Haben wir das wirklich noch nie erzählt?« Rosa sieht zu Stefan hinüber und schmunzelt. »Also verkuppelt wurden wir nicht, doch dein Opa Heinz hatte einen entscheidenden Anteil an unserer ersten Begegnung, er hat mir nämlich deinen Vater direkt ins Bett gelegt.«

Karos Augen zeichnen ein *Hääh?* in die Luft. Rosa versucht, die Ereignisse von damals zu rekonstruieren. »Es war einen Tag nach meinem Abiball, mein Zeugnis lag auf der Flurgarderobe, ich hatte mit Auszeichnung bestanden und trotzdem eine Stinklaune. Meinem damaligen Freund Axel waren nämlich an diesem letzten, ganz besonderen Abend der Schulzeit seine Freunde wieder mal wichtiger als ich und er war auf einmal verschwunden. Mir war es immer noch zum Heulen zu Mute, da stand Heinz in der Tür von meinem Zimmer: ,Hör mal Rosa, ich kam noch nicht dazu dir das zu sagen, wir haben ’ne Einquartierung, einer vom Junioren-Fußballturnier wird heute und morgen unser Gast sein und er schläft in deinem Bett. Einer aus Berlin‘.«

Ich war bedient. Auch das noch! Ein Unglück kommt selten allein. Irgend so ein Kind in meinem Zimmer, wo ich meinen Kummer beweinen wollte?

Es hat dann eher als erwartet an meiner Zimmertür geklopft und da stand er: ein schlanker junger Mann in *Levi’s* Jeans und Jacke, dunkle gelockte Haare bis fast auf die Schultern und hellbraune Augen, die mich freundlich ansahen. Er ist gar kein Kind, hab ich gedacht. Wie alt wird er sein? Vielleicht ist er auch schon achtzehn, so wie ich?

Reden konnte er auch: ,Tach, ick bin Stefan‘, war seine Begrüßung. So, so. ,Und ich bin Rosa. Hallo.‘ Das waren unsere ersten Worte. Die Anwesenheit deines zukünftigen Vaters war mir erstaunlich angenehm und wenn ich ehrlich bin, dachte ich gleich, mit dem würde ich mal abziehen.«

Rosa kichert und wird sogar ein bisschen rot dabei. Stefan mischt sich ein. »Wir Jungs waren immer scharf darauf, auf solchen Turnieren eine abzuschleppen und meine Aussichten waren also optimal.« – »Sag mal, Papa ...«, empört sich Karo über die frivole Wortwahl und fragt: »Mensch Mama. Und du hast dich von ihm vernaschen lassen am ersten Abend, im eigenen Bett?« Rosa lächelt: »Natürlich nicht. Ich war meinem Freund treu, obwohl ich so sauer auf ihn war. Ich bin brav in das Besuchszimmer schlafengegangen. Aber am nächsten Abend auf der Disko haben wir eng umschlungen getanzt, ja, ich hatte mich echt verliebt in den Schlafgast.«

Stefan ergänzt kopfschüttelnd: »Das musst du dir mal vorstellen, ich als junger Mann mit der Tanzmöhre in der Hose und die Holde lässt mich damit stehen.« Er lacht und erinnert sich offensichtlich daran, als wäre es gestern gewesen. »Also Papa ...« Das Töchterchen, zwar längst volljährig, inklusive einschlägiger Erfahrungen im zwischenmenschlichen Bereich, ist peinlich berührt. Ihr Vater erzählt: »Beim Abschied am Sonntag am Mannschaftsbus war ich hin und weg, ich hatte mich in die wunderschönen blauen Augen deiner Mutter verliebt und dachte auf der Heimfahrt, das überleb ich nicht, nun von ihr getrennt zu sein.« Karo kann es gar nicht glauben, so abenteuerlich hat sie die Geschichte nicht erwartet. »Und wie ging es weiter?« Rosa schaut zu Stefan: »Das war eine Odyssee, die erzählen wir dir morgen.«

Im Doppelbett ist für Rosa an Einschlafen nicht zu denken, die Erinnerung an die zweite Begegnung mit

Stefan im Sommer 1981 erinnert sie, als wenn es gestern gewesen wäre.

»Und wenn die Karte nicht angekommen ist?« Rosa lebt im Ausnahmezustand. Seit sie vor zwei Wochen mit Julia per Anhalter bis zur Ostsee getrampt ist, frei von der Gewissheit, wo sie am Abend sein werden, nur ein Ziel vor Augen: das Meer, Sonne, Strand und Wellenrauschen, weiß sie, dass sie Stefan wiedersehen wird. Trampen ist ein Abenteuer, doch das Warten und Hoffen an den staubigen Landstraßen, den ölverschmierten Tankstellen und gottverlassenen Dorfstraßen hatte immer ein glückliches Ende genommen. Jedes Mal, wenn die beiden jungen Frauen fast die Hoffnung verloren hatten, hielt ein Fahrzeug, dessen Fahrer seinen Kopf aus dem Fenster streckte und fragte »Wo solls denn hingehen?« – »Ans Meer!« – »Dann steigt ein.«

Die Familie mit den zwei Kindern auf der Rückbank, der Hippie aus Westberlin im kleinen Citroën, der ständig Witze erzählende LKW-Fahrer, alle hatten ein Herz für zwei Mädels mit dicken Rucksäcken auf dem Rücken und einem Pappschild vorm Bauch, auf dem fett geschrieben stand *Ostsee*.

Schon am ersten Abend konnten sie ihr kleines Zelt am Strand von Börgerende aufschlagen. Es waren herrliche Sommertage, das Dumme war nur, dass Rosa ständig an Stefan denken musste. Heute, an diesem sommerlichen Freitag im August, geht es endlich Richtung Heimat, mit Zwischenstopp in Berlin. Nur noch ein paar Stunden und Rosa wird ihm in den Armen liegen, dem Jungen vom Fußballturnier, der Einquartierung. Im letzten Brief hatte er ihr geschrieben, wie sehr er sich freuen würde, wenn sie zu Besuch käme und genau beschrieben, wo er wohnt. Julia war sofort dafür hinzufahren. »Klar, das machen wir. Du übernachtest bei deinem Schäks und ich bei meiner Tante in Berlin. Das trifft sich doch supergut.« Rosa schrieb Stefan daraufhin auf einer Postkarte, dass sie an diesem Freitag bei ihm sein wird.

Ihr Herz klopft bis zum Hals. Vor vier Wochen hatte sie sich in ihn verliebt, Liebe auf den ersten Blick! Dann war er weg, als hätte er sich in Luft aufgelöst. Julia macht ihr Mut. »Was soll schon passieren, Rosa? Entweder ihr habt heute einen aufregenden Abend oder du weißt danach, mit dem wird's nüscht.«

Okay, also hinein ins Vergnügen! Die Reise per Anhalter von der Küste nach Berlin verläuft überraschend unkompliziert. Ein alter *Barkas*-Transporter hält bei Warnemünde an der Tankstelle, ein kleiner dicker Mann fragt, wo sie hinwollen. »Nach Berlin Pankow.« Er nickt und lässt sie wortlos einsteigen. Dem schrulligen Fahrer hat es wohl die Sprache verschlagen, er sagt die ganze Fahrt über kein Wort, sondern überlässt das Reden den Radio-Moderatoren vom *Rias Berlin* zur Oldie Time; so sorgen wenigstens die *Beatles, CCR* und die *Rolling Stones* für gute Laune bei den Mädels auf der Rückbank. Nach drei Stunden verabschieden sie sich freundlich am S-Bahnhof Pankow, Julia fährt mit der S-Bahn weiter.

Rosa läuft, mit dem Stadtplan in der Hand, entlang der hohen Häuser aus den Gründerzeitjahren, an denen langsam, aber sicher der Putz abfällt, bis zur Hasseröder Straße 5, Stefans Adresse. Hier ist es. An der Haustür gibt es leider keine Klingel, doch die Tür ist offen und im Hausflur am Briefkasten liest sie erleichtert seinen Namen. *Kunert.* Ein Glück, ich bin richtig. So ein altes Mietshaus in der Stadt hat sie noch nie von innen gesehen. Rauf! Nach fünf Etagen über die knarrende Holztreppe, mit zehn Kilo Gepäck auf dem Rücken, ist sie total außer Atem und zittert vor Aufregung.

Sie klingelt an der Wohnungstür, es dauert eine Weile, bis sie Schritte hört und sich die große Holztür, deren letzter Anstrich wohl Jahrzehnte her ist, öffnet. Lächelnd steht er darin, helle Cordhose, hellblaues West-T-Shirt mit der Aufschrift *I can get no satisfaction* und sagt nur: »Komm rein.«

Sie betritt einen langen, dunklen Korridor, wuchtet den Rucksack von den Schultern und folgt Stefan nach rechts in die Wohnstube mit den hohen Wänden. Eine meterlange Zimmerpflanze schlängelt sich krakenartig über eine *Hellerau*-Schrankwand zu den Gardinenleisten. Vor den großen, ungeputzten Fenstern, durch deren Scheiben sich das Sonnenlicht nur spärlich einen Weg bahnen kann, steht ein riesiger Gummibaum, dessen Zweige die ganze Fensterfront bedecken. Anscheinend sind die Bedingungen für sein Wachstum hier genauso günstig wie im Alfred-Brehm-Haus im Tierpark. Das hat zur Folge, dass das Zimmer vom Tageslicht wenig profitiert, doch der Baum macht es trotzdem auf gewisse Art und Weise heimelig. Die Schrankwand mit Fernseher, eine rotschwarze Couchgarnitur und ein kleiner Tisch davor komplettierten das Gefühl von familiärer Gemütlichkeit. Stefan zeigt auf einen der beiden Sessel.

»Setz dich doch. Willste ein Bier?« Rosa sieht auf die Uhr. Nachmittags schon Bier trinken? »Ja, gerne.« –

»Trinkste aus der Flasche?« – »Schöner wäre ein Glas.« – »Keen Problem, hamwa da.«

Rosa macht es sich auf dem Sessel bequem und beobachtet durch die offene Tür, wie Stefan in der Küche aus einem hellblauen Furnier-Küchenschrank einen Humpen mit der Aufschrift *Schultheiß* holt und aus dem Kühlschrank zwei Bierflaschen. Als er zurückkommt und beides vorsichtig auf dem kleinen Tisch abstellt, streift sie sein Geruch, den sie noch in ihrer Nase zu haben glaubte, und das Kribbeln im Bauch verstärkt sich gewaltig.

»Brauchst du kein Glas?« – »Nee, ick trink aus de Pulle, dann muss ick nich die Gläser abwaschen.« Verstehe, denkt Rosa.

»Na dann, Prost! Auf unser Wiedersehen!«

Es ist so furchtbar unromantisch, sie hatte es sich ganz anders vorgestellt, am liebsten würde sie sofort über ihn herfallen, doch nichts dergleichen passiert. Das Bier ist wunderbar kalt und um die Situation zu entspannen, tut Rosa, was sie am besten kann, sie plappert unentwegt über ihre Reise mit Julia. Stefan hört geduldig zu oder er tut so, als ob er zuhört, sie ist sich nicht ganz sicher und langsam entfaltet das Bier seine Wirkung, das Herzklopfen wird weniger.

Hier wohnt er also, in der Großstadt Berlin, in Pankow, wo es überhaupt nicht aussieht wie in einer Großstadt. Sie hört, wie er sagt, das hier ist sein Kiez. Kiez? Was soll das sein? »Na det, wo ick lebe. Wir kennen uns hier fast alle im Haus und die Kinder kennen die aus den andren Häusern. Sie spielen jeden Tach hier im Innenhof zusammen, gehen jemeinsam zur Schule, besuchen sich. So kennt man sich wie bei euch uffn Dorf.« Rosa ist baff. Sie dachte immer, in der Stadt kennt keiner den andern. »Doch sag mal, du wohnst doch hier nicht allein in einer Dreiraumwohnung?« – »Nee, ick wohne hier seit drei Jahren mit meener Keule, meinem Bruder Ralle, zusammen. Hatte ick dir, gloob ick, erzählt? Ich hab keine Eltern mehr.«

Stimmt, das hatte er erzählt auf der Disko in Brachfeld. Sie war so überrascht, ja fast erschrocken von dieser Aussage, dass sie sich nicht traute, nachzufragen wieso. Bestimmt ein Autounfall und nun sind die Kinder allein, das war die einzig vorstellbare Erklärung für Rosa. Jetzt traut sie sich zu fragen. »Was ist denn passiert mit deinen Eltern?« Stefan sieht sie traurig an: »Willst du es genau wissen?« – »Ja klar.« – »Mein Vater hat die Familie und uns zwee Jungs schon verlassen, da war ick zwe Jahre und meine Mutter ist vor drei Jahren an Krebs jestorben.« Rosa kann nicht glauben, was sie gerad hört. Wie schrecklich. Stefan erzählt weiter: »Jetzt wohne ick hier mit Ralle und seiner Freundin und dit is meene Familie.«

Rosa versucht sich so ein Leben vorzustellen. Bei ihr zu Hause bestimmt alles ihre Mutter, alles ist durchorganisiert, ständig haben alle was zu tun. Als sie vierzehn war, war sie so froh, aufs Internat zu kommen. Nun sitzt hier ein junger Mann, der was ganz anderes erlebt. »Das ist ja furchtbar, ganz ohne Eltern«, entfährt es ihr. »Eijentlich find ick es jetze total dufte. Wir machen jedes Wochenende Party. Keener kann uns dit verbieten. Zwanzig Brötchen, für fünf Mark Uffschnitt vom Schlächter, drei Kästen Bier, Kassettenrekorder an, los jehts. An solchen Abenden fetzt alles total. Ick bin frei, verstehste?«

Rosas Augen werden immer runder. Ja, frei sein, das ist auch ihr Sehnen. Machen, wozu man gerade Lust hat,

Stefan kann das tun, wovon sie nur träumt. Sie fühlt sich zu ihm noch mehr hingezogen. Da ist etwas, was sie sucht. Freiheit und dazu so etwas Warmes, Herzliches was von ihm ausgeht. Sie fängt an, sich hier wohlzufühlen. Er erzählt weiter aus seinem Großstadtleben und es ist faszinierend für sie, wie sehr es sich von dem ihren unterscheidet. Auf einmal steht er auf und schlägt vor: »Komm, ick zeig dir mein Kiez, dass du dir dit besser vorstellen kannst, wie ick lebe.«

Rosa ist einverstanden. »Kannst du mir noch mein Bett für heute Nacht zeigen?« Stefan strahlt sie an. »Ja, gerne. Du schläfst hier in meinem Bett mit mir.« Er öffnet eine weitere Tür vom Wohnzimmer aus, durch die ein Bett sichtbar wird, hält kurz inne und wartet ihre Antwort ab. Rosas Überraschung über seine Direktheit folgt ein: »Ja klar, was denn sonst!«

Er nimmt sie in seine Arme und drückt sie endlich fest an sich. »Rosa, ick hab so auf dich jewartet. Ick bin bald jestorben vor Sehnsucht. So enem Mädchen wie dir bin ick noch nie bejechnet.« Sie küssen sich lange und lassen sich auf das Bett fallen. »Stefan warte. Du wolltest mir zeigen, wie dein Leben hier in Berlin ist. Komm! Die Sonne scheint und ich hab jetzt Lust auf ein Eis! Gibt es irgendwo eins?«

Sie merkt, dass ihm mächtig heiß geworden ist und er sie wohl lieber auf der Stelle ausziehen würde, doch er antwortet: »Klar jibt es hier Eis, im Freibad Pankow. Dit wollte ick dir sowieso zeigen. Dit ist im Sommer meene zweite Heimat. Da kicken die Fußballer von meinem Fußballverein, also Borussia, jeden Tag auf der Wiese und werden dabei brutzelbraun. Wenn es zu warm wird, geht es ruff uffn Zehner und mit Köpper rinn ins Sprungbecken, am Beckenrand stehen dann die Leute undklatschen«

Jetzt gibt er ganz schön an, denkt Rosa, doch irgendwie sympathisch. Sie befreit sich aus seiner Umarmung, schnappt sich im Korridor ihre Handtasche, zieht die Sandalen über die nackten Füße, steht nun erwartungsvoll in der Wohnungstür und ruft: »Worauf wartest du? Zeig mir dein Paradies!« Stefan schließt die schwere Tür ab, fasst sie bei der Hand und ruft: »Achtung, fertig, los!«

Beide rennen sie die knarrenden Holzstufen nach unten und können sich vor Lachen kaum halten, weil es so einen Riesenradau macht. »Stopp!«, ruft Rosa im zweiten Stock angekommen, »nun auf dem Treppengeländer runterrutschen, wie im Film!«

Stefan stützt sich rücklings mit den Armen auf dem Geländer ab, setzt sich auf und balanciert gekonnt den Oberkörper aus. »Und … Action!« Rosa juchzt wie ein kleines Kind, als er hinabsaust. »Klasse, das mache ich auch.« Aufsetzen und loslassen. Es funktioniert. Mit seinen offenen Armen empfängt sie Stefan im Erdgeschoss. »Juhuu!« Rosa ist begeistert und Stefan strahlt: »Dit hat echt jefetzt! Soll ick dir was sagen, ick bin noch nie dit Treppenjeländer runterjerutscht.« – »Dafür war es aber großes Kino. Was ist jetzt mit dem Eis?« – »In zehn Minuten sind wir da.« – »Was? In zehn? In fünf. Rechts oder links?« Auf der Straße vor dem Haus dreht sich Rosa mit der Frage zu ihm um. Rechts!

Sie rennt los, dass er sich anstrengen muss sie einzuholen, und die Schmetterlinge in ihrem Bauch beginnen endlich Rock'n Roll zu tanzen.

Am Morgen nach ihrer ersten und langersehnten Liebesnacht, in der sie dahin geschmolzen ist wie Butter an der Sonne, dabei seine Zärtlichkeit und seine Liebe spüren konnte und sie sich ihm hingab mit Haut und Haaren, serviert Stefan reichlich Kaffee. Türkisch, also gemahlene Bohnen, mit Heißwasser aufgegossen im Kaffee-Pott, dazu Schrippen mit Butter und Marmelade. Keiner von beiden sagt etwas. Was es zu sagen gibt, liegt in der Luft und ist doch unaussprechlich. Abschied nehmen. Wieder Abschied nehmen, ohne zu wissen, wann sie sich wieder sehen. Ob sie sich wiedersehen? Kopf über Herz, es geht nicht anders.

»Tschüss, Rosa.«

»Tschüss, Stefan.«

Mehr ist an diesem Morgen nicht möglich auszusprechen. Das Wesentliche wird in ihren Herzen konserviert.

Ja, so war es und es war der zweite Sommernachtstraum ohne Happy End. So wird es Rosa morgen ihrer Tochter erzählen. Es hatte angefangen als Sommerabend-Romanze, die man sich nicht ausdenken kann, und der Zufall hatte danach weiter seine Finger im Spiel, bis sie ein Paar wurden. Gehen zwei Menschen durch so viele Irrungen und Wirrungen kann es doch nur für immer und ewig gedacht sein? Oder? Diese Überlegung lässt Rosa in den Schlaf sinken.

»Papa, gibt es schon einen Tagesplan?« Karo schlürft genüsslich ihren Milchkaffee, während Rosa Quark mit Früchten auf dem Frühstückstisch der gemütlichen Pension abstellt und Stefan einen Teller mit reichlich Bohnen in roter Soße. Um Karos Frage ausführlich zu beantworten, breitet er demonstrativ die Landkarte auf dem noch freien Teil des Tisches aus. »Wir fahren heute zur Halbinsel Lizard. Dort laufen wir auf dem Küstenpfad zum *Lizard Point*.« Karo schaut über die Karte und liest im Reiseführer nach, was sie erwartet. »O je, Papa, das könnte für dich gefährlich werden. Hier steht, auf der Halbinsel findet man raue Küsten und Strände mit türkisblauem Wasser, Küstenpfade mit artenreicher Flora, dazwischen Labyrinthe aus gewundenen heckengesäumten Straßen, Labyrinthe! Hast du gehört? *La-by-rin-the*!« – »Sehr witzig!« Stefan faltet die Karte wieder zusammen, bemüht um ein Lächeln, und verzeiht ihr die Ironie.

Am Parkplatz weht eine starke Brise, weit und breit nur karge, doch spektakuläre Natur, von Ferne hört man das Meer anbranden. »Das ist echt schön hier.« Karo zieht die frische Luft genüsslich durch die Nase ein. »Alles so ursprünglich, kein Touri-Gedöns.« Stefan stimmt ihr zu. »Pass auf, gleich wird es noch besser.« Er geht zum Auto, öffnet die Kofferraumklappe und stellt drei Campingsessel mit Flaschenhalterung in den Armlehnen auf die angrenzende Wiese. »Das ist nicht dein Ernst? Du hast die Campingsessel mit nach England geschleppt?« Karo ist sprachlos. »Und das ist noch nicht alles.« Er zieht den Kasten Bier der heimischen Biermarke nach vorn und reicht ihr eine Flasche *Apoldaer*. Karos Gesicht verzieht sich in Richtung peinlich. »Was hast du?«, freut sich Stefan sichtlich über Karos Verwunderung. »Wir sind eben auf alles vorbereitet. Hier gibt es weit und breit keine Verpflegung, wie du siehst. Setz dich und genieß das Bierchen aus der Heimat auf dem Hochplateau von Lizard, hundert Meter über dem Meeresspiegel.« Karo kapituliert vor solch

Pragmatismus, nimmt die geöffnete Bierflasche von ihrem Vater entgegen, klackt sie an die seine und sagt nur schmunzelnd: »Auf dich, Papa!«

Sie will nun wissen, wie die Geschichte von Rosa und Stefan weiterging und bohrt, dass sie jetzt und hier erzählt wird. »Los Mama, ich bin ganz Ohr.« Rosa zieht sich die Kapuze ihrer blauen Wetterjacke über den Kopf, so sehr pfeift der Wind, und es ist gar nicht so einfach, bei solch englischem Wetter von einem Sommertag in Berlin zu schwärmen.

Karo ist am Ende enttäuscht. Wieder kein Happy End! Sie fragt ungeduldig: »Wie seid ihr denn nun zusammengekommen?« Stefan rutscht sich bequemer in den Sessel, legt die rechte Hand hinter den Kopf, als würde der schwerer werden beim Beantworten der Frage und beginnt. »Anderthalb Jahre haben wir nichts voneinander gehört, dann kam überraschend eine Postkarte von deiner Mutter. Aus Moskau.«

Er dreht den Kopf zu Rosa und lächelt sie an. »Ich weiß nicht mehr ganz genau, was draufstand, jedenfalls war sie datiert von Silvester '82 und der Text war so ähnlich wie: *Viele Grüße aus Moskau sendet dir Rosa. Ich hab am 26.12. vor deiner Tür gestanden, da ich kein Nachtquartier hatte. Leider war niemand zu Hause. Es wäre schön gewesen, dich nochmal zu sehen. Alles Gute fürs neue Jahr.*

Karo zieht die Augenbrauen nach oben und ihr verwunderter Blick heißt so viel wie: Ich verstehe nur Bahnhof. Rosa versucht die Ereignisse von damals zu erinnern und bekommt einen verklärten Blick. Sie war an jenem Weihnachtsfeiertag einfach in einen Zug nach Berlin gestiegen, um bei Stefan zu klingeln. Er wird schon da sein, war ihre Überzeugung. Wo hätte sie sonst übernachten sollen? Das Flugzeug nach Moskau zu ihrer Jugendtourist-Reise zum Jahreswechsel startete zwölf Uhr Mittag am nächsten Tag von Schönefeld. Diese Abflugzeit war von Brachfeld aus mit einem Zug am Morgen nicht zu schaffen.

»Ich übernachte bei Stefan«, hatte sie zuhause gesagt und angekündigt, einfach loszufahren. Ursula schüttelte nur mit dem Kopf und fragte: »Und wenn er nicht da ist?« – »Er wird schon da sein«, antwortete Rosa in ihrem unerschütterlichen Optimismus.

Spät abends am S-Bahnhof Pankow-Heinersdorf, es war schon fast zehn und längst dunkel, fragte Rosa eine Dame mit einem bierselig schwankenden Mann an ihrer Seite nach dem Weg zur Hasseröder Straße. »Wo wollen Sie denn hin mit dem schweren Gepäck?« – »Ach, zu einem Bekannten, der weiß nicht, dass ich komme, ich will bei ihm übernachten, morgen fliege ich in die Sowjetunion.« – »Oh je, und was machen Sie, wenn niemand öffnet?« Die fremde Frau war sichtlich besorgt und gab Rosa ihre Adresse mit den Worten: »Wenn er nicht da ist, dann kommen Sie zu mir.« Sie war ihr Schutzengel. Rosa hat die Nacht dort verbracht, zwei Straßen entfernt von Stefan. Sie bekam vor dem Abflug ein fürstliches Frühstück, doch leider kein Wiedersehen mit dem Mann, der ihr einmal so sehr den Kopf verdreht hatte.

Karo lauscht versunken den Worten und fügt die Ereignisse folgerichtig zusammen. »Von Moskau aus hast du dann eine Postkarte an Papa geschickt?« Rosa und Stefan nicken.

»Wo bleibt denn nun das Happy End? Es fehlt noch was.« Stefan startet einen kurzen Epilog:

»Ich hab Mama im Januar darauf einen Brief nach Brachfeld geschrieben, in dem stand, wie schade ich es fand, sie verpasst zu haben und dass sie mich gerne besuchen kommen kann.« Rosa bestätigt das nickend und mit einem vielsagenden Augenaufschlag. Er setzt fort: »Das war übrigens Glückssache mit der Postkarte. Meine Freundin Christine hatte grad mit mir Schluss gemacht, ich war total deprimiert und an dem Tag finde ich die Karte im Briefkasten. Sieht schon nach Fügung, was?«

Er schaut, ob ihm Karo zustimmt. »Jetzt mach es nicht so spannend, wie ging es weiter?« –»Das ist nun wenig spektakulär. Mama hat die Einladung angenommen und an einem kalten Februartag saß sie wieder im Zug nach Berlin. Dieses Mal war ich zu Hause und die Begrüßung angemessen. Wir lagen uns gleich in der Tür in den Armen und zwei ganze Tage im Bett. Dann ist sie bei mir eingezogen, seitdem sind wir ein Paar.« Karo hat sich auf die Decke gelegt, schaut verträumt zum Himmel und fasst zusammen: »Da hing ja meine Existenz am seidenen Faden!«

7 | Klassentreffen

Da die Variante Tagung gründlich danebengegangen ist, beschließt Rosa, bei den nächsten Veranstaltungen dieser Art lieber zeitig ins Bett zu gehen. Nicht noch einmal wird sie sich als Jagdtrophäe für einen One-Night-Stand selbstwertgefährdeter Kollegen in die rote Bluse mit dem großen Dekolleté zwängen. Es schüttelt sie immer noch die Erinnerung daran, dass sie allen Ernstes ihre schlüpfrigen Gedanken in die Tat umsetzen wollte. Bibi ist da wohl schmerzfrei, Hauptsache 'ne neue Erfahrung, doch Rosa weiß jetzt: Sich mit wildfremden Männern nur um des Vergleichens willen in frisch bezogenen Hotelbetten zu wälzen, das ist keine Option für sie. Soll Bibi sie als verklemmt oder sonst was bezeichnen, das ist Rosa egal, an solche Abenteuer macht sie gleich mal einen Haken.

Heute Morgen nun die Überraschung im digitalen Postfach, das Universum zieht schneller als erwartet den nächsten Pfeil aus dem Köcher. Beinahe hätte sie die E-Mail, ohne zu lesen gelöscht, denn der Absender info@triff.deinen-profiler ist ihr unbekannt und klingt nach ungefragten Angeboten. Rosa ist neugierig genug, um die Einladung nicht in den Papierkorb zu klicken. *Nach nun schon fünfunddreißig Jahren wollen wir uns endlich mal wiedersehen, die Klassenkameraden der Erweiterten Oberschule und, wie auch bei den letzten Treffen, die ehemaligen Schüler beider Klassen unseres Abi-Jahrgangs,* schreibt Bert, ihr damaliger Banknachbar, jetzt *Profiler, jedenfalls* der Adresse nach zu urteilen. Letztes Mal war er noch Versicherungsvertreter, ist das ein Aufstieg oder Abstieg, fragt sich Rosa und merkt, wie sich ein

Bild von Bert ganz deutlich vor ihr geistiges Auge schiebt. Ob er heute noch so interessant aussieht, so intellektuell, gepflegt und immer gut angezogen?

Er war der Besserwisser unter ihnen, vieles wusste er auch besser, von manchen Sachen hatte er aber schlichtweg keine Ahnung. Er war Klassensprecher, denn für die Anliegen der Schüler konnte er sich beim Direktor mächtig ins Zeug legen. Meine Güte, wie lange war das alles her, Schule, jung sein, verliebt sein, zusammen erwachsen werden?! Sie ist gerne zur Schule gegangen, die ganzen zwölf Jahre lang. Da gab es Stoff zum Füllen ihrer Gehirnzellen und geistige Nahrung für das Verstehenwollen der Welt. Für Rosa gab es kein Lieblingsfach, da sie zur Freude oder auch zum Leid der Lehrer immer alles miteinander verbinden wollte. Alles hatte mit allem zu tun.

Rosa lehnt sich in den Bürosessel vor dem Bildschirm zurück, fängt an zu schaukeln und lässt sich in die Vergangenheit entführen, sie schwelgt in Erinnerungen. Noch viele Jahre nach dem Abitur hat sie sich gesagt: Das war meine beste Zeit! Doch nun ist dieses Gefühl weniger geworden, es wäre ja auch schade, wenn nach der Schule nichts Bereicherndes mehr dazu gekommen wäre.

»Stefan?« Rosa rollt mit dem Stuhl an die halboffene Tür des Arbeitszimmers und ruft nach ihrem Mann. »Schrei nicht so, ich bin hier im Hausflur.« – »Ich hab grad für das erste Oktoberwochenende eine Einladung zum Klassentreffen bekommen. Steht da aus deiner Sicht was an?« Stefan werkelt am Fahrrad-Akku seines E-Bikes, der sich nicht mehr laden lässt, und die Laute, die er dabei von sich gibt, lassen darauf schließen, dass der Akku immer noch nicht funktioniert. »Weiß ich nicht, muss ich nachschauen«, flucht er weiter leise vor sich hin, während Rosa ihren Kalender öffnet. Keine Familienangelegenheit, kein Geburtstag, also kein Termin, prima. Sie wird dabei sein.

Sie bemüht sich die Einladung noch mal ganz in Ruhe durchzulesen. Bert schreibt: *Wir treffen uns am Samstag in der Waldklause am Rand des Steigerwalds mit Blick über die ganze Stadt. Es sind Plätze im Raum Weidmanns Ruh bestellt, Essen und Getränke à la carte, 18 Uhr geht's los.* Rosa merkt, wie das Gefühl, das sich Vorfreude nennt, langsam in ihr aufsteigt. Vor fünfzehn Jahren hat sie die Schulfreunde bei einem Klassentreffen das letzte Mal gesehen, da wird inzwischen auch in deren Leben eine Menge passiert sein. Bin gespannt, wie sie alle aussehen, geht es Rosa durch den Kopf, was sofort weitere Fragen aufwirft. Hab ich was zum Anziehen? Brauch ich was Neues oder such ich mir was aus dem Fundus? Geh ich nochmal zum Friseur? Dass ich mir als gestandene Frau darüber noch den Kopf zerbreche. Verwundert wird sie sich ihrer Gedankengänge bewusst. Als ob es wichtig ist, wie die Menschen aussehen, tönt es aus der rechten Gehirnhälfte; ein bisschen schon, meldet sich die linke.

Rosa tritt vor den Spiegel neben der Garderobe im Flur und schaut sich an. Eigentlich hab ich mich gut gehalten, Kleidergröße vierzig kann man in diesem Alter als fast schlank durchgehen lassen. Auf die tolle rote Strähne im kastanienbraunen Haar wird sie oft angesprochen, das passt auch. Seit einiger Zeit hat sie wieder Kleider für sich entdeckt, da wird sich für diesen Anlass garantiert was finden. Stefan steht jetzt neben ihr und sieht sie von der Seite stirnrunzelnd an. »Suchst du was Bestimmtes im

Spiegel?« – »Ja, ich suche das Bild von mir, das ich zu diesem Treffen abgeben will.« – »Wieso willst du ein Bild abgeben? Und wem?« Rosa merkt wieder mal, wie präzise die deutsche Sprache ist: ein Bild abgeben, das ist schon ziemlich schräg. Sie fragt bei Stefan nach. »Was will man denn auf einem Klassentreffen?« Er war im letzten Jahr auch zu einem eingeladen und als er danach ein Foto zeigte, musste sie lachen. »Lauter alte Leute, außer du!« Das ist das Gute am Zusammen-alt-werden, man sieht immer das junge Gesicht des Gegenübers. Er denkt eine ganze Weile über ihre Frage nach, während er gleichzeitig den Stecker des Akku-Ladegerätes mit dem Fön zum Leben erwecken will. »Du stellst wieder Fragen.« Er macht eine Denkpause. Solche Fragen, die ihn zwingen, über die Gründe seines Tuns nachzudenken, wollte er früher nie hören, doch Rosa ist hartnäckig genug, nicht locker zu lassen. »Hmm, was will ich da? Beim letzten Mal wollte ich wissen, wie es den anderen so ergangen ist, was das Leben für sie parat hatte, und dann war ich froh, dass es mein Schicksal so gut mit mir meint.« – »Du hast also verglichen.«

Ihr fällt prompt der Satz ein: Der Tod des Glücks ist der Vergleich. Das stimmt, denn es wird immer jemanden geben, der mehr erreicht hat als man selbst, besser aussieht oder eine harmonischere Beziehung hat. Schön wird's dann für die meisten, wenn der ehemalige Banknachbar weniger hat, nicht so gut aussieht und oder grad in Scheidung lebt. Ist schon böse dieses Spiel. »Klar vergleiche ich, das passiert automatisch und dagegen ist nichts einzuwenden«, gibt Stefan offen zu. »Dann bist du also glücklich, wenn du mehr Joker auf der Hand hast als

der andere und ist es umgekehrt bist du unglücklich?«
Stefan hat keine Lust mehr auf Philosophieren. »Können
wir das ein anderes Mal klären? Ich flipp gleich aus mit
dem Murks hier.« Fast wirft er den Akku und den Stecker
in die Ecke des Hausflurs. Das ist nicht sein Ding, sich
lange mit technischen Problemen zu befassen. »Ich frag
Peter nachher, der soll mal nachsehen. Hier muss ein
Elektriker ran.«

»Jetzt schau doch bitte mal nach, ob in vier Wochen
etwas Bedeutsames in deinem Kalender steht, denn ich
brauch deine Dienste als Chauffeur.« Rosa rutscht ungeduldig auf ihrem Stuhl hin und her. »Du kannst es wohl
kaum erwarten?« Er blättert in seinem Terminbuch.
»Wann willst du dort sein?« – »Abends um sechs.« – »Ja,
das passt, dann bin ich zur Sportschau wieder zu Hause.
Soll ich dich auch nachts abholen?« Rosa überlegt. Wenn
ich mich abholen lasse, sinkt die Chance auf ein mögli-
ches Abenteuer mit einer Jugendliebe – nur so zum Vergleich – auf null. »Das kann ich doch nicht von dir
verlangen«, gibt sie etwas scheinheilig zu bedenken.
»Wenn's nicht zu spät wird, mach ich das gerne für dich.
Dann kommst du nicht auf dumme Ideen.« Rosa zuckt zusammen. Kann er Gedanken lesen?

»Was meinst du damit?« Sie gibt sich Mühe, die Frage
so unverfänglich wie möglich zu stellen. Stefan grinst.
»Beim vorletzten Treffen meiner Ehemaligen haben sich
zwei wiedergefunden und neun Monate später gab's
Nachwuchs.« Rosa möchte das Thema gern auf elegante
Art wechseln. »Das ist ja nun zum Glück bei mir ausge-
schlossen.« – »Der Nachwuchs schon, doch die Spielchen,
die sowas möglich machen, sind es nie.« – Jetzt sieht sie

ihre Chance, geschickt von sich abzulenken. »Aha, das ist wohl der wahre Grund für dich zum Klassentreffen zu fahren?« Stefan schüttelt den Kopf. »Vergiss es. Keine der Frauen hatte etwas Erotisches und die damalige Klassenschönste hatte sich verdoppelt, da kommt garantiert kein Impuls in mir hoch und schließlich bin ich doch auch glücklich verheiratet.« Er lächelt sie vielsagend an.

Ach so? Rosa zieht die Mundwinkel noch oben, damit es aussieht, als würde sie auch lächeln. »Du brauchst mich nicht abholen, ich nehm ein Taxi, dann kannst du dir das Bierchen zum Fernsehen schmecken lassen und hast einen entspannten Abend ganz für dich.«

Als Rosa an diesem Oktobersamstag das historische Gasthaus betritt und neugierig in den Raum *Weidmanns Ruh* hineinschaut, ist sie unsicher, ob sie richtig ist. Sie kann keinen ihrer Mitschüler erkennen, darum klopft sie vorsichtig an die Innenseite der angelehnten Tür. Ein hochgewachsener Mann mit riesigem Bierbauch und Vollbart dreht sich zu ihr um. »Ja, Mensch, Rosa! Komm rein, du hast dich ja kaum verändert!« – »Bert?« Mit seiner Stimme im Ohr schält sich ihr das ihr bekannte Gesicht langsam aus dem Fremden, so wie bei allen anderen Menschen im Raum, die sie nun reihum begrüßt. Zum Glück haben sie alle noch ihre Stimmen von früher, um sie zu erkennen.

Das Gefühl von Zugehörigkeit macht sich breit und trotz Rührseligkeit bei den alten Geschichten, der aufkommenden Nostalgie im Verklären des gemeinsam Erlebten und obwohl alles längst vergangenes Leben ist, fühlt sich Rosa wohl inmitten der gealterten Menschen, die sich ihr jugendliches Gemüt bewahrt haben.

Auch Axel ist gekommen. Sie merkt, wie ihr Herz anfängt zu pochen, als er ihr die Hand gibt, es pocht auch weiter, doch sie dreht sich weg, schaut ihn nicht an, obwohl sie merkt, dass er sie ständig im Blick hat. Gefühle sind anscheinend konservierbar und verändern sich genauso wenig wie die Melodien der Sprachen.

Wie war Rosa verliebt in Axel, sie sind *zusammen gegangen, wie man damals sagte,* seit der zehnten Klasse, doch seine Kumpels waren immer wichtiger für ihn als sie. Wie oft saß sie wütend zu Hause, wenn er zum Konzert war oder zur Disko unterwegs mit den älteren Jungs aus seinem Dorf, die alle keine *Kirsche* hatten, darum hat er seine auch nicht mitgebracht. Er hat Rosa nicht gefragt oder ihr erst gar nichts davon erzählt, was er am Wochenende vorhat. Doch sie war magisch angezogen von ihm, konnte mit ihm verschmelzen, immer wieder, für sie war es die große Liebe. Ihr Herz war für ihn offen wie ihr Schoß, doch so viel Gefühl konnte Axel nicht erwidern.

Als er nach der Penne im November zur Armee musste, wollte sie ihm treu bleiben, auf ihn warten, so hieß das zu der Zeit, doch sein Liebes-Weltbild war ein anderes, das sollte sie bald schonungslos erfahren. Fast täglich schrieb sie ihm Briefe, sie verging fast vor Sehnsucht, bastelte Adventskalender aus Streichholzschachteln, bis endlich der Brief kam mit der Nachricht vom ersten Urlaub.

Jetzt sitzt sie hier auf ihrem Stuhl in der Waldklause, das Stimmengewirr um sie herum wird lauter, man lacht, prostet sich zu und Rosamerkt, wie der Film von damals vor ihren Augen gnadenlos weiterläuft. Anfang Januar, an einem Freitag, sollte er in einem Wagen der *Deutschen Reichsbahn* am Erfurter Bahnhof ankommen, sie wollte ihn abholen, stand Stunden bei klirrender Kälte auf dem Bahnsteig, wo auch aus dem fünften Zug aus Leipzig kein Axel ausstieg. Wieso? Er hatte doch geschrieben, dass er dort ankommt? Sie merkte, wie alles in ihr gefror, sie war wie ohnmächtig, ohne umzufallen, starrte auf die leeren Gleise, als die Züge ihre Fahrt fortsetzten und sie konnte nichts denken, nichts begreifen, ihr Kopf produzierte nur Fragezeichen.

Den letzten Bus kurz vor zehn zurück nach Brachfeld verpasste sie beinah. Was war passiert? Wo war Axel? Zu Hause angekommen, hatte sie die erlösende Idee: Ich ruf in der Mersbacher Kneipe bei Hans an, dem Wirt. Er könnte wissen, ob Axel bei sich zu Hause angekommen ist, auf dem Dorf spricht sich das rum.

Es war schon spät, doch sie klingelte bei Herrn Meier, dem einzigen Nachbarn, der Telefon besaß, an der Haustür, bat um ein kurzes Telefonat und wählte mit zitternden Händen die Nummer aus dem Telefonbuch. Es klingelte lange bis Hans den Hörer abnahm. »Hallo, hier ist Rosa, die Freundin von Axel. Weißt du, ob er auf Urlaub ist?« Aus der Leitung kamen die Worte wie spitze Pfeile. »Klar. Axel war bis eben mit seinen Freunden hier, das erste Mal Urlaub von der Fahne, das muss doch gefeiert werden, weißt du?! Grad ist er gegangen, soll ich morgen was ausrichten?« Was ausrichten? »Nein, danke.«

Sie legte auf und dachte in diesem Moment, sie müsse sofort tot umfallen. Er war zu seinen Eltern gefahren, nicht zu ihr, wahrscheinlich war er mit einem früheren Zug gekommen. Er wusste doch, dass sie ihn erwartete, sie hatte es in jedem Brief geschrieben, wie sehr sie sich freut, auf ihn, die Zeit, die sie gemeinsam verbringen werden. Nie wieder hat Rosa solch eine herbe Enttäuschung erlebt – dass Ent-Täuschung das Ende der Täuschung ist, durfte sie auf schmerzlichste Weise begreifen. Sie ging wie betäubt zurück nach Hause, in ihr Zimmer, warf sich aufs Bett und heulte. Die Tränen flossen, zwei Tage heulte sie durch, sie konnte sich nicht beruhigen, nichts und niemand konnte sie trösten. Es hörte nicht auf und es war erstaunlich, wo so viele Tränen herkommen können. Sie hatte keine Erklärung dafür, warum ihr Freund nicht bei ihr sein wollte, sie war enttäuscht, wütend und die Liebe zerbrach in tausend Scherben. Wie ein Spiegel, der herunterfällt, zerbrach das Bild von ihr und Axel, diese Illusion, dass sie zusammengehören.

Am Montagmorgen rief sie bei seiner Mutter an, die im *Konsum* arbeitete, dort gab es auch Telefon. Sie ging sofort ran und Rosa kam ohne Vorrede zum Kern: »Ich bin's, Rosa. Warum ist Axel am Wochenende nicht zu mir gekommen?« Eine schadenfrohe Stimme am anderen Ende der Leitung bestärkte Rosas Gefühlschaos vom Wochenende. »Ach, seine Freunde waren alle da und eine Freundin aus alten Zeiten, das war ihm wichtiger.« Rosa bewahrte ihre Fassung. »Sagen Sie ihm, dass ich in zwei Stunden mit dem Mittagsbus komme.« – »Er muss am Nachmittag aber wieder los.« – »So, so. Dann richten Sie ihm aus, dass mir das scheißegal ist.« Rosa warf den Hörer auf die Gabel, so dass der nette Herr Meier erschrocken das Telefon auf entstandene Schäden kontrollierte.

Durch Rosas Körper flossen elektrische Ladungen, die noch überlegten, wo sie sich zum Blitz vereinigen sollten. Dieses Scheusal! Geht's noch? Ne alte Freundin! Das glaub ich einfach nicht, das kann nicht wahr sein!

Sie fuhr zu ihm. Axel öffnete die Tür und begrüßte sie erst freundlich, um dann harsch nachzufragen, was in sie gefahren sei, so ein Fass bei seiner Mutter aufzumachen, es gebe schließlich noch andere Frauen außer ihr. »Ach so? Na klar, jetzt verstehe ich, natürlich, ich hab völlig überreagiert. Du Arschloch!« Rosas Ernüchterung ging ins Endstadium über, sie sammelte ihre Schallplatten und ein paar persönliche Sachen in Axels Zimmer ein, der Bus zurück ging erst in einer Stunde.

Plötzlich veränderte sich etwas in Rosa, Sie dachte sich: So mein Freund, jetzt zeig ich dir, was du nie wieder erleben wirst. Das Rosinchen verwandelt sich jetzt gleich in eine Weintraube. Sie wird dir munden, süß und saftig wird sie sein, doch es wird die letzte sein von dieser Rebsorte, die du zu schmecken und zu schlürfen bekommst. Wohlan mein Herz, nimm Abschied und gesunde!

Sie zog sich aus, er tat dasselbe und sie schoben eine Nummer, die filmreif war. Damit war es durch, sie war erlöst, es war nur noch *schade,* es war nicht mehr *schlimm.* Nein, ich werde nicht aus Liebe sterben, niemals. Und in diesem Moment legte sie sich ihre Eisenbänder ums Herz.

Eine angenehme Ruhe stellte sich im Bus nach Hause bei ihr ein, als würde ihr Boot nach wilder Fahrt auf tosendem Meer nun in ruhigem Gewässer dahingleiten. Zwar ohne Ziel und ohne Begleitung saß sie darin, doch sie hatte ihr Gleichgewicht zurück und die Gewissheit, es wartet in Zukunft noch etwas Großartiges auf sie. Axel traf sie noch zweimal wieder und sie fragte sich danach, wie sie jemals auf die Idee gekommen war, dass sie zusammengehören.

Heute sitzt er mit ihr hier am Tisch zwischen den redseligen Frauen und Männern, die erzählen, was sie in den vergangenen Jahren gemacht und erreicht haben, wie sie in Familie leben oder es ohne eine solche ausprobieren, und ihr wird währenddessen klar, dass Axels Männerherz wirklich keine Ahnung davon haben kann, was sie gefühlt hat an dem kalten Wochenende im Januar, wo ihr Herz anscheinend zersprang und sie es notdürftig reparieren musste. Auf einmal sitzt er neben ihr. »Na, wie geht es dir?« Es ist eigenartig, seine körperliche Nähe zu spüren, sie nimmt eine vage, unbenennbare Anziehung wahr, gleichzeitig möchte sie auf Distanz bleiben. Die eine Stimme in ihrem Kopf kommandiert sofort: Komm Rosa, ein bisschen Smalltalk, das geht. Darum antwortet sie brav: »Super, alles beim alten. Und bei dir?« Auch er bleibt auf niedrigem Kommunikationsniveau. »Läuft! Bin seit zwei Jahren verheiratet und hab sogar ein Kind, eine Tochter.« – »Schön für dich, hast wohl endlich die Richtige gefunden. Besser spät als nie.«

Zum Glück reicht jetzt jemand Fotos seiner Kinder und Enkel herum, danach gibt es Urlaubsbilder von Malle, aus Paris oder New York, später Ansichten von Haus, Hof und Garten. Wen soll sowas interessieren?

Da sind ihr die lustigen Storys ihrer gemeinsamen Jugend in der Schule lieber, festgehalten auf den digitalisierten schwarz-weiß Fotografien, die Rainer nun per Beamer an die Wand wirft. Leider sind es dieselben, die er schon beim letzten Treffen dabeihatte und die Geschichten dazu haben sich auch nicht verändert, nur der Altersunterschied zu den Gesichtern von heute ist größer geworden. Jemand stellt die klassische Frage, warum man auf alten Bildern immer so jung aussieht. Schenkelklopfer.

Rosa bestellt sich ein weiteres Bier, es mag keine Stimmung bei ihr aufkommen. Was will ich hier? Rosa fragt sich, wie und mit wem sie flirten soll. Axel neben ihr gibt hin und wieder einen schnoddrigen Kommentar zu den gezeigten Fotos ab, lacht laut, wenn alle lachen, es klingt eher wie angeordnete Fröhlichkeit und erinnert sie an Karneval. Auf einmal merkt sie, wie er sein Knie an ihres schmiegt und sie, aus den Augenwinkeln zwinkernd, angrinst. Ein Schauer läuft ihr über den Rücken, sie fühlt sich ertappt, als hätte er ihr Ansinnen erraten. »Geht's noch? Eben erzählst du von deiner neuen Beziehung, die gut läuft?« Axel strahlt nun über sein ganzes Gesicht. »Mensch, Rosa, das mit deinem Treusein, das hat mich damals schon genervt. Mal ein Schäferstündchen zwischendurch, das schadet nicht, da kommt sogar frischer Wind ins Ehebett.« Sie sieht ihn fragend an. »Wir hatten doch immer Spaß beim Vögeln, ich erinnere mich gut«, begeistert er sich weiter.

Er spielt offensichtlich ernsthaft mit dem Gedanken, den Abend mit seiner Exfreundin in der Horizontalen ausklingen zu lassen. Sie bemüht sich, diese Vorstellung zuzulassen, doch es will ihr erneut nicht gelingen. Da war sie wieder, die tiefe Überzeugung: *Sex ohne Liebe ist wie Sekt ohne Sprudel.* Nein, das ist es nicht, was sie sucht, auf keinen Fall. Rosa steht auf, um sich woanders hinzusetzen. »Axel, vergiss es!«, raunt sie ihm ins Ohr, nimmt ihr Glas, um sich in der Runde umzuschauen, wer von den Jungs als weniger notgeiler Gesprächspartner in Frage kommt, da die meisten Mädels dabei sind zu gehen.

»Tschüss, war schön euch alle mal wiederzusehen.« Sie winken, nehmen ihre Mäntel vom Haken und sind weg.

Am Tischende sitzt noch Olaf, der Dicke, früher genannt Samson, wie der Gemütliche aus der Sesamstraße, von den Mädchen als Paarungsalternative verworfen, doch einmal war Rosa mit zwei Freundinnen zu ihm in die elterliche Wohnung eingeladen. »Ich entführe euch in eine andere Welt«, hatte er versprochen und das Versprechen gehalten. Es lief sonderbar fremde, doch wohlklingende Musik vom Band in seinem kleinen Zimmer, Klänge der Sitar. Er hatte die bunten Vorhänge vor dem einzigen Fenster zugezogen, etliche Kerzen erhellten den kleinen Raum und ein betörender Geruch entströmte einer Duftlampe. Alle vier saßen auf dem Boden und die Besucherinnen hörten verwundert zu, was Olaf zu erzählen hatte – von den Hindus in Indien, von Shiva und Shakti, den Brahmanen und den Unberührbaren. Es waren für Rosa Geschichten wie aus einem Märchenbuch, noch nie hatte sie von sowas gehört. Sie fand es faszinierend und verstörend zugleich, nichts davon passte in das Weltbild, das sie kannte. Dazu gab es kleine Kekse und Tee, an mehr kann sie sich nicht erinnern. Danach war klar, Olaf ist ein Spinner, ein angenehmer, doch leider realitätsfremd.

»Na Außenseiter, immer noch jenseits aller Klischees?« Sie lässt sich vernehmbar laut auf den freien Stuhl neben ihm fallen und merkt, wie die drei konsumierten Biere ihre entspannende Wirkung tun. Olaf freut sich sichtlich über die neue Sitznachbarin. Er erhebt sein Glas wie zum Trinkspruch des Abends und seine Antwort kommt, ohne nachzudenken: »Hundert Prozent. Jenseits der Norm lebt die Freiheit, Rosa! Du warst doch auch ein Freigeist

früher. Hat sich daran was geändert?« Sie schaut ihn überrascht an. »Ich war ein Freigeist? So hast du mich in Erinnerung?« – »Klar. Du warst nicht angepasst, du warst
immer Pippi-Langstrumpf-like: Ich mach mir die Welt,
wie sie mir gefällt.«

Das Urteil von Olaf schmeichelt Rosa, auch wenn sie
ihr Leben lang kein Fettnäpfchen, in das man treten kann,
ausgelassen hat, ist sie froh darüber, durch ihre Direktheit
und Klarheit aufzufallen und jeden Abend in den Spiegel
sehen zu können. »Wie du das sagst, Olaf. Kannst du dir
vorstellen, dass es einem im Leben öfters ein Auge blau
schlägt, wenn man seine eigene Wahrheit leben möchte?«
– »Ja, damit kenn ich mich bestens aus.«

Er lacht und lehnt sich zufrieden an die Stuhllehne,
setzt das volle Glas Bier, das der Kellner gerade gebracht
hat, an die Lippen und trinkt es zur Hälfte aus. Rosa
schaut ihm wohlwollend dabei zu, der Abend scheint eine
unerwartete Wendung zu nehmen. Sie fragt: »Du hast den
ganzen Abend kaum was gesagt, als hättest du wenig Interesse an den alten und neuen Geschichten, trotzdem bist
du noch nicht gegangen, warum bist du hier zum Klassentreffen?« Olaf lächelt vielsagend: »Auf jeden Fall nicht,
um 'ne ehemalige Klassenkameradin abzuschleppen, so
wie Axel. Schau mal da rüber, eben hat er dir noch am
Knie rumgefummelt und jetzt steht er mit Ute und Heike
an der Bar und flirtet, was das Zeug hält.«

Hui, Olaf hat einen Blick für die Details, Rosa merkt,
wie sich ihre Wangen röten. »Verboten ist es ja nicht«,
hört sie sich plötzlich Axel verteidigen und schiebt ein
Geständnis hinterher. »Soll ich ehrlich sein? Zu dir kann
ich es sagen, ich hab heute auch mit solchen Gedanken

gespielt.« – »Und darum sitzt du jetzt hier bei mir, beim dicken, weltfremden Spinner der Klasse?«

Olaf grinst sie an, beugt sich lachend zur ihr rüber, legt den Arm um ihre Schulter »War nicht so gemeint«, sagt er und fragt weiter unverblümt, »na, erzähl mal, was hast du denn wirklich für ein Problem, liebe Rosa?«

Sie schaut ihn verwundert an, überlegt kurz, doch dann brechen alle Dämme. Was hat sie heute hier zu verlieren? Ihren guten Ruf? Der ist schon lange ruiniert. Alles, was sie bedrückt, erzählt sie diesem Olaf, einem zwar bekannten und doch fremden Menschen. Sie spricht über ihr ganzes Herzeleid, über die Gefühle beim Anblick der Osterglocken, die nicht aufblühen, über die Streitereien mit ihrem Mann und die Idee, das Fehlende bei einem Abenteuer zu finden. Er hört ihr zu wie noch nie jemand, stellt immer wieder kleine Zwischenfragen und sie spürt sein unverstelltes Interesse. »Kann es sein, dass du eine riesengroße Sehnsucht in dir hast?« Rosa sieht ihn mit großen Augen an, in denen sich ihre Tränen bereits formieren und ihr Herz antwortet: »Ja, ich hab so 'ne Riesensehnsucht nach Liebe, nach körperlicher Nähe zu meinem Mann.« Damit war es um sie geschehen. Sie wirft sich Olaf um den Hals und weint die Tränen, die sich im Stausee der letzten Jahre angesammelt haben. »Mensch, Kleene, lass es laufen.«

Er streichelt ihr über den Rücken und hält sie lange in seinen warmen, weichen Armen. »Ich nehm noch einen Gin Tonic.« Mit verquollenen roten Augen beantwortet Rosa die Frage des Kellners, ob es noch was sein darf. Olaf bestellt ein weiteres Bier. Sie wollen beide noch bleiben. »Willst du ein ehrliches Statement eines ehemaligen

Mitschülers hören, der das Leben seit Jahren auf seinen Sinn prüft?«

Olaf kommt ihr auf einmal so wissend vor, der Spinner ist längst verschwunden und sie merkt, wie Unrecht sie ihm getan hat, mit ihrem damaligen und bis heute aufrechterhaltenen innerlichen Urteil. »Ja, bitte. Sag mir ganz ehrlich, was du jetzt denkst.« – »Es wird dir nicht gefallen.« – »Sag es trotzdem!«

Sie wischt die Wimperntusche von den Wangen, setzt sich gerade hin, es ist, als wenn der neu angekündigte Lehrer den Klassenraum betreten hat und gleich in einem neuen Schulfach seine Antrittsrede halten wird. Rosa nickt Olaf zu, als wolle sie damit sagen: *Ich bin bereit, es kann losgehen.* Olaf nimmt einen großen Schluck aus dem Glas vor ihm, leckt sich den Schaum von den Lippen, holt tief Luft und sein Tonfall ist genauso wie damals in seinem Zimmer, wie aus einer anderen Welt. »Ihr Frauen seid alle unzufrieden und seht den Grund dafür beim Mann. Er soll sich ändern. Stimmt's?« Rosa muss nicht lange überlegen, um zu antworten. »Ja, genau. Der Mann ist das Problem, der Mann und das ganze Patriarchat.« – »Und ich sage dir, dass stimmt nicht. Die Frau muss sich ändern.«

Rosa merkt, wie sie wieder nüchtern wird.

Waaaas?

Er ist doch ein Spinner, noch durchgeknallter als früher. »Ich hab dich gewarnt, es wird dir nicht gefallen, was ich sage.« Olaf lächelt und sieht ihr direkt in die Augen. »Wo hast du denn deine Weisheit her?«, versucht Rosa bei ihrer Nachfrage die Contenance zu bewahren. »Aus den Veden, aus Indien, genau genommen von Osho, dem für mich weisesten Guru.« Er schließt die Augen, als würde er dahinter die gesamte Antwort finden. »Gleich nach der Wende war ich mit meinem Onkel in Indien, in einem Ashram. Er war Ende der Sechziger aus der DDR abgehauen und ist in einer Kommune in Westberlin gelandet, bei den Blumenkindern. *Love and Peace* und sowas alles. Er kam manchmal zu Besuch zu meinen Eltern und ich war fasziniert von dem, was er erzählt hat. Von ihm hatte ich auch die Haschisch-Kekse, von denen du gekostet hast.« Er öffnet die Augen wieder und lacht verschmitzt. »Ich wollte gucken, wie die wirken und hab euch deshalb eingeladen.«

Jetzt kann Rosa wieder lachen. »Anscheinend war es eine Überdosis, ich konnte mich danach an nichts erinnern.« Sie haut ihm die flache Hand auf den rechten Oberschenkel und lacht herzhaft, während Olaf weitererzählt. »Alle Drogen, auch Alkohol, sind nur verzweifelte Versuche, Entspannung und Glückseligkeit zu erleben.« Rosa putzt sich die Nase nochmal und möchte ihm noch mehr Fragen stellen. Wer weiß, wann sie das nächste Mal so einen Paradiesvogel trifft. »Was schlägt man denn in Indien stattdessen vor, also statt Drogen?« Olaf hat die Antwort sofort auf den Lippen. »Liebe, wahre Liebe, die mit Selbstliebe beginnt.«

Liebe. Was bedeutet das schon? Sie kommt und verschwindet wieder. Und die soll zur Glückseligkeit führen? Nach der Liebe kommt der Kummer, das ist immer das gleiche Spiel. »Und wie komm ich dahin, zur wahren Liebe?« Auch auf diese Frage weiß der Hobbyguru auf dem Stuhl neben ihr eine Antwort. »*Erkenne dich selbst!* Steht seit tausend Jahren über dem Eingang des

Apollontempel in Delphi.« Sie schaut ihn an. »Und wie mach ich das?« – »Indem du auf die Suche gehst nach dir selbst. Das, was du suchst, findest du nur bei dir. Du kannst die Liebe nicht beim Partner finden. Das ist eine Verwechslung, der wir alle auf den Leim gegangen sind.« Rosa holt ihr kleines Notizbuch aus der Handtasche, sie muss das aufschreiben, daran kann sie sich sonst morgen nie und nimmer detailliert erinnern.

In diesem Moment steht der Kellner am Tisch und will kassieren. »Is gleich Schluss hier, zwölfe machen wir dicht.« Rosa zeigt ihm den Bierdeckel mit den Strichen dran und der Summe fürs Essen, auch Olaf legt ihm seinen Deckel vor. »Ich hab hier noch vier andere Deckel, es ist keiner mehr da von eurer Truppe, alle gegangen. Das müsst ihr jetzt bezahlen, in bar. Ihr seid die letzten.« Na prima! »Olaf, ich hab dafür nicht genug Geld mit.« Olaf bleibt tiefenentspannt. »Dann zahl ich alles, kein Problem.« Rosa kommt in Rage und regt sich über die dreisten Ehemaligen auf, die einfach gehen und nicht bezahlen. »Das ist unmöglich von denen, einfach abhauen und du zahlst ihre Zeche.« – »Siehste Rosa, damit fängt es an. Reg ich mich auf oder lass ich es? Ändern kann ich es so oder so nicht.«

Sie schaut ihn kopfschüttelnd an. »Sag mal, hast du auf alles eine Antwort?« – »Ich versuch's.« Er lächelt mild, zahlt und fragt sie: »Wie kommst du jetzt nach Hause?« Rosa merkt, dass sie gerne noch mit ihm zusammenbleiben würde, doch antwortet: »Ich nehm ein Taxi. Wird schon um diese Zeit eines hier anhalten.« – »Dann bring ich dich das Stück bis zur Straße, denn ich möchte, dass du wohlbehalten bei deinem Gatten ankommst.«

Lächelnd lässt er sie sich unterhaken, es dauert nicht lange und ein Taxi hält. »Hier haste noch meine Karte. Schreib mal, was dir auf deinem neuen Weg begegnet, liebe Rosa.« – »Mach ich. Und danke für deine Ehrlichkeit.«

Während der Fahrt muss Rosa ständig an die Worte von Olaf denken: Sie soll sich auf den Weg machen, auf die Suche zu sich selbst und so zur wahren Liebe. Es beginnt zaghaft bei ihr zu dämmern. Sie braucht keine Vergleiche, keine Trophäen, keine heißen Sexspielchen, keine Selbstwertbestätigung durch fremde Männer. Nein, es ist etwas ganz anderes, was ihr fehlt. Sie hat Sehnsucht nach innerer Verbundenheit, nach Hingabe und nach dem Gefühl, wirklich zu lieben. Axel hatte die Fährte dorthin in der Jugend ausgelegt und vielleicht kann sie die mit Stefan nun wieder aufnehmen. Nur wie?

8 | Nett sein

Der Regen trommelt gegen die Fensterscheibe des Schlafzimmers, als Rosa am nächsten Morgen erwacht, das Bett neben ihr ist leer. Der Blick auf den Wecker zeigt kurz nach zehn. Herrlich! Ausschlafen am Sonntag. Zwar hat sie nach den Erlebnissen beim Klassentreffen erst gegen zwei in den Schlaf gefunden, doch immerhin hat der gedauert und heute steht nichts an. Ob Stefan mit dem Frühstück auf sie wartet?

Einatmen – Ausatmen. Noch schnell meditieren, ehe der Verstand das Zepter in die Hand und den Denkapparat übernimmt. Nur sich selbst fühlen, den Körper fühlen, wie er ein- und ausatmet. Alles könnte so einfach sein. Ist es aber nicht.

Sie denkt an gestern und schnippt nach oben. Sie schlüpft in die Pantoffeln vor dem Bett, geht ins Badezimmer und schaut durchs Fenster auf die Straße. Der Regen hat sich in einen Wolkenbruch verwandelt, an den Bordsteinen fließen kleine Bäche zu den Gullis. Sie zieht die Yogaschlaghose und das Home-Shirt über, in diesem Zuhause-Look fühlt sie sich wohl und leichtfüßig nimmt sie die Treppe nach unten. »Guten Morgen, mein lieber Mann.«

Stefan sitzt in der Küche am gedeckten Frühstückstisch und schaut ungläubig zu ihr auf, als hätte sie ihn in einer Fremdsprache begrüßt. »Guten Morgen, ich wollte dich nicht wecken, du hast so friedlich da gelegen.« Rosa freut sich über die Begrüßung und darüber, dass er fragt: »Wie war denn dein Abend? So schlecht anscheinend nicht, denn um eins warst du noch nicht da, da bin ich ins Bett.« Sie überlegt, wie sie antworten soll. »War ganz nett und hat mit einer richtigen Überraschung geendet.«

Sie beschmiert eine Brötchenhälfte mit Butter, Frischkäse und selbst gemachter Erdbeermarmelade, beißt beherzt hinein, so dass die Krümel über den ganzen Tisch fliegen. Sie lachen beide und Rosa nimmt einen Schluck vom Kaffee, sie mag ihn nur heiß. »Also, fast alle waren gekommen und auch Olaf war da, der ruhige, introvertierte Dicke in unserer Klasse, niemand hat ihn damals so richtig für voll genommen. Er hat dazugehört, doch mehr am Rand existiert. Gestern war er meine Rettung.« Stefan zieht die Stirn in Falten. »Lass mich raten. Auch so ein spiritueller Besserwisser, die laufen dir in letzter Zeit ja geradezu zu.« – »Wie schön du das mit deinen Worten beschreibst! Ich übersetzte: Ja, ein Mensch, der sich selbst hinterfragt.« Sie will sich heute nicht schon beim Frühstück ärgern, der Tag fing ganz gut an.

»Er hat mir von Indien erzählt und dass dort Liebe mit Selbstliebe zu tun hat und dass man die nicht bei einem anderen finden kann.«   »Alles klar, und wovor hat er dich gestern gerettet?«

Sie weiß nicht, wie sie es Stefan erklären soll. Wie soll sie jemandem Selbstzweifel erklären, der selbst nicht zweifelt? Jemandem, in dem Falle ihrem Mann, erklären, dass ihr als Frau, in dem Falle *seiner* Frau, etwas fehlt, etwas Grundlegendes und ein anderer Mann ihr einen Hinweis darauf gegeben hat, was es sein könnte. Sie übersetzt Olafs Vorschlag in für Stefan verständliche Worte: »Er hat mir einfach einen anderen Blick auf meine Themen eröffnet. Ich weiß jetzt, ich sollte netter zu dir sein.« Stefan hat gerade seine Tasse Tee angesetzt, verschluckt sich und hustet sich fast die Lunge aus dem Hals. Rosa weiß nicht, ob sie lachen darf, sie haut ihm stattdessen lieber auf den Rücken: »Arme nach oben! Das hilft bei Verschlucken, hat meine Oma immer gesagt.« Als er wieder normal Luft holen kann, fragt er zur Sicherheit nochmal nach. »Hab ich grad richtig gehört? Meine Kratzbürste will jetzt netter zu mir sein?« – »Ja, vielleicht erstmal als Idee?« – »Da bin ich aber gespannt drauf.« – »Ich könnte nicht mehr so streng zu dir sein?«

Stefan hat den Kopf zur Seite gelegt und schaut sie aus den Augenwinkeln ungläubig an. »Du willst also weniger mit mir streiten?« – »Zum Beispiel. Doch zum Streiten gehören zwei. Du könntest auch netter zu mir sein.« Stefan lacht. »Klar, jetzt hab ich wieder den schwarzen Peter. Fang du doch mit dem Nett-sein an!«

Rosa erinnert sich an Olafs Worte. Die Frau muss sich ändern. Das hat sie so noch nie gehört, doch in einem hinteren Winkel ihres Herzens verspürt sie, dass darin eine kleine, verborgene Wahrheit schlummert. »Warte mal, mir kam grad was dazu ins noch nicht ganz erwachte Köpfchen.« Sie bestreicht die andere Hälfte der Semmel, dieses Mal mit Honig, und schlürft dazu genüsslich den heißen Kaffee in sich hinein.

Nun setzt sie sich gerade hin, legt ihre Hände auf die Tischplatte wie auf ein Rednerpult und verkündet pathetisch ihren neuen geistigen Erguss: »Ich schlage hiermit vor: Wir sagen ab jetzt jeden Tag nur noch was Nettes zueinander!« Stefan schüttelt sofort den Kopf. »Das schaffe ich nicht.« Rosa staunt. »Wie, das schaffst du nicht?« – »Weil das nicht geht bei dir, weil ich viel zu oft sauer auf dich bin.«

Halleluja! Wenn das mal keine Offenbarung ist! Sie bleibt dran – wann, wenn nicht jetzt, das Segel in Richtung Harmonie in ihrer Beziehung neu zu setzen.

Stefan kommt ihr zuvor: »Ich könnte mir höchstens vorstellen, das nur heute mal auszuprobieren.« Rosa reißt die Augen weit auf und ihre Mundwinkel gehen ganz langsam nach oben, bis sie über das ganze Gesicht strahlt. »Stefan, das ist es!«

Sie steht auf und nimmt sich einen kleinen quadratischen Zettel aus der Box auf der Anrichte, dazu den danebenliegenden schwarzen Filzstift, setzt sich wieder, schiebt ihr Frühstücksgedeck zur Mitte des Tisches und schreibt:

Nur heute sagen wir immer nur was Nettes zueinander. Sie hält den Zettel wie einen soeben überreicht bekommenen Pokal in die Luft, wedelt damit hin und her und lacht sich dabei scheckig. »Der Knaller, der hätte von mir sein können.« –»Was ist denn daran so lustig?« Stefan schaut sie missmutig an und auf seiner Stirn bildet sich wie immer eine tiefer werdende Falte. Rosa schiebt den Stuhl nach hinten, fängt an zu singen und tanzt mit dem Zettel in der Hand durch die ganze Küche. »Wunderbar, wunderbar, ist die Nacht so sternenklar und wir zwei sind ein Paar, das ist einfach wunderbar.« Singen und tanzen, das macht sie immer, wenn sie merkt, dass sich grad ein Problem in Luft aufgelöst hat und sie darüber glücklich ist.

»Stefan, was du grad vorgeschlagen hast, trifft die Sache voll im Kern. Denn es gibt nur heute. Und wenn wir nur heute immer was Nettes sagen, sind wir nur noch nett zueinander.« Sie befestigt begeistert den neuen Leitsatz mit einem Magneten am Kühlschrank. »Großartig!« – »Da müssen wir uns aber ganz schön umstellen«, versucht es Stefan ebenfalls mit einem Lächeln. Auch dazu fällt Rosa die passende Hintergrundmusik ein und sie stimmt einen Kanon an, den sie seit der vierten Klasse kennt: *»Aller Anfang ist schwer, doch wenn der Anfang nicht wär, wo käm das Ende dann her.«* – »Das Klassentreffen hat ja ungeahnte Auswirkungen auf dich. Mach mal wieder halblang.«

Stefan kann es nicht leiden, wenn seine Frau so in Stimmung ist, sein Temperament ist in solchen Situationen eher die eines Kaltblüters. Um einen Themenwechsel kümmert sich nun glücklicherweise sein Telefon, indem es laut und fordernd den Moment einer sich anbahnenden Disharmonie sprengt. Rosa räumt das Geschirr vom Tisch, während Stefan enttäuscht die Nachricht des Anrufers entgegennimmt.

»Rosa, das Spiel heute fällt aus, der Platz ist wegen dem starken Regen unbespielbar. So ein Mist, das entscheidende Spiel, um die Tabellenspitze bis zur Winterpause zu halten. Heute hätte ich genug von den Leistungsträgern am Start gehabt. Es ist zum Mäuse melken.« Er verschwindet im Arbeitszimmer, um nun allen Spielern abzusagen. Schon toll, mit welchem Ehrgeiz sich Stefan in das Fußballtheater Woche für Woche reinwirft, geht es ihr durch den Kopf. Fußball, dann eine Weile nix, dann die Arbeit, danach ich, seine Frau, die Basis, die eben einfach immer da ist, verlässlich, Grundlage für den Rest, fertig, unveränderlich. Ja, so denkt er, der Mann, genau genommen: ihr Mann.

So einer wie Olaf hat gewiss andere Bilder im Kopf. Der weiß vielleicht gar nicht, wie Fußball geht, kennt die

Regeln nicht, muss im Verein keine Verantwortung für frisch gewaschene Trikots an jedem Spieltag übernehmen, für aufgepumpte Bälle, abgekreidete Spielfeldränder und zufrieden stellende Tabellenstände. Und hat beide Tage am Wochenende frei, um tun und lassen zu können was er will.

Hat Olaf überhaupt eine Frau? Sie hat ihn gestern gar nicht danach gefragt. Am liebsten würde sie Olaf jetzt anrufen, um ihm vom neuen Zettel an ihrem Kühlschrank zu erzählen. Doch was bringt es, wenn er davon weiß, dass in ihrem Kopf eine Lampe angegangen ist und noch nicht klar ist, ob deren Lichtkegel auch in Stefans Universum ein unbekanntes Areal beleuchten wird? *Nur heute sagen wir immer nur was Nettes zueinander,* das klingt richtig versöhnlich.

Auch Rosa muss für diese Handlungsanweisung in Bezug auf ihren Ehemann eine neue Datei in den Vorlagen für Reaktionsmuster anlegen. Möchte sie sich auf diese Challenge einlassen? Ja, doch sie vermutet zu Recht: Es ist noch kein Meister vom Himmel gefallen. Könnten nicht Ferientage für solche Änderungen im Zusammenleben besser geeignet sein als der Alltag?

»Stefan?« – »Ich telefoniere.« Rosa klappt den Rechner im Arbeitszimmer auf und sucht nach Hotels an der Ostsee. »Was wolltest du mir eben sagen?« Jetzt steckt er fragend seinen Kopf zur Tür herein und Rosa sieht ihn strahlend an. »Was hältst du von einem Kurzurlaub an der Ostsee? Ende Oktober ist oft noch wunderbares Herbstwetter dort. Wir haben beide noch ein paar Urlaubstage übrig und könnten dort erstmal Nett-Sein außerhalb des Alltags üben.« Stefan schaut über ihre Schulter auf den

Bildschirm. »Grundsätzlich keine schlechte Idee, doch setz mich bloß nicht unter Druck.« – »Nein, nein, mach ich nicht, versprochen« – »Hast du schon was Passendes entdeckt? Ich wäre für Usedom.«

Rosa klickt sich durch die gesichteten Angebote. Auf Rügen wird sie fündig, kleines Hotel in Binz, zwar zweite Reihe, ohne Meerblick, aber unschlagbar günstig. »Doch Rügen?«, fragt er nach. Rosa antwortet: »Ich kann es nicht erklären, die Insel zieht mich magisch an und in Binz kann man auch bei schlechtem Wetter mal im Städtchen hübsch bummeln gehen.«

Zwei Wochen später parkt Stefan nach sechs Stunden Fahrzeit das Auto auf dem ausgewiesenen Hotelparkplatz. Bei der Abfahrt am Morgen schien noch die Sonne, doch hier oben jagt der Wind graue Wolkenfetzen über den Himmel, es hat ziemlich aufgefrischt. Rosa hört die Wellen, obwohl es sicher fünf Minuten zu Fuß bis zum Strand sind. Die letzte Woche war wieder mal dicke Luft zwischen ihr und Stefan gewesen, er kam fast jeden Tag schlecht gelaunt nach Hause und wollte nicht darüber sprechen, was ihn bedrückt. Alles war falsch, was sie sagte und tat. Oder nicht tat. *Wieso hast du kein Brot gekauft? Ich dachte, dass du das machst! Wieso ist das blaue Hemd nicht im Schrank? Dunkle Wäsche war noch nicht dran! Wolltest du nicht Karo wieder mal anrufen? Nein, mach du es doch, wenn du was von deiner Tochter hören willst! Wieso sind die Töpfe noch nicht abgewaschen? Jetzt reichts mir, wasch du sie doch ab, wenn es dich stört!*

Es lag Spannung in der Luft, etwas Unausgesprochenes, nicht Greifbares, nicht Benennbares hatte sich trotz des Slogans am Kühlschrank eingenistet. Nun ist dieses undefinierbar Negative mit ins Auto eingestiegen und bis Rügen mitgefahren. Es will nicht von uns ablassen, es klebt an uns beiden wie schwarze Schmiere, spürt Rosa. An der Rezeption nehmen sie die Schlüssel für das kleine Appartement im zweiten Stockwerk in Empfang. Es hat Charme, obwohl die Einrichtung an frühere Zeiten erinnert und eine Renovierung überfällig ist, wirkt doch alles gemütlich, ist sauber und ordentlich. »Hast du unten eine Bar gesehen?«, fragt Stefan. Nach der langen Fahrt einen Begrüßungstrunk zu nehmen hat Tradition bei ihm, dabei akklimatisieren, ankommen in den fremden Gefilden. »Ich dächte, da war eine gleich links hinter der Glastür neben dem Fahrstuhl. Ich hab auch Lust auf einen Stimmungsaufheller.«

An der Bar ist niemand zu sehen. »Sieht nach Selbstbedienung aus?«, witzelt Stefan. »Ich nehm ein Bier«, erwidert sie und schmunzelt ihn an. »Kling-Klong!«, ruft Stefan in den Raum, ein Versuch, sich bemerkbar zu machen. Mit Erfolg, der Mitarbeiter von der Rezeption kommt angeschlurft, er hat es nicht eilig. Warum auch, alle Gäste sind hier im Urlaub zur Entschleunigung und zur Rückkehr zur Langsamkeit, anscheinend will er dazu einstimmend beitragen. »Was darf's denn sein?« – »Zwei Bier vom Fass, einheimisches Bier, bitte.« Der junge Mann sieht Stefan mit großen Augen an, als käme er von einem anderen Stern. »Das war einmal. Das Hotel gehört zu einer großen Kette, jetzt gibt es nur noch Warsteiner aus dem Hahn.« Na super. In Stefans Augen steht der Satz: *Die Lörre könn' Se selber trinken.* Seine Laune verbessert sich dadurch nicht. »Kein anderes?« – »In der Flasche wäre noch Lübzer zu haben.« – »Ist es gekühlt?« – »Ja, klar.« –

»Dann zwei Flaschen Lübzer.« Rosa stößt mit Stefan am Tresen stehend an. »Auf einen schönen Urlaub! Du darfst auch mal lächeln.«

Am nächsten Morgen hat das Wetter umgeschlagen, es ist fast windstill und die Sonne strahlt vom blauen Himmel. Bestes Wetter für einen Strandspaziergang. Es ist schon fast zwölf, als sie loskommen, denn Ausschlafen ist erste Urlaubspflicht, zum Glück gibt es Frühstück bis elf. Am breiten Strand von Binz sind jede Menge Menschen unterwegs, dazu Hunde, Krähen und die Möwen, die sich um die Brotkrumen streiten, die immer irgendjemand wirft. Obwohl es herbstlich kühl ist, bauen kleine Kinder in Matschhose-Gummistiefel-Vollschutz Kleckerburgen, größere spielen Fußball mit ihren Vätern, die sie ansonsten wahrscheinlich selten zu Gesicht bekommen, die Muttis bewachen die Rucksäcke mit Thermosflaschen und Lunchpaketen. Ostseestrand-Idylle im Herbst.

Rosa hat nichts eingepackt, nur eine kleine Wasserflasche in der Windjackentasche. »Wir laufen bis nach Prora, will mal sehen, was sich da baulich tut«, erklärt Stefan das Tagesprogramm: »Und auf dem Weg dort vorn seh ich schon Willis Strandbar, die haben garantiert noch ordentliches Bier vom Fass und dazu Fischbrötchen!« Rosa denkt nicht an die vergangenen Tage, sie möchte, dass der Urlaub sie einander wieder näherbringt und stimmt gut gelaunt zu.

Was geschehen, ist geschehen, ist vorbei. Bis jetzt haben sie das Boot immer aus stürmischer See wieder in ruhige Gewässer navigiert. Auf Prora hat sie zwar keine Lust, doch direkt am Strand entlang schlendern, den weichen Sand unter den Füßen spüren, dabei den frischen

Geruch der angeschwemmten Algen in der Nase haben, genau das sucht sie hier.

Dass dieser schreckliche Bau in Prora, ein im Dritten Reich als Seebad gedachter Koloss, Stefan so sehr fasziniert, kann sie nicht nachvollziehen. Jetzt werden zwar die Spuren der Vergangenheit nach und nach beseitigt und bald sollen hier endlich mal Menschen Ferien machen können. Doch Rosa fragt sich, wie man sich in solch einer Architektur wohlfühlen soll. Die Bauschilder verkünden großbuchstabig: *Weltbekanntes Baudenkmal wird zur Wohlfühloase - hier entsteht das Flaggschiff von Prora.* Marketing ist heute alles. Stefan ist begeistert. »Hier können wir auch mal was buchen.« Rosa möchte der Stimmung zuliebe nicht widersprechen, doch sie kann auch nicht lügen. »Für mich kommt das nicht in Frage.« – »Du bist bei allem immer gleich dagegen.« Sie merkt sofort: Fettnäpfchen-Alarm! Denn er hat die magischen Streitvorbereitungs-Wörter gelassen ausgesprochen: *Du* und *Immer.*

Ihm scheint es egal zu sein, warum Prora für sie nicht in Frage kommt – in solchen herzlosen Betonbauten mit so einer Geschichte stimmt für sie die Energie einfach nicht. »Vorschlag zur Güte: Das müssen wir heute ja nicht entscheiden, unser Bett steht in dem hübschen, kleinen Gebäude mit der berühmten alten Bäderarchitektur. Das gefällt mir.« – »Okay, lass uns zurückgehen, es sind mindestens fünf Kilometer.« Er setzt die Kapuze seiner Windjacke auf, die Sonne ist hinter den Dünen verschwunden, Ostküste halt und es wird merklich kühler.

Geschafft von der frischen Luft und dem ausgiebigen Spaziergang ist Rosa für ein kleines Powernapping im

Hotelzimmer. Ihre Laune ist bestens, sie freut sich auf den Abend, denn Stefan hat eben noch Plätze in der *Seemöve* bestellt. Dort gibt es den besten Fisch auf der ganzen Promenade. Vorher noch etwas ausruhen, dann hübsch machen, um am Abend zum Stelldichein eine ansprechende Figur abzugeben. Das ist Pflicht für sie an solchen Abenden, nicht gleich das kleine Schwarze, doch aber was Schickes anzuziehen, wenn sie sich beide sonst nur im Freizeit- oder Homelook begegnen. Es darf auch Dekolleté dabei sein. Stefan gefällt es, er schaut selbst gerne darauf und freut sich sogar, wenn der Nachbar von Nebentisch herüber schielt. *Meine Frau, mein Dekolleté, ich packe dessen Inhalt heute Abend aus*, so oder ähnlich läuft vielleicht das Kino hinter seiner Stirn ab und Rosa genießt es jedes Mal schmunzelnd. Und es wäre doch wirklich schön, wenn es heute ein versöhnlicher Abend im Doppelbett würde ... Sie sehnt sich danach, wieder mal Liebe zu machen, Sex mit Liebe oder liebevollen Sex erleben, eben irgend so etwas auf der Klaviatur der Klischees von Herzklopfen bis Leidenschaft. Mal wieder ganz miteinander verbunden und ein kleines bisschen glücklich zu sein, das ist doch auch ihr Geburtsrecht?!

Jetzt, wo sie weiß, dass sie sich ändern soll, wäre es heute ein Anlass das auszuprobieren. Sie stört sich nicht daran, dass Stefan der Fisch zu lasch ist, die Kartoffel noch etwas gekonnt hätte und der *Williams* eigentlich nicht so kalt serviert werden sollte. Bei letzterem ist er der Fachmann, diese Kritik ist berechtigt, ansonsten ist sein Nörgeln nervend. Heute lässt sie es zum rechten Ohr rein und zum linken wieder raus, sie schaut lieber darauf, was hier alles passt. Die Gaststätte ist modern und trotzdem urig gestaltet. Fischernetze mit blau-weiß bemalten Holzfischen darin hängen gezielt platziert an den Wänden und eine ausgestopfte Möwe schwebt über dem Tresen. Die Wand am Ende des Restaurants ist mit einer schwarzweißen Fototapete beklebt, die keine Zweifel lässt, wo man geradevor Anker gegangen ist, an der Ostsee, auf Rügen, nahe den berühmten Kreidefelsen.

Rosa findet es gemütlich hier, ihr hat der Brathering gemundet, die Karaffe weißer Hauswein ist fast ausgetrunken und ihre Laune entwickelt sich Richtung Hochstimmung. Sie erzählt Stefan in Erinnerung schwelgend von ihrem ersten herrlichen Sommerurlaub hier im Norden mit Heinz und Ursula, als sie sechs war. Dabei merkt sie, dass wahrscheinlich deshalb Rügen so ein Sehnsuchtsort für sie ist. Tante Margit, Ursulas Schwester, hatte für Rosas Eltern und sich zusammen einen FDG-Bungalow in Göhren ergattert. Der stand auf einem Zeltplatz inmitten riesiger Kiefern. Wenn des Nachts ein dauerndes Rauschen zu hören war, wusste sie nie, ist es das Meer, was sie da hört, oder sind es die Wipfel der Bäume, die beide das Lied der Endlosigkeit singen. Es war für sie ängstigend und beruhigend in einem. Die Eltern, sie und die Tante teilten sich nachts die Bettstatt, die tags zu zwei Sitzbänken und einem Tisch dazwischen verwandelt wurde. Ursula war immerzu in der Miniküche mit Essen vor- und nachbereiten beschäftigt, während es sich die Tante und Heinz im Liegestuhl vor dem Bungalow gemütlich machten. Rosa erinnert sich gerne daran, wie ihre Mutter reagierte, als Rosa eines Tages vorschlug: »Heute essen wir Fischbrötchen vom Kiosk am Strand, dann kann sich Mutti endlich auch mal ausruhen.« Dem großen

Erstaunen in der Liegestuhlrunde folgte der Applaus von Ursula. Auf einmal war er verschwunden, der vorwurfsvolle Blick ihrer Mutter, den sie bei der Hausarbeit immer aufsetzte. Sie lachte, nahm Rosa an die Hand und sie hüpften, sprangen und rannten zusammen zum Kiosk und kauften eine große Tüte Brötchen mit Hering, Zwiebel und Gurke. Es war einer der beglückendsten Momente, die Rosa mit ihrer Mutter erlebt hatte, und hier auf Rügen erinnert sie sich bei jedem Fischbrötchen daran.

Stefans Gesicht hat sich während der Geschichte aufgehellt, er prostet Rosa mit einem ihr gut bekannten, vielsagenden Blick zu. Das Stimmengewirr um sie herum ist auf einmal verschwunden, die Gäste verlassen das Lokal. Stefan stellt irritiert fest: »Heutzutage wird im Urlaub nur noch gegessen und dazu ein Bier oder ein Wein getrunken, nicht mehr bis Mitternacht gebechert, wie zu DDR-Zeiten.« Die nette Kellnerin fragt, ob es noch was sein soll. »Man traut sich ja gar nicht, noch was zu bestellen. Wir sind die letzten Gäste«, antwortet er ihr. »Ja das war früher ganz anders hier, da habe ich mit Mühe und Not die beschwipsten Frauen mit ihren besoffenen Männern zum Feierabend zur Türe rausbekommen.«

Sie lacht und es ist ihr anzumerken, dass sie es damals geliebt hat, wahrscheinlich war in solchen frohen Runden auch mal ein Gläschen für sie dabei. »Wat nu? Noch 'n Kurzer?« Stefan schaut Rosa an und wiegt den Kopf hin und her. »Ich glaub, ich hab schon einen sitzen«, kichert sie. »Gut.« Er wendet sich der netten Bedienung zu: »Dann noch zwei Küstennebel.« Es schüttelt Rosa bei dem Gedanken an dieses grässliche Getränk, das gleich serviert werden wird, doch ein Rügen-Urlaub ohne Küstennebel geht auch nicht. Tradition bleibt Tradition, und in der kommt dieser Schnaps gleich nach Fischbrötchen. Einer muss sein! Zum Glück ist noch genug Wasser zum Nachtrinken in der Flasche auf dem Tisch. Nun ist sie sich sicher, der Abend wird einen vergnüglichen Abschluss nehmen und eine weinselige Entspanntheit macht sich in ihr breit. Sie muss schmunzeln bei ihrem Gedanken, dem Mann dort gegenüber werde ich heute ganz bestimmt noch nackt begegnen.

Auf dem Rückweg zum Hotel hat der Wind aufgefrischt und es ist viel kälter geworden. Schön, dass Stefan seinen Arm um sie legt und sie seine Wärme jetzt spürt. Sie nehmen beide beschwingt die Treppe in den zweiten Stock, Stefan schließt die Tür zum Zimmer auf, Rosa lässt sich noch im Mantel auf das Bett fallen, dreht sich auf den Bauch und strahlt Stefan an. »Ich bin, glaub ich, genau richtig angeschickert.« – »Das sehe ich.« Sie steht auf, hängt den Mantel an die Garderobe, er nimmt sie in den Arm und küsst sie auf die Stirn. Rosa schlägt vor: »Dann geh ich zuerst ins Bad und bin gleich zurück.« Sie legt vorher ihre Sachen auf dem Stuhl neben dem Bett ab, kramt im Schrank nach ihrem einzigen Negligé aus rotem Satin, das sie vor etlichen Jahren zum letzten Mal mit in den Urlaub genommen hat, duscht sich im Badezimmer und singt dort vor dem Spiegel: *»Ich hätt getanzt heut Nacht ...«* Ihre Glückshormone tanzen. Sie tritt aus der Tür zurück ins Zimmer vor das Doppelbett. »Schau mal dein Rosinchen an, heute erinnert es dich bestimmt an die Weintraube von früher.« Sie bringt sich vor Stefan in Pose. Doch als hätte ein böser Geist diesen Mann in Mister Scrooge verwandelt, schaltet er den Fernseher an und würdigt sie keines Blickes mehr. »Was machst du da?«, fragt sie entgeistert. »Ich bin müde, will nur noch etwas schauen und dann schlafen.«

Rosa weiß nicht, ob es am Alkohol liegt oder sie gerade versucht ist, das Gleichgewicht durch seine Worte zu verlieren. »Ich hab mich auf etwas anderes gefreut?« Stefan zieht sich aus und seinen Schlafanzug an. »Ja, ich auch, doch ich hab es mir anders überlegt, hab keine Lust mehr.« Ihr kommt es so vor, als wenn das Rettungsboot, das eben noch das nahende Ufer gleich erreichen wollte, kentert, sie zu ertrinken droht und die Wasseroberfläche gleich über ihr zusammenschlägt. Doch vorher schreit sie ihre ganze Not aus sich heraus. »Du hast es dir anders überlegt? Hast du dir in den letzten Wochen nur ein einziges Mal Gedanken darüber gemacht, wie es mir geht? Ich bin deine Frau, die sich nach Wärme und Nähe sehnt. Und du? Wie ein Holzklotz legst du dich ins Bett und sagst, du bist müde. Merkst du eigentlich, dass ich neben dir verhungere?«

Sie zerrt sich dabei das Nachthemd vom Leib, wirft es in die Ecke und schreit Stefan weiter an, beschimpft ihn ob seiner Gefühlskälte und Herzlosigkeit. Es würde sie nicht verwundern, wenn aus dem Nachbarzimmer jemand an die Wand klopft und eine tiefe Stimme laut rufen würde »Ruhe da drüben!«

Stefan setzt die Unschuldsmiene auf und geht zum Gegenangriff über. »Was ziehst du hier für eine Show ab? Krieg dich wieder ein, du benimmst dich wie eine Furie. Guck dich mal an! Du bist doch nicht ganz bei Troste!«

Ja, da hat er recht. Es gibt nichts, was sie gerade trösten könnte, ihr Herz rast, eigentlich hat er Glück, dass sie ihn nicht mit ihren Fäusten traktiert. Doch das liegt ihr fern, ihre Worte sind ihre Fäuste und in ihrem Kopf formiert sich die einzige Frage: *Was hab ich falsch gemacht? Was, was, was?*

Eine bekannte innere Stimme, die Stefan höchst gewogen scheint, wird lauter: *Du bist wieder mal unmöglich, so wie du bist, das geht gar nicht. Andere Frauen würden nie so sein wie du. Der arme Mann! – Ach, halt die Klappe, Moralapostel, du hast keine Ahnung wie ich mich fühle.*

Weinen muss sie nicht, die Trauer hat keine Chance gegen die Wut. Für die Nacht hat jeder seine garantierte Betthälfte, jeder dreht dem anderen stumm den Rücken zu. Trotzdem schläft Rosa irgendwann in der Nacht ein. Als sie wach wird, ist es noch dunkel, doch an Schlaf ist nicht mehr zu denken. Was ist gestern passiert? Wo ist etwas falsch gelaufen? Wird sie es jemals erfahren? Jedenfalls war das nicht der Neubeginn, den sie sich erhofft hat. Anscheinend leben Mann und Frau doch nebeneinanderher in verschiedenen Welten und passen einfach nicht zusammen? Ist in einer längeren Ehe doch nur ein Nebeneinander-her-leben möglich? Nein, daran will sie nicht glauben. Es gibt den Weg zurück zur Liebe, da ist sie sich sicher. Und fest entschlossen, diesen Weg zu finden. Jetzt erst recht!

9 | Geld

»Ich hab die Kontoauszüge mitgebracht.« Stefan kommt ins Arbeitszimmer, wirft die Papiere auf den Schreibtisch und lehnt sich neugierig über Rosa, die am Computer im Onlinebanking gerade eine letzte Überweisung abschickt. Erfreut stellt er fest: »Es sieht ja echt gut aus! Und das nach dem Urlaub, wir waren doch nicht gerade knausrig. Schieb gleich mal 500 auf das Sparkonto rüber, das beruhigt mein Gemüt.« Rosa schaut zu ihm auf und setzt seinen Vorschlag in die Tat um. Zum Glück ist das Thema Geld so gut wie kein Streitanlass mehr. Wenn Rosa an die Anfangszeit ihrer Beziehung mit Stefan denkt, waren fast alle ihre Streitigkeiten, die großen wie die kleinen, des lieben Geldes wegen. Hatte Stefan nach ihrem Ermessen zu viel ausgegeben, warf sie es ihm vor, er verteidigte sich und der Tag war gelaufen. Als er vor vier Jahren dieses Monstrum von Kaffeemaschine gekauft hatte, ohne sie zu fragen, bekam sie einen Tobsuchtsanfall. »Was soll ich mit diesem Unding?« – »Na, Kaffee kochen! Alle haben jetzt solche modernen Maschinen stehen.« – »Ich will aber keine, mir schmeckt mein Kaffee in der Tasse aufgebrüht am besten.« – »Die war aber im Angebot, nur sechshundert Latten.« – »Spinnst du? So viel Geld auszugeben! Das glaub ich einfach nicht!«

Ein Wort gab das andere und drei Tage lang haben sie nicht miteinander gesprochen. Bis heute benutzt Rosa das furchtbar lärmende Teil nur missmutig.

»Ich glaub, ich habe ein Geld-Trauma«, sagt sie mehr zu sich selbst und erinnert sich an die traurigste Geschichte ihrer Kindheit. Wie hatte sie ihn gehasst, den Satz ihrer Mutter: »Dafür haben wir kein Geld.« Ursula präsentierte ihn immer dann, wenn Rosa gerne etwas haben oder machen wollte, was für Andere ganz normal war. Es traf sie wie ein Stich ins Herz. Der Satz klingt ihr manchmal heute noch im Ohr.

Ihre schlimmste Erinnerung ist die an die versagte Musikschule. Rosas schöne Stimme hatte sie schon in der Grundschule zur Solistin im Kinderchor gemacht. Als der Musiklehrer anwies »Rosa übernimmt das Solo beim nächsten Schulkonzert«, durchströmte sie eine brisante Mischung aus Anerkennung und Angst wegen möglichen Versagens ihrer Stimmbänder. Damals wusste sie noch nicht, dass diese Angst einen griffigen Namen hat und *Lampenfieber* heißt. Es führte dazu, dass das gewünschte Tremolo in Zitterpartien mündete, was nach dem Auftritt harsche Kritik von ihrer Mutti nach sich zog: »Du warst zwar gut, doch andere können das besser«, sagte sie zu ihr. Das saß. Tief. Sehr tief und es hat sie nie wieder verlassen.

An einem schönen Sonntagnachmittag rannte Rosa über die Dorfstraße vom Besuch bei ihrer Freundin nach Hause und rief schon von weitem aufgeregt: »Mutti, Mutti, die Anja geht jetzt zur Musikschule. Ich möchte auch dort hin, damit ich so gut singen kann wie die anderen!« Doch da war es wieder, das Totschlagargument: »Dafür haben wir kein Geld!« Sie weiß nicht mehr, ob sie lange geweint hat oder der Schock sie einfach verstummen ließ, jedenfalls hat sie es nicht vergessen. Psychologen nennen so was heute Trauma: eine Idee, eingeschrieben als Grundannahme für ihr Leben – nicht genug Geld zu haben, nicht genug zu sein!

Hat Rosa das jetzt überwunden? Sie überlegt mit dem Blick auf die Kontoauszüge und lässt weitere Ereignisse der Vergangenheit Revue passieren.

Nach der Wende konnte sie ihr Talent, zu reden wie ein Wasserfall, zur Tugend machen und ging in den Außendienst für eine Werbefirma, denn Diplomingenieure für sozialistische Pflanzenproduktion waren Ladenhüter auf dem Arbeitsmarkt. Ganz langsam wuchsen dadurch die Kontostände, doch das Gefühl, es wird nicht reichen, das blieb. Dann trat Frauke in ihr Leben und das Geldthema sollte sich auf wundersame Weise zum Besseren wenden. Rosa hatte Frauke im Fitnessstudio kennengelernt und Frauke fragte Rosa jeden Montagnachmittag beim Kalorienverbrennen auf dem Stepper nach ihrem Befinden aus. Frauke war groß und füllig, exakter Kurzhaarschnitt, redegewandt, dasselbe Baujahr wie Rosa und sie strotzte vor Energie. Dazu war sie nur am Lachen und ihr Leben kannte anscheinend überhaupt keine Herausforderungen, sie hatte alles was sie brauchte, Haus, Mann und Kind. Und vor allem hatte sie, was Rosa nicht hatte: genug Geld! Als Frauke hörte, wie Rosa ihr Geld verdiente, konnte sie es nicht fassen. »Was machst du? Klinken putzen, betteln beim Kunden? Verkaufen? Du lieber Himmel! Mach doch auch Pharmaberater, so wie ich!« *Pharma was?* Rosa schaute Frauke fragend an, denn sie hatte die Berufsbezeichnung noch nie gehört. Sie wusste noch nichts von schicken Vertretern, die mit ihren Köfferchen durch knallvolle Wartezimmer ins Sprechzimmer des Arztes schweben, aus denen sie – für die wartenden Patienten gefühlt Stunden später – mit einem süffisanten Lächeln wieder herauskommen. Für Frauke war

Pharmaberater das Einzige, was man tun konnte, um in einer angemessenen Arbeitszeit ein angemessenes Gehalt zu generieren. Dazu einen fetten Firmenwagen vor der Tür, selbstverständlich zur privaten Nutzung, inklusive Benzin. Wahnsinn! Irgendwie schien es Frauke aber auch nur um Geld zu gehen, wenn sie etwas tat. »Du arbeitest jetzt auf Provisionsbasis? Sowas gibt's bei uns nicht, sondern Festgehalt und obendrauf Prämie, wenn es gut läuft.« Und es lief gut bei ihr. »Ich sag dir, wie du es machen musst, dann wird bald alles bei dir genauso gut sein!« Sie sollte recht behalten.

Nach einem Jahr Weiterbildung in der Pharma-Schule war Rosa gewappnet für den Markt der ungeahnten Möglichkeiten. Mit dem neuen Job vermehrte sich Rosas und Stefans Geld und damit die Möglichkeiten, die vorher jenseits ihrer Vorstellungen lagen, bis hin zum eigenen Haus. Letzteres kam zwar etwas unfreiwillig in ihr Leben, doch nun ist dieser Ort zu ihrer Oase geworden, Rosa würde sogar behaupten, es ist ihr Refugium, ein kleiner, sicherer Ort in einer unsicheren Welt, wie eine Insel in stürmischer See. Es amüsiert sie nach wie vor, wenn jemand fragt, warum sie ausgerechnet nach Neuwig gekommen sind und hier gebaut haben. Die Antwort lautet: »Wir wollten gar nicht, wir mussten bauen.« Rosa lacht dann jedes Mal, wenn sie die ganze Geschichte erzählt. Ein eigenes Haus war nie auf der Agenda gewesen, das Leben in der Stadt war richtig so, wie es war, woanders als in der Stadt zu wohnen war nicht vorgesehen. Stefan fühlte sich sogar immer noch als Großstädter, er als Ex-Berliner brauchte Autolärm, quietschende Straßenbahnen und den Geruch des Gemischs aus Abgasen und Schornsteinrauch. Das

Nichtvorhandensein einer U-Bahn hätte um ein Haar seinen Umzug nach Thüringen verhindert. Lange war er davon überzeugt, dass er der Held ist, der Rosa, das Landei, aus ihrem Dorf befreit hat. Doch das Blatt sollte sich wenden. Rosa erinnert sich jetzt noch mit Herzklopfen daran, als das Telefon an diesem weichenstellenden Freitagnachmittag klingelte. »Frau Kunert, sie können bei uns als Pharmaberaterin anfangen, doch es ist nur noch die Stelle im Nachbargebiet frei. Sie hatten gesagt, sie würden auch umziehen!« Die Stimme des Personalers von *Insulpharm* klang hocherfreut und sofort entfuhr es Rosa: »Ich nehm die Stelle, ich kann umziehen, kein Problem.«

Wie erstarrt legte sie den Hörer auf. Was hab ich da gesagt? Wie soll ich das meiner Familie beibringen? Zwei heiße Wellen liefen durch ihren Körper, die eine war Freude, die andere war Panik. In zwei Stunden würden Tim und Karo eintrudeln, Stefan wird auch zum Abendessen zurück sein, also genug Zeit zum Nachdenken und dabei was Leckeres zubereiten. Ein voller Bauch regt sich nicht so auf. Bald brutzelten Zwiebeln und Kartoffel in der Pfanne, der Duft zog von der Küche in den Korridor, Bratkartoffeln mit Forelle Müllerinnen Art werden die Gemüter beruhigen. Rosa sang aus voller Kehle: *»Ich hätt getanzt heut Nacht ...«,* schallte es durch die Wohnung.

Tim steckte zuerst den Kopf durch die Küchentür, Rosa hatte ihn nicht kommen hören. »Mama, das nervt, kann man hier mal seine Ruhe haben, wenn man nach Hause kommt?«

Rosa strahlte ihn an, während er kopfschüttelnd nachfragte: »Was ist denn los mit dir? Hast du was genommen?« – »Ne, was bekommen, lass dich überraschen, es gibt gute Neuigkeiten, beim Abendessen lüfte ich das Geheimnis.«

Sie deckte den Tisch besonders liebevoll, so dass das weiße Tischtuch, die Servietten und die Weingläser darauf verwunderte Augen bei den sich Setzenden erzeugten. »Was wird denn das, wenn's fertig ist? Freitagabends so bomfortionöses Essen?«, zog Stefan seine Stirn in Falten. Karo musterte mit zusammengekniffenen Augen ihre Mutter und meinte nur: »Die führt doch was im Schilde!« – »Richtig, es gibt 'ne gute und 'ne schlechte Nachricht. Die gute zuerst. Ich werde gleich nach meiner Ausbildung einen Job haben. Die schlechte ist: Wir müssen dafür umziehen, in den Nachbarkreis.«

Hui, es war raus. Rosa sah sie alle drei erwartungsvoll an. Stille. Alle waren blass geworden, im Gegensatz zu ihr, sie hatte knallrote heiße Wangen vor Aufregung. Tim fand zuerst seine Sprache wieder. »Wir werden aus unserer Stadt wegziehen, also in die Pampa. Da draußen gibt's garantiert kein Internet. Ich dreh durch, wenn die Leitung für *Medal of horror* nicht steht!« Okay, das war offenbar das ganze Problem für den Sohn, der so gern ein Computerspiel in einem Online-Clan spielte, dabei so viel Spaß hatte, dass man denkt, Freunde sind zu Besuch, wenn ausgelassenes Gelächter aus seinem Zimmer schallte.

Sie schrieb auf einen leeren Zettel mit der Überschrift: *Bedingungen für einen Umzug: 1. Stabile Internetverbindung.* Als nächstes fragte Karo: »Sag mal, der Nachbarkreis ist höchstens zwanzig Kilometer entfernt von der Stadtgrenze, das ist doch sinnlos, deswegen umziehen zu müssen?« Recht hatte sie, doch firmenseitig war das festgelegt, jeder Außendienstmitarbeiter muss in seinem

Gebiet wohnen. »Dann schlag ich vor, wir ziehen ganz in die Nähe, mit Busverbindung in die Stadt, dann kann ich von dort weiter in meine Schule gehen.« Karo hatte noch drei Jahre bis zum Abi, der Einwand war berechtigt. Das war der nächste Punkt auf Rosas Liste: *2. Busverbindung in die Stadt.*

Stefan war der Schock anzusehen, als er sagte: »Erst entführst du mich aus meinem geliebten Berlin – wenigstens in eine Landeshauptstadt, na gut. Aber jetzt soll ich in ein Kuhkaff ziehen?! Nur über meine Leiche!« Punkt 3: *Stefan ins Jenseits befördern.* Sie hatte es noch nicht fertig auf ihren Zettel geschrieben, als sie sich vor Lachen darüber auszuschütten begann. »Zeig mal, was ist denn jetzt so lustig?«

Karo zog den Zettel vom Tisch, las die Zeile und stimmte in das Gelächter ein. Obwohl die Jungs nicht wussten, was Rosa geschrieben hatte, fingen auf einmal auch sie an zu lachen und es kam zu einem ihrer berühmt-berüchtigten Familien-Lach-Flashs, wo sich keiner mehr beruhigen kann. Die Tränen liefen ihnen über die Wangen, jeder brauchte bald ein Taschentuch, auch für die Nase.

Die Bratkartoffeln waren mittlerweile kalt und der Wein warm, als sie vernünftig weiterreden konnten. »Ich fasse zusammen: Es geht nicht mehr darum, ob, sondern nur noch wohin wir umziehen! Darauf stoßen wir jetzt an. Prost!« Rosa fiel ein Stein vom Herzen, beim Klingen der Weingläser merkte sie, dass sich die Panik verzogen hatte, die Freude dafür verdoppelt.

In den Wochen danach checkten sie gemeinsam die Möglichkeiten für einen neuen Wohnort. Eine Wohnung?

Kannste vergessen. In den in Frage kommenden Dörfern gab es nur Arbeiterschließfächer aus den Sechzigerjahren, in denen zu wohnen nicht in Frage kam. Ein altes Haus kaufen? Die Besichtigungen waren ernüchternd, jedes Mal sprach erheblich mehr dagegen als dafür. In Neuwig prangte ein Werbeschild am Straßenrand: *Preiswerte Grundstücke, frei bebaubar zu erwerben.* Ein Haus selbst bauen? Schöner Gedanke, doch ist das bezahlbar? Rosa wollte kühlen Kopf bewahren, die Firma forderte den Umzug nicht sofort ein, sondern innerhalb der nächsten zwei Jahre. Guten Freunden von eigenen Vorhaben zu erzählen, hatte oft Früchte getragen, Rosa besuchte eine ehemalige Kollegin mit ausgeprägtem Hang zum Praktischen. »Ihr wollt bauen? Da weiß ich jemanden, Siggi von Mende Bau, preiswert und gut.« Die Freundin griff sofort zum Telefonhörer. Es klingelte am anderen Ende der Leitung. »Mende?« – »Siggi, hab grad 'ne Freundin zu Besuch, die will ein Haus bauen, für hunderttausend Euro wenn möglich, in Neuwig, braucht dafür 'ne gute Firma. Da hab ich an dich gedacht, bei deinem guten Ruf. Wie siehts aus?« Ruhe. »Siggi, bist du noch dran?« Es knackte im Hörer. »Ihr habt wohl einen geschnasselt und wollt mich auf den Arm nehmen?« – »Nein, es ist ernst gemeint.« Rosa schnappte sich den Hörer. »In echt, ich brauch ein Angebot, wir wollen wirklich bauen, wenn es bezahlbar ist.«

Das Angebot kam, die Bank sagte »Ja« und ein halbes Jahr später bauten sie mit Siggi von Mende Bau und seinen Mannen auf dem Grundstück im neuen Wohngebiet ein hübsches Häuschen. Quadratisch, praktisch, rot.

Das Richtfest wurde legendär, denn die Mainacht war mild, der Duft der Thüringer Bratwurst einladend, der

Bestand an geistigen Getränken ausreichend und die Kunerts danach gute Bekannte im ganzen Wohngebiet. Leider konnte sich Rosa an wenige der neuen Gesichter erinnern, sie hatte mit jedem Gast auf gute Nachbarschaft reichlich angestoßen. Die zerschmetterten Gläser nach dem Richtspruch segneten wahrlich den Bau, Siggi und seine Leute waren sehr zufrieden mit den Bauherren und diese mit den Bauleuten. »Mit euch würde ich wieder bauen. Sonst gibt es immer einen Haufen Ärger, ihr seid super!« Rosa konnte darauf nur antworten: »Danke, gleichfalls.«

Den Umzug im August bezahlte der neue Arbeitgeber. Es war ein Träumchen. Wenn früher für einen solchen Umzug sämtliche verfügbaren Freunde aktiviert werden mussten, die danach von ihrem Besuch beim Orthopäden erzählten, brauchte es dieses Mal nur eine Terminvereinbarung beim Umzugsunternehmen und wie die fleißigen Heinzelmännchen beamten die Jungs den gesamten Hausrat binnen eines Tages von einer Wohnung in die andere. Rosa war glücklich. Die Punkte vom Zettel konnte sie abhaken. Das Internet stand zu aller Überraschung und Tims großer Erleichterung, Karo fuhr mit dem Bus zur Schule, nur Stefan zog glücklicherweise lebendig mit ein. »Ich freue mich, dass du den Beweis antreten möchtest, als ehemaliger Berliner in der Pampa überleben zu können!«

Rosa umarmte ihren Mann am ersten Abend in der Haustür hoffnungsvoll, doch nicht ohne Bedenken, ob in das Haus auch die Harmonie mit einziehen wird. Stefans erste Reaktion war erstmal nur: »Das sofort erkennbare Gute ist, ich brauch mir keine Gedanken mehr machen, wo ich einen Parkplatz in der Straße bekomme. Ich parke direkt vorm Haus! Jeden Tag! Das ist echt super!«

Immerhin, so etwas wie Lebensqualitätsverbesserung war also auch bei ihm zu spüren, darauf kann man aufbauen. Rosa atmete erleichtert auf. Ein freistehendes Einfamilienhaus sei die teuerste Art zu wohnen, hatte Siggi sie aufgeklärt. Möglich, aber auch die Schönste, dachte Rosa, jedenfalls die mit dem höchsten Grad an Freiheit, vorausgesetzt die Nachbarn passen, was mit dem Richtfest zum Glück geklärt war. Ihr wurde klar, dass sie sich zwar nie ein Haus gewünscht hatte, stattdessen aber zu wohnen wie in ihrem Paradies, in ihren Blumen sitzend den Abendglocken zu lauschen, bis die Sonne untergeht. Anscheinend erfüllte das Universum gerade beherzt diesen Wunsch. Es war perfekt. Eine ganze Zeit lang, denn der erste Sommer auf dem Dorfe war großartig. Auf einem Stück Kunstrasenteppich vor der Terrassentür an der Küche formierten sich die alten Klappstühle um einen noch älteren Campingtisch, an dem jeder Feierabend im Freien verbracht wurde. Der Vitamin-D-Spiegel stieg wahrscheinlich in den Normwert. Tim und Karo eroberten nun von hier aus ihre Welt, es war für Rosa erfrischend mitzuerleben, wie beide ihre Wege suchten und fanden, wieder verwarfen und neu starteten. Karo verliebte sich mit ihren vierzehn und fragte: »Darf Jonas mich besuchen und hier übernachten?« – »Wer ist Jonas?« – »Na, mein Freund!« – »Klar, blöde Frage, natürlich, kann er.« Ja, das Suchen und Finden der Liebe, irgendwann fängt es an und hört nicht mehr auf, das nennt man das Leben.

Als die Tage kürzer wurden, der Regen an die Fensterscheiben trommelte, die Sommerabendleichtigkeit verflogen war, überkam Rosa eines Abends eine Melancholie verbunden mit der Frage: *Und, das soll jetzt alles gewesen sein?*

Sie hatte mit Stefan ein Eigenheim im Grünen gebaut, sich einen in ihr schlummernden Traum erfüllt, bald würden auch die Kinder ausziehen und ihre eigenen Wege gehen. Nach außen waren sie ein beneidenswertes Paar und trotzdem fehlte ihr etwas. Sie wusste nicht, was es war. Mit Blick zum Himmel bat sie eines Winterabends: »Wenn es dich da oben gibt, schick mir ein Zeichen!« Sie war überrascht über ihre eigenen Worte, doch plötzlich glaubte sie zu wissen, dass es eine höhere Instanz geben muss, die die Antworten für alle Menschenkinder bereithält, eine, die gefragt werden will, wenn man nicht weiterweiß.

Die Nachricht folgte auf den Fuß, der Überbringer war wenig später Stefan. »Rosa, schau mal.« Er hatte eine Internetseite geöffnet und scrollte von oben nach unten. »Heute waren zwei Leute in unserer Firma, die Sponsoren für ein Musical suchen, das im Gasthof Freudenthal aufgeführt werden soll. Hab ihre Internetseite grad gefunden. Die Geschichte *Der Graf von Gleichen* kommt als Freilicht-Inszenierung auf die Bühne und die Nachricht für dich: Sie suchen noch Laiensänger und Statisten. Ist das was?«

Ungläubig beäugte Rosa den Bildschirm: Vorsingen nächsten Samstag im alten Kulturhaus in Fiernstädt. Ihr war sofort klar: Das mach ich, da fahr ich hin! Sie, Rosa, nun endlich auf den Brettern, die die Welt bedeuten! Sollte ihr Traum von der Theaterbühne nun endlich in Erfüllung gehen, wenn auch nicht als die Eliza Doolittle?

Die Woche vor dem Vorsingen trällerte sie Schuberts *Heidenröslein* beim Saubermachen, Essenkochen, Wäsche aufhängen. *»Sah ein Knab ein Röslein stehen, Röslein auf der Heide ...«* Tim beschwerte sich darüber. »Mama, kannst du die Tür zu machen, wenn du singst, davon bekomm ich Ohrenschmerzen.« Tim und Karo mögen nicht, wenn sie singt, warum nur? Als Kinder haben sie von ihr Schlaflieder vorgesungen bekommen und nun soll sie die Tür zu machen, wenn sie singt? Nö! Jetzt will sie endlich auf die Bühne. Als sie Kind war, soll sie gesagt haben: »Wenn ich groß bin, dann singe ich im Radio.« Ihr Vater Heinz darauf: »Wenn du singst, machen alle ihr Radio aus.« Sie soll gekontert haben: »Da singe ich so laut, dass es alle trotzdem hören.«

Nun endlich werdet ihr das Rosinchen singen hören, ohne Musikschule, ohne Gesangsunterricht, sie singt, wie es aus ihr herauskommt, ohne Noten, nur nach Gehör. Rosa ist sich sicher, sie wird die Jury überzeugen. Früher hat sie im Stadtchor mitgesungen, nach Gehör, wie die meisten der Sänger dort. Die Notenblätter waren hauptsächlich zum Text ablesen. Noten wollten sich ihr nicht erschließen. Warum auch? Die Töne schwirren in ihre Ohrmuschel über die Gehörgänge zu den Stimmbändern, dort graben sich die Melodien ein wie Rillen in eine Schallplatte. Nun ein Vorsingen ganz allein, Solo, davor hat sie Fracksausen, doch es gibt nichts zu verlieren, nur zu gewinnen. Was? Ein Engagement ohne Gage. Sie gewinnt es.

Bei den Proben scheuchte die Regie die engagierten Laiensäger von einer Ecke der Bühne zur anderen, sie probten die Chorpassagen und sangen sich dabei die Seele aus dem Hals. Es war großartig, dabei zu sein. Die Stimmung kippte, als die Chorsänger erfuhren, sie bräuchten nicht so laut zu singen, denn alles war von einem Profichor bereits eingesungen und wird Playback abgespielt.

Waaas? So ein Beschiss! »Ist das euer Ernst? Vorsingen, große Auswahl treffen und jetzt genügt es, den Mund zu bewegen?« Alle waren stinksauer. Der Regisseur beschwichtigte die aufgebrachten Gemüter. »Was regt ihr euch so auf, das ist ganz normal, das wird *Open air* überall so gehandhabt. Die Technik gibt das nicht her, euch alle einzuspielen. Das wird auch bei den Profis so gemacht.« – »Warum dann der ganze Auswahl-Zinnober?« – »Na, wir brauchen im Bild eure musikalische Begeisterung, man sieht schon, wenn ihr gut singt.«

Alle brauchten eine Weile, das zu verkraften. Rosa zuckte mit den Schultern, wieder eine Erfahrung mehr, alles nur geklaut, alles Illusion, wie im wahren Leben.

Es wurden tolle Aufführungen, das Publikum war begeistert und berührt. Das Beste aber war, Rosa gehörte zum Ensemble dazu. Da war etwas, was sie mochte und weiter wollte: Eine Gruppe von Menschen, mit denen sie sich wohlfühlt, der sie aus freien Stücken beitritt, wohin sie eingeladen wird und selbst entscheidet, ob sie dabei sein möchte. Doch wo sollte sie nach dem Freilufttheater seine neue Gruppe finden?

So kam ihr die Idee, selbst einen Treffpunkt zu kreieren. Für Leute, die sich gerne, wie sie, den tieferen Fragen des Lebens stellen. Der Lesesalon in Neuwig wurde ihr zur zweiten Oase, wo sie sich nun schon seit ein paar Jahren regelmäßig mit solchen Menschen trifft. Durch sie hat sie erfahren, dass es im Leben noch so viel mehr zu entdecken gibt. Ob die Reiki-Ausbildung, die entspannenden Yoga-Kurse oder die verblüffenden Familienaufstellungen, all das hat sie über den Austausch im Salon kennengelernt.

Geld ist eben doch nicht alles.

10 | Engel

Rosa streut das Collagen-Pulver direkt aus der Tüte auf ihren morgendlichen Kaffee in ihrer Lieblingstasse. Die Tasse mit dem schönen schmalen Rand und dem geschwungenen Henkel erinnert Rosa an diesem Morgen wieder an einen tief vergrabenen Wunsch. Sie trägt die Aufschrift: *Was machen Sie? Nichts. Ich lasse das Leben auf mich regnen.*

Die Aufschrift Ja, das wäre das passende Motto für ein Leben, das ihr gefällt. Zugeschrieben wird das Tassen-Zitat Rahel Varnhagen, einer Salonnière aus dem Berlin des neunzehnten Jahrhunderts.

Als Rosa die Tasse in der kleinen Buchhandlung sah, musste sie sie sofort mitnehmen. Das Zitat brachte eine selten angespielte Saite in ihr zum Klingen. Nun denkt sie heute mal wieder über den tieferen Sinn der Zeilen nach, während sie ihr Collagenpulver auf der Kaffeeoberfläche beobachtet, und es entwickelt sich ein interessanter Gedanke, der ihr richtig gut gefällt: *Wie wäre es, wenn ich es auch so mache? Also: nichts?! Job hinschmeißen, nichts machen.* Das klingt verlockend.

Am Anfang machte es ihr Spaß, als Pharmaberaterin von einer Arztpraxis zur nächsten zu düsen, die aktuellen News und die Blutzuckermessgeräte im Gepäck. Laut astrologischer Deutungen ihres Geburtsdatums soll sie schließlich *die Überbringerin der guten Nachrichten* sein, sie geht sozusagen als Naturtalent an den Start. Vor zehn Jahren waren die Ärzte noch interessiert, vor allem an der Unterhaltung mit einem Menschen, der gerade nicht ihrer Hilfe bedarf. »Endlich mal ein normaler Mensch!« Wie oft hat sie das zur Begrüßung von Ärzten und Ärztinnen gehört. Doch mit den Jahren wurden Rosas Visiten eintöniger, kaum jemand schien erfreut, eine Pharmaberaterin zu sehen und sich kostbare Zeit durch sie rauben zu lassen. Realistisch betrachtet sah es doch so aus: Die Patienten stapeln sich wie jeden Tag im Wartezimmer, dann kommt eine Tussi mit 'nem vollen Täschchen von der Industrie, das Gespräch wird mindestens zwanzig Minuten Arbeitszeit kosten, der pünktliche Feierabend gerät in Gefahr, nein, kein Interesse.

Rosa ist es gründlich leid und es ist ihr auch scheißegal, welchen Teststreifen die Patienten nun genau bekommen, um den Blutzucker zu kontrollieren. Sie fühlt sich total unterfordert. Wenn sie ehrlich ist, muss sie sich eingestehen: *Es ist so sinnfrei!* Nur das Geld hält sie noch. Ach, du meine Güte! Sie erschrickt bei dem Gedanken. *Ich bin eine Sklavin des Geldes.* Nur ich? Sind das nicht alle? Die Antwort kommt so klar, so eindeutig und unmissverständlich, dass sie beschließt, für heute über diese Erkenntnis nicht weiter nachzudenken.

Rosa rührt das gelbe Pulver, das immer noch auf der Oberfläche schwimmt, langsam in den Kaffee ein. Dabei bildet es kleine Figuren, die sich beim Rühren verändern: ein kleiner Bär, eine Schildkröte, jetzt eine einsame Insel im Kaffee, gleich wird sie untergehen. Ja, eine einsame Insel zum Nichts-Machen, das wäre eine Option. Einfach alles hinter sich lassen. Dann bräuchte sie auch das Antifalten-Pulver nicht mehr, denkt Rosa belustigt.

Ihre Gedanken sind wie Flummibälle, die von einer Wand an die andere und zurückspringen. Von einer Freundin hat sie dieses Pulver empfohlen bekommen:

strahlende Haut, glänzendes Haar, kräftige Nägel und Erhaltung der Muskulatur. Welche Frau kann da Nein sagen? Nun gehört das Pülverchen in ihren Morgenkaffee wie der zu ihrer speziellen *blauen Stunde,* der ersten Stunde am Morgen, die sie sich immer einbaut, jeden Tag, komme was da wolle.

Vor allem das Rühren im Kaffee hat etwas verblüffend Meditatives, es könnte ewig so weitergehen: rühren, rühren, rühren. Sonst gelingt es ihr selten, bei einer Meditation mehr als vier Atemzüge lang nicht zu denken. Beim Antifaltenpulver-Einrühren stoppt es automatisch. Solche Momente festhalten können wäre doch wunderbar, sinniert Rosa. Diese Augenblicke irgendwie konservieren und wenn man mal einen braucht, einfach aufmachen und er übernimmt den Denkapparat.

Rosa schaut zur Uhr. Verdammt, ich muss in zehn Minuten los. Sie schlürft den heißen Kaffee in sich hinein, stellt die Lieblingstasse auf die Arbeitsplatte der Küchenzeile, den Kaffeesatz wird sie heute Nachmittag dem Biomüll spenden, und sprintet über die Treppe nach oben ins Bad.

Der Blick in den Spiegel verrät, dass sich noch nichts verändert hat, alle Falten sind an dem Platz, den sie sich über die Jahre erobert haben. Wahrscheinlich braucht es länger bei Frauen über Fünfzig. Rosa greift zu Make-up und Highlighter, zum Glück gelingt es so, die Spuren des Alters zu kaschieren und ihre Augen strahlen zu lassen. Die sind immer noch genauso blau wie damals, als sie damit Stefans Herz erobert hat. Lang, lang ist's her. Der knallrote Lippenstift lässt das Bild im Spiegel mit dem übereinstimmen, das sie von sich mag. Jeans und Pullover dazu, fertig. Zurück im Erdgeschoss schnappt sie sich die prall gefüllte Arbeitstasche mit den Messgeräten und den dazugehörigen Teststreifen, wirft sich den blauen Blazer über den Arm und fädelt sich den Hausschlüssel vom Schlüsselbrett. Frohgemuts tritt sie vors Haus, die Tür fällt mit Schwung ins Schloss. Auf geht's ins Gewühle!

Der Mercedes ist von der programmierten Standheizung schon in Wohlfühltemperatur versetzt, obwohl es gar nicht gefroren hat. Herrlich, in das warme Auto einzusteigen. Wahrscheinlich würde ihr Sohn Tim ihr dazu einen Vortrag über Abgasausstoß und Umweltverschmutzung halten, doch er weiß ja von diesem Frevel nichts und die Welt zu retten ist auch grad nicht Rosas Baustelle. Erstmal ihre Ehe retten, das reicht. Und es ist 'ne Mammutaufgabe. Vielleicht wäre da Weltretten sogar einfacher? Da gibt's wenigstens schon Ideen. Überhaupt, wäre das nicht wieder mal ein Job für Arthur, den Schutzengel? In den lustigen Trickfilmen ihrer Kindheit fielen ihm in den aussichtslosesten Situationen die tollsten Lösungen ein. Sie muss lachen bei der Vorstellung, der kleine Kobold säße plötzlich auf dem Armaturenbrett und antwortet auf die Frage: »Wer bist denn du?« – »Ich bin Arthur von der Schutzengelbrigade und ich komme von weit her, von den Sternen, um deine Ehe zu retten.«

Rosa weiß, dass sie sich auf das Autofahren konzentrieren sollte. Also umschalten auf die Tour in den Thüringer Wald. Sie liebt es, bei jedem Wetter im Auto durch die thüringische Landschaft zu fahren, die Weiten, die Berge, die Wälder, ihre Heimat. Heute liegt der Frühnebel wie weißes Leinen über den Feldern, doch man ahnt bereits die Sonne, die es schaffen wird, ihn bald aufzulösen.

Nebel hat etwas von Geborgenheit, er hüllt die Dinge ein, sie sind nicht mehr wahrnehmbar, es bleibt nur die Sicht auf das ganz Nahe, das Momentane, auf den Augenblick.

Nach einer Stunde kommt Rosa an der ersten geplanten Arztpraxis an, parkt auf dem kleinen Platz gleich neben dem Gebäude, atmet tief durch und öffnet die Eingangstür. Das Wartezimmer ist leer. Nanu, acht Uhr und niemand Krankes will von Frau Dr. Kautz die ultimativen Heilversprechen in Empfang nehmen?

An der Anmeldung sitzt Kerstin, die gute Seele der Praxis, früher hieß sie *Schwester* Kerstin, doch ist die Bezeichnung unmodern geworden, da kaum noch wirkliche Krankenschwestern am Tresen sitzen. Die Patienten über sechzig bleiben bei der Ansprache, die Jüngeren sind zu Frau Schmidt übergegangen. Rosa kommt nun schon ewig hierher und ist mit Kerstin per du. »Guten Morgen, liebe Kerstin. Ist Frau Doktor nicht da? Kein Mensch im Wartezimmer?« – »Ja hallo, Rosa! Lange nicht da gewesen! Doch, die Chefin ist im Sprechzimmer, die Patienten kommen auch gleich – mittwochs wollen alle erst beim *Aldi* die Angebote abfassen. Da hast du Glück heute, ich geb deine Karte rein, sie nimmt dich bestimmt gleich dran.«

Rosa setzt sich zufrieden auf einen der harten, bunten Plastikstühle und lässt ihren Blick durch das Zimmer schweifen. Die Einrichtung verrät viel über den Charakter eines Praxisinhabers, dadurch kann sie sich gut auf das Gespräch vorbereiten. Hier ist alles hell und farbig, genau genommen alles in Grün, Pastellgrün in unterschiedlicher Abstufung. Hellgrüne Wände, grüne Bilderrahmen, darin Stilleben mit Blumen, dunkelgrünes Bücherregal. Die Bücher ziehen plötzlich ihre Aufmerksamkeit an.

Kinderbibel, Ich bin bei dir alle Tage, Jesus meine Rettung und noch weitere solcher Titel reihen sich auf den Regalböden aneinander. Das war ihr vorher noch nie aufgefallen, in keiner anderen Praxis liegen religiöse Bücher zur Ansicht, meistens beschränkt sich das Angebot auf die Zeitschriften vom Lesezirkel. In diesem größtenteils atheistischen Landstrich ist Glauben und Kirche Privatsache, die geht keinen was an, Kruzifixe an der Wand gibt es in Thüringen allerhöchstens im Eichsfeld, doch nicht hier im Thüringer Wald, wo Martin Luther die Bibel übersetzt und seine aufmüpfigen Ketzerschriften zu Papier gebracht hat. Hier hat schon 1531 der Schmalkalder Bund für Stimmung gesorgt und beizeiten die Menschen vom Ablass befreit, darum ist man evangelisch oder gar nicht in der Kirche, höchstens zu Weihnachten.

Doch bei Frau Dr. Kautz scheint es anders zu sein. Die Sprechanlage knarzt, Rosa hört ihren Namen, »Sprechzimmer eins, bitte.« – »Einen wunderschönen guten Morgen!« Rosa lächelt mit dem ganzen Gesicht, wie immer, wenn sie eintritt und ihre Gesprächspartner begrüßt. »Sie haben aber gute Laune und das schon am frühen Morgen.« Frau Kautz in strahlend weißem Arztkittel, mit hochgestecktem grauen Haar und moderner grüner Brille, bietet ihr den Platz neben sich am Schreibtisch an und Rosa gibt das Lob in der Begrüßung zurück. »Frau Doktor, auf den Besuch bei Ihnen freue ich mich immer besonders, unsere Gespräche gehen über das hinaus, was ich sonst erlebe.«

Sie stellt die große Tasche an den Tisch heran und beginnt die Mitbringsel auszupacken, denn heute möchte sie die wertvolle Redezeit nicht mit Nebensächlichkeiten über

Messgeräte verschwenden. »Danke, das sind genug Muster.« Frau Kautz verstaut eilig die Päckchen in einem Glasschrank hinter sich und setzt sich wieder an den perfekt geordneten Tisch, den außer der Tastatur des Computers und das Telefon nur noch eine kleine Vase mit fünf weißen Rosen ziert. Rosa lehnt sich zurück an die Stuhllehne. Alles hat hier seinen Platz, ein für sie ungewöhnlicher Anblick in einer Arztpraxis, sonst hat sie eher das Gefühl, es wird nach dem Motto gearbeitet, nur das Genie beherrscht das Chaos.

»Haben Sie etwas auf dem Herzen? Sie schauen mich so durchdringend an.« Menschenkenntnis gehört offensichtlich genauso zu Frau Doktors Stärken wie die allgegenwärtige Ordnung hier. »Wissen Sie«, beginnt Rosa und versucht es gleich auf den Punkt zu bringen »die Bücher und Zeitschriften im Wartezimmer, die stehen doch sicher nicht zufällig im Regal. Glauben Sie an Gott?« Die Ärztin lacht erleichtert auf. »Sie sind die erste Pharmaberaterin, die mich darauf anspricht. Ich freue mich sehr, dass Sie danach fragen.« Sie drückt auf einen Knopf am Telefon. »Kerstin, bringen Sie bitte mal zwei Tassen Kaffee, Milch und Zucker dazu, danke.«

Frau Kautz wendet sich wieder Rosa zu. »Sie haben die Gabe, sehr direkte Fragen zu stellen, das gefällt mir und ich möchte sie Ihnen ganz kurz beantworten.« Kerstin kommt herein und bringt den Kaffee. Frau Kautz nimmt einen Schluck aus ihrer Tasse, stellt sie auf den kleinen Teller leise klappernd ab und sagt: »Ja, mein Mann und ich, wir glauben wieder an Gott. Während unserer Ausbildung im sozialistischen Staat, im Medizinstudium in der DDR, haben wir Gott abgeschworen, nach der Wende kamen die Verheißungen des Materiellen und danach trügerische Lösungen der sogenannten Spiritualität. Heute sind wir sicher, im Göttlichen liegt die Lösung für alle Probleme und Jesus ist der Weg dorthin.«

Rosa versteht nur Bahnhof, die Worte fühlen sich ehrlich an, sie spürt, die Frau, die vor ihr sitzt, ist den Weg zu dieser Erkenntnis wirklich selbst gegangen und eine große Wahrheit steckt in ihren Worten, doch verstehen kann sie sie nicht. Rosa hört ihr weiter zu und es beginnt sich etwas in ihr zu entspannen. Der Kaffee schmeckt wunderbar und trägt dazu bei, dass sich dieses spürbare Vertrauen zwischen ihnen vergrößert. Ihr gehen beim Zuhören die Fragen von heute Morgen durch den Kopf.

Frau Kautz sieht sie plötzlich mit ihren großen Augen fragend an. »Und welche Frage brennt ihnen noch auf dem Herzen« Rosa fühlt sich ertappt, als hätte die Frau vor ihr ihre Gedanken gelesen. Sie versucht, diese zu einer Antwort zu bündeln. »Wissen Sie, mich überfällt immer öfter so ein Gefühl von Sinnlosigkeit, in der Arbeit wie in meiner Ehe. Ich frage mich dann: Wozu das Ganze, das kann doch nicht alles gewesen sein?« – »Aha, daher weht der Wind, die ganz großen Lebensfragen treiben Sie um. Prima! Und da es keine Zufälle gibt, hat es Sie genau heute hierher geweht, liebe Frau Kunert, zu mir. Sie sind geführt worden, von ihm!«

Frau Kautz legt ihre warme Hand auf die von Rosa. »Ich schenke Ihnen ein Büchlein von Anselm Grün. *Fünfzig Engel für ein Jahr* ist der Titel. Darin werden Sie Antworten finden, bestimmt!« Frau Kautz zieht eines der Schubfächer Ihres Schreibtisches auf und überreicht Rosa das dünne, blaue Buch fast feierlich. »Frau Doktor, nehmen Sie es mir nicht übel, doch ich hab mit Gott wirklich nichts am Hut.« Es ist ihr einerseits peinlich, das zu sagen, doch gleichzeitig möchte sie ehrlich sein. Frau Kautz umfasst liebevoll Rosas Hände und legt ihr das Buch hinein, drückt die Handflächen aneinander und antwortet: »Ohne Jesus schaffen Sie es nicht.« Rosa schämt sich ein wenig. »Danke.« Kerstin steckt den Kopf zur Tür hinein und mahnt, nun seien doch etliche Patienten eingetroffen, es wäre an der Zeit, die Sprechstunde zu beginnen. Sie verabschieden sich. Was hat sie am Schluss gesagt? *Ohne Jesus schaffen Sie es nicht?* Was meint sie damit? Wieder im Auto, legt Rosa das Büchlein auf den Beifahrersitz, startet den Wagen und fährt los zur zweiten Adresse des Tages.

Wie erwartet, hat sie in den nächsten Praxen weniger Glück, ein kurzes Gespräch noch mit 'nem Arzt, ansonsten nur der Smalltalk mit den Schwestern am Tresen. Na, immerhin kann sie sechs Praxen abrechnen. Gordon, ihr Chef, wird damit zufrieden sein müssen.

Sie sucht sich ein Plätzchen abseits einer ruhigen Straße, stellt den Motor ab, schiebt den Fahrersitz nach hinten und freut sich auf ihre geschmierten Käseschnitten und den Apfel als ihr Mittagessen. Seit Jahren hat sie jeden Tag die gleichen, mit Ziegenkäse belegten Brotscheiben dabei, was Stefan nur mit einem mitleidigen Kopfschütteln kommentieren kann. »Du bist doch sonst so für Abwechslung?«, fragt er immer wieder ungläubig. »Tja, dem Ziegenkäse bin ich so treu wie dir«, erwidert sie dann lachend. Das Telefon schreckt sie aus ihren Gedanken. Mit *Wer stört?* will sie gerade noch kauend den Anruf entgegennehmen, doch es ist Gordon. Was will der denn? Was er will, lässt Rosa fast das Blut in den Adern gefrieren. »Wo bist du? Wir warten hier schon eine viertel Stunde auf dich«, schreit er fast in die Leitung. Rosa rattert es durchs kluge Köpfchen, doch ihr fällt nicht ein, wo sie hätte sein sollen. »Heute ist Team-Meeting in Gotha, vorverlegt um eine Woche. Es ist deine Pflicht, E-Mails stündlich zu checken. Hab ich heute Morgen allen geschickt, nur du bist nicht da.«

Rosa wird heiß und kalt gleichzeitig. Verdammter Mist, sie hat wirklich nicht geguckt. Gerade jetzt, wo Gordon sie auf dem Kieker hat, passiert ihr schon wieder sowas. Ständig kritisiert er sie, meist sind es Kleinigkeiten, die ganz normal passieren, wenn man arbeitet, doch nun macht er jedes Mal ein Riesenfass auf, wenn auf der Spesenabrechnung der Parkschein falschrum klebt oder er Rechtschreibfehler in Einladungen findet. Ihr kommt der nicht ganz abwegige Gedanke: Das hat er heute absichtlich gemacht, er hätte schließlich diese doch sehr kurzfristige Änderung telefonisch mitteilen können. »Ich beeile mich, bin in der Nähe, in 'ner halben Stunde bin ich bei euch.«

Das Verhältnis zu Gordon hatte sich seit Wochen verschlechtert. Sie erinnert sich noch genau daran, vor fünf Jahren stand er als neuer Gebietsleiter vor ihnen, smart, gut duftend, sein Rasierwasser war eines der feinsten und er roch damit echt verführerisch, er war voll motiviert und nur mit perfektem Haarschnitt unterwegs. Die Kollegen vermuteten bald, er muss ein Verhältnis mit einer Friseurin haben, da er jedes Mal, wenn sie zusammentrafen, die neueste Frisur trug. Er sah immer aus wie ein Spieler aus der Bundesliga, es fehlten bloß die tätowierten Unterarme.

So ein Bild muss Mann wohl heute abgeben, um die Karriereleiter zu erklimmen. Gordon hatte BWL studiert, gleich anschließend im Werk bei Insulpharm eine ganze Weile im Marketing gearbeitet und um weiterzukommen brauchte er Außendiensterfahrung. Die holte er sich ein Jahr irgendwo in Bayern und durfte sich nun hier im Team Thüringen die Sporen als Gebietsleiter verdienen. Anfangs war alles eitel Sonnenschein. Er war interessiert an ihnen als Kollegen und Menschen, an den Aufgaben, denen sie sich zu stellen hatten, fand Freude daran, bei Begleitbesuchen die Ärzte kennenzulernen und schenkte allen Kollegen inklusive Rosa sein volles Vertrauen dafür, dass alle das tun, was für den Erfolg der Firma notwendig ist. Doch langsam und schleichend veränderte sich etwas, auf einmal war es wichtiger, die Vorgaben von oben einzuhalten, die Zahlen auf dem Papier mussten stimmen, jeder Fehler wurde fast wie ein Verbrechen behandelt und mit dem Vertrauen war es irgendwann auch aus. Hauptsache, alle taten, was Gordon verlangte. Es hatte schon bald narzisstische Züge und war nicht mehr schön.

Rosa brettert mit zwanzig Kilometer über der Höchstgeschwindigkeit die Landstraßen entlang, um diesem verschobenen Team-Treffen verspätet beizuwohnen. In ihrem Kopf rotiert der Gedanke: Bin mal gespannt, worum es in diesem Feuerwehralarm-Meeting gehen soll.

Sie öffnet leise die Tür vom Raum *Gänseblümchen* in diesem kleinen Hotel am Stadtrand, an der Leinwand flimmert bereits eine riesige Powerpoint-Präsentation. Gordon unterbricht seine Rede, alle drehen die Köpfe zu ihr um. »Na, ich bin gespannt, liebe Rosa, was du zu deiner Verteidigung vorbringen wirst! Das hat auf jeden Fall ein Nachspiel.« Sie setzt sich auf den weichgepolsterten Hotelstuhl und zittert am ganzen Körper. Alle Kollegen verziehen keine Miene und glotzen bedröppelt. Jeder denkt bloß: *Zum Glück bin ich grad nicht Mode.* Was dann geredet wird, nimmt Rosa wie durch einen Nebelschleier wahr: Leitbild, Streitkultur, Fehlerkultur im Unternehmen, alle unterschreiben bitte am Ende auf der Liste, dass sie das heute erklärt bekommen haben.

Rosa merkt, wie Wut in ihr aufsteigt. Was Gordon da erzählt, hat wenig mit dem zu tun, was sie gerade erlebt. Sie hat eine E-Mail nicht gelesen, sie hat einen Fehler gemacht – und Gordon droht mit einem Nachspiel? *Willkommen in der neuen Fehlerkultur des Unternehmens!* Ihr fällt der Spruch ein, den ihr Vater oft zum Besten gab: »Wer viel arbeitet, macht viele Fehler, wer wenig arbeitet, macht wenig Fehler, wer gar nicht arbeitet macht keine Fehler und wird prämiert.« Da sagt man, die Zeiten ändern sich, dabei bleibt es doch, wie es immer war. Gordon verlangt für den nächsten Tag ein Mitarbeitergespräch mit ihr, Ort und Zeit wird er ihr noch mitteilen. »Kommt gut nach Hause und schönen Feierabend.«

Alle verabschieden sich. Rosa fühlt sich wie ein Kleinkind, das in die Hose gemacht hat und alle Kinder dürfen sich nun vor sie stellen, dabei lachend über die ausgestreckten Zeigefinger streichen und »Itsche Ätsche« sagen. Im Auto ist ihr zum Heulen und ein paar Tränchen kullern ihr über die Wangen. Zum Glück hat sie Stefan zu Hause, ihm kann sie gleich alles erzählen und muss aus ihrem Herzen keine Mördergrube machen. Das liebt sie an ihm, er kann zuhören und mitleiden. Wenn er dann mehr leidet als sie, wird es Zeit, nach Wegen aus der Misere zu suchen, das ist dann wieder ihr Job. Doch gerade ist es in ihrem Kopf vollkommen leer. Erst Ehe retten, nun auch noch Arbeitsplatz! Was soll sie bloß tun? Gegen diese maßlose Ungerechtigkeit aufbegehren? Es hat ja doch alles keinen Zweck! Da ist es wieder, es schleicht sich wie heute Morgen das Gefühl der Sinnlosigkeit ein. Es hat alles keinen Sinn, es bleibt ja doch alles beim Alten.

Sie parkt vor dem Haus, beim Aussteigen sieht sie das Büchlein von Frau Kautz auf dem Beifahrersitz liegen. Es gibt keine Zufälle, hat die Kautz gesagt, sollte sie vielleicht mal reinschauen? Anselm Grün, noch nie gehört, was will der schon wissen von den Problemen der Frauen, ein Pater aus dem Kloster! Und wie es grad in der Pharmabranche läuft, davon hat er auch keine Ahnung. Sie geht sich im Bad umziehen und wirft sich im Wohnzimmer auf die Couch. Einatmen – Ausatmen.

Stefan ist noch nicht zuhause. Ich schlag jetzt das Buch einfach irgendwo auf, dort steht, was ich grad brauche. Sie liest: »Engel der Ausdauer ... Der Altvater Poimen sagte einem jungen Mönch, der von resignierenden Gedanken erfüllt war: Welchen Nutzen hat es, sich einem Handwerk zuzuwenden und es nicht zu erlernen? Lerne das Handwerk deiner Menschwerdung und höre auf zu jammern. Der Engel der Ausdauer möchte dich anleiten, dranzubleiben an dem, was du dir vorgenommen hast. Ein Sprichwort lautet: Der Weg zur Hölle ist mit guten Vorsätzen gepflastert. Wenn du dir immer wieder etwas vornimmst, es aber nicht durchführst, dann bereitest du dir selbst die Hölle, jetzt schon.«

Rosa kann es nicht glauben, genau das tut sie seit einiger Zeit: feststellen, dass etwas nicht stimmt, ihr nicht gefällt, es anders werden muss. Und dann sagt sie sich: gleich morgen wird sie damit beginnen, Lösungen zu suchen, es anders zu machen. Der Mann, dieser Anselm, ist gar nicht so weit weg von der Wirklichkeit und er kennt sie! Morgen? Gibt es eigentlich ein Morgen? Gibt es nicht immer nur das ewige Heute?

Sie hört das erlösende Geräusch des Haustürschlüssels. Ihr Mann kommt nach Hause und bringt Geschichten aus seinem Tag mit. Denkpause. Gott sei Dank! »Ich bin daha«, schallt es durch den Hausflur, irgendwie ist es Ritual und gleichzeitig findet sie es dämlich, wenn er das täglich ruft. Darauf kann sie schließlich auch allein kommen, es wohnt niemand anderes hier. »Schö-hön!«, antwortet sie darauf und findet, dass das als Echo noch dämlicher ist. »Käffchen oder willst du dich erst ausruhen?«, ist ihr nächster Satz im Dämlich-Dialog, er dann: »Mach erst Käffchen, ist schon nach vier.«

Szenen einer Ehe. Heute freut sich Rosa über Stefans Ankunft, denn jetzt kann sie sich sofort Luft machen. »Stefan, stell dir vor, was dieser Blödmann sich wieder geleistet hat ...« Rosa erzählt von den Eskapaden ihres Chefs, ihrem emotionalen Ausnahmezustand und versucht, ihre Sinnkrise in Worte zu fassen. »Ich glaube, ich muss da weg, ich halt das wirklich nicht mehr aus.«

Stefan erstarrt zur sprichwörtlichen Salzsäule. »Rosa, hast du sie noch alle? Du kannst den Job nicht hinschmeißen, das schöne Geld, das verdienst du nirgendwo anders. Wir müssen das Haus abbezahlen und ich hab keine Lust drauf, dass bei uns wie früher schon nach drei Wochen der Monat zu Ende ist.« Klar, das will sie auch nicht, doch sie kann auch woanders gutes Geld verdienen, dieser

Gedanke könnte ihm auch mal kommen, aber nein. »Dir geht es immer wieder nur ums Geld! Warum fragst du nicht auch mal, wie es mir dabei geht?« Peng! Die Vorwurfsfalle schnappt zu, das übliche Drama nimmt seinen Lauf. *Warum? – Du!– Immer!* Diese drei Wörter bedeuten in jeder Partnerschaft Krieg, sie weiß es, doch das Programm im Kopf hat bereits auf Autopilot umgeschaltet. Stefan geht zum Gegenangriff über: »Bin ich dein Seelenklempner? Frag doch deine Spiris, sicher hat einer davon einen weisen Rat.« Rosa hasst es, wenn er ihre Freunde aus dem Lesesalon Spiris nennt, aus ihrer Sicht können die sich wenigstens reflektieren und die Gefühle anderer verstehen. Stefan zieht sich bei Problemen in seine Trutzburg zurück und denkt, es wird schon von allein besser werden.

Er sitzt nun am Tisch, starrt aus dem großen Küchenfenster und rührt mit dem Löffel hörbar in seiner Tasse, dass sie schon Angst bekommt, der Boden könnte sich ablösen. Stille. »Jetzt sag doch mal was! Und lass bloß die Zeitung liegen!« – »Ich weiß nicht, was ich sagen soll. Ich will jetzt meine Ruhe, ich bin geschafft von meiner Tour, hab dreihundert Kilometer geschrubbt. Ich hab auch ein Leben, das anstrengend ist, nicht nur du.«

Jetzt tut es Rosa leid wegen ihres barschen Tons, doch das kann sie ihm nicht gestehen, sie bleibt hart.

11 | Nebel

Frühling. Endlich! Die von zahllosen Dichtern besungenen linden Lüfte sind zeitig erwacht, es ist erst Ende März und Rosa sitzt schon am gedeckten Kaffeetisch auf der Terrasse. Stefan konnte die Gartenstühle und den großen ovalen Tisch mit dem Mosaikmuster auch dieses Jahr viel früher aus dem Winterquartier holen und auf dem großen Blumenbeet am Hang buhlen die Krokusse zwischen den Rosen, die auch schon Blätter geschoben haben, in allen Farben um Applaus. Alles rundherum ist in Aufbruchsstimmung. Rosa schließt mit einem tiefen Atemzug die Augen und wendet ihr Gesicht der Sonne zu. Wie gut es tut, diese Wärme zu spüren, doch gleich wird Stefan von der Arbeit nach Hause kommen. Die Turmuhr vom nahen Kirchturm am Wald schlägt erst viermal mit dumpfem Ton, dann nochmal viermal mit einem hellerem. Es ist Nachmittag um vier. Kaffeezeit.

Rosa muss schmunzeln und erinnert sich wieder an Cornwall, an den Nachmittag an der Steilküste von Lizzard Point. Nach einem Päuschen am Parkplatz wollten sie zu Fuß die Gegend erkunden. Der Wanderweg durch die bizarre Küstenlandschaft erschien endlos, ringsherum gab es nur Gras und kleine Pflanzen, die sich geduckt zwischen die flachen Felssteine schmiegten. Der Wind hatte aufgefrischt, die Sonne lugte nur spärlich durch die grauen Wolken und das Meer unterhalb des steilen Abhangs schlug hörbar an den nicht sichtbaren Strand. Plötzlich blieb Stefan unvermittelt stehen und schaute erschrocken auf seine Uhr. Sein Blick wanderte suchend durch die Landschaft. »Es ist vier Uhr und weit und breit kein Gasthaus. Verdammt. Es ist doch Kaffeezeit!« –entfuhr es ihm fast mit Entsetzen. Karo und Rosa schauten sich verdutzt an und lachten schallend los. Karo erklärte ihrem Vater kopfschüttelnd: »Wir laufen hier durch die endlose Weite einer mystischen Landschaft und du bemerkst, dass es hier keinen Kaffee gibt? Ja und?!« In Stefans Gesicht war Unverständnis zu erkennen, er hatte es ernst gemeint und nun versuchte Karo ihn zu beschwichtigen. »Am Ende des Weges soll eine kleine Ansiedlung liegen. Dort bekommen wir bestimmt Kaffee oder besser *Cornish Cream Tea*, das ist der Knaller hier, kann ich empfehlen.« Hilflos platzte es aus Stefan heraus: »Dann ist es aber zu spät!« Sie lachten wieder und Stefan wusste überhaupt nicht, wieso das zum Lachen war. »Stimmt doch, was ich gesagt hab, oder?!« Karo konnte es nicht glauben. »Papa, wir sind jetzt hier und da ist eben mal kein Platz für Routine. Ich lache, weil es war, als hätte dich irgendwas angeschaltet. Liegt das am Alter?« – »Am Alter? Blödsinn«, antwortete Stefan unwirsch, »ich trinke eben immer um vier meinen Kaffee, mit Kuchen.« Karo feixte: »Klingt für mich nach Programmierung. Jetzt ist der Weg das Ziel.«

Die Geschichte ist bis heute der *Running Gag* in der Familie, oft, wenn es vier Uhr schlägt, schaut jemand auf die Uhr, dann Stefan an: »Es ist um vier, Kaffeezeit!« und ein großes Gelächter setzt ein.

Jetzt ist es um vier, gleich geht die Tür auf, er wird die Schlüssel in der Diele klappernd an den Haken hängen, ins Bad nach oben laufen und seine Schlabberhosen anziehen. Dann wird er sich wortlos an den gedeckten Tisch setzen. Kaffee und Kuchen, wie immer, wie jeden Tag, jede

Woche, jeden Monat, wie jedes Jahr. Wenn Rosa ehrlich ist, liebt sie das Vertraute, das Verlässliche an dieser Tradition. Doch es hat sich etwas verändert. Sie freut sich nicht mehr darauf. Sie freut sich nicht mehr, dass Stefan nach Hause kommt. Eine Kühle bringt er mit, die sich breit macht. Sie umgibt ihn wie ein Schweif, streift die Möbel, streift sie, Rosa, und alles wird kalt um sie herum.

»Hallo Schatz, ich bin da«, hört sie ihn rufen. Jetzt hat sie noch fünf Minuten, bis er sich zu ihr setzt. Sie merkt, wie sich ihre Haut zusammenzieht. Alle Muskeln spannen sich leicht an. Wieso eigentlich immer noch dieses blöde *Schatz*, denkt sie sich. Oder meint er es noch immer so und ich bilde mir diese Kälte nur ein? Nein, es wird mir kalt, wenn er da ist.

Stefan setzt sich an den Tisch, stürzt sich auf den Kuchen und schlürft den soeben gezapften Kaffee geräuschvoll in sich hinein. Er legt die Zeitung zurecht, denn das komplettiert die Zeremonie.

Kurzer Blick zu ihr: »Is was, du guckst so komisch?«, – »Nein alles gut, was soll sein«, murmelt sie mit einem gequälten Lächeln. Er bemerkt es nicht, schnappt sich die Zeitung und weg ist er dahinter. Was sollte sie ihm auch antworten? *Es ist kalt, wenn du nach Hause kommst.* Wahrscheinlich würde er antworten: *Dann zieh dir was über.* Es ist ein eigenartiges Gefühl, ein Missempfinden, das sie so nicht kennt, es kommt von innen, ganz tief innen. Sie kann es mit Worten nicht beschreiben. Vielleicht geht auch von ihr so eine Kälte aus? Vielleicht bin ich es selbst? Ach, sie könnte sofort losheulen.

Sind das Vorboten der Trennung? *Trennung.* Dieses Wort ist in ihrer Beziehung nie gefallen. An Streit hat es nicht gemangelt, sie haben sich viel gestritten. Zuerst wegen des Geldes, später wegen des Fußballs oder darüber, wer von beiden recht hat.

Wieso machst du es nicht so, wie es richtig ist? Das kann doch nicht so schwer sein, das einzusehen? Wie ich es sehe, ist es viel besser! So war immer wieder die Dramaturgie des Theaterstücks. Der Streit endete damit, dass Stefan unvermittelt die Szenerie verließ. Er ging einfach. Er ging in dem Moment, in dem Rosa richtig in Rage kam, gerade Luft geholt hatte, um ihm alles genau zu erklären. *»Dann sag ich jetzt gar nichts mehr«,* waren dabei einmal seine dann legendär gewordenen Worte und weg war er, so wie letztes und wie jedes Mal, entweder ins Arbeitszimmer oder gleich ins Bett, je nach Tageszeit. Rosa war auf Hundertachtzig, es regte sie auf, dass man mit ihm nichts ausfechten konnte, denn mit Abhauen war nichts geklärt. Über allem Streit hing die Parole: *Du verstehst mich eben nicht.* Das Thema wurde am nächsten Tag nicht wieder angefasst, er tat so, als wäre nichts gewesen. *Die beruhigt sich schon wieder,* war seine Strategie und Rosa lebte in der Hoffnung, dass irgendeines ihrer Argumente bei ihm doch angekommen sein muss. Einmal meinte sie scherzhaft zu ihm: *»Da wir all unsere Probleme immer nur unter den Teppich kehren, müssten die Möbel darauf eigentlich schon zwanzig Zentimeter über dem Boden schweben.«* So kriegten sie sich eben oft wieder ein, bis zum nächsten Aufzug.

Doch trennen wollte sich Rosa nie. Die tiefe Überzeugung, dass sie beide zusammengehören, war in ihr unerschütterlich. Das machte ihr Leben auf eine gewisse Weise auch interessant. Sie liebte die Herausforderungen und grundsätzlich hatte sie ihren Kopf auch meistens durchgesetzt. Gleichzeitig gehört zur Ehe eben auch Verzichten. Ja, man muss Abstriche machen. Das war ziemlich pragmatisch, hatte lange funktioniert, doch jetzt, nach dreißig Jahren Ehe, konnte sie es so nicht mehr unterschreiben. Es lief nicht mehr. Nein, viel mehr noch: Es lief was total schief und im Stillen sagte sie sich: *Wenn es so weitergeht, werde ich hier auch im Hochsommer erfrieren!*

Wie anders war die allererste Begegnung mit dem Mann, der nun hinter der Zeitung hin und wieder Kommentare zum Weltgeschehen murmelt, als er damals zur Tür hereinkam? Es war so etwas Warmes um ihn herum, was mit den Außentemperaturen nichts zu tun hatte. Wo war diese Wärme geblieben? Wohin war sie verschwunden und wann?

Rosa, fragt eine Stimme in ihrem Kopf, *was fantasierst du dir zusammen? Das ist am Anfang so, dann wird es weniger und dann hört es auf. Schau doch mal, wie alt du bist. Was hast du für Flausen im Kopf? Wie ein Teenager! Sei zufrieden, mit dem was du hast. Es könnte viel schlimmer sein.*

Eine andere Stimme kontert: *Schluss damit! Rede nicht so einen Unfug. Jeder Mensch hat das Recht auf Glücklichsein, egal wie alt er ist. Wieso sollte es Herzenswärme nur am Anfang einer Beziehung geben?* Sie hört die Antwort aus der linken Gehirnhälfte: *Weil das schon immer so ist, das ist der Lauf der Zeit. Warum fügst du dich nicht?*

Plötzlich fühlt Rosa Stefans Hand auf ihrer eigenen und hört ihn irritiert fragen: »Sag mal, wo bist du mit deinen Gedanken?« Rosa erschrickt. Er wird grantig: »Du starrst vor dich hin, als wolltest du Löcher in den Tisch bohren. Irgendetwas stimmt doch nicht mit dir. Sei doch endlich wieder normal. Man kann sich mit dir überhaupt nicht mehr unterhalten. Du bist wie in einer anderen Welt. Was soll das alles?«

Rosa starrt ihn an. Kann er Gedanken lesen? Soll sie ihm heute, soll sie ihm jetzt gleich sagen wie kalt ihr ist? Soll sie ihm von den beiden Stimmen in ihren Kopf erzählen? Sie traut sich nicht. Stattdessen fällt ihr was Anderes ein.

»Stefan, gib mir Zeit. Ich brauch Zeit für mich allein. Ich möchte dir antworten, doch ich kann es nicht in Worte fassen. In meinem Kopf ist nur Nebel. Ich fahre für ein paar Tage weg.«

»Wo willst du denn hin? Alleine? Ohne mich? Das hast du noch nie gemacht!« – »Vielleicht ist das der Fehler gewesen. Ich muss mir klar werden, was bei mir los ist. Auch dir zuliebe.« Stefans Augen verwandeln sich in Fragezeichen. Er steht auf, räumt Kaffeetassen und Teller klappernd zusammen und bringt sie in die Küche. Geräuschvoll stellt er das Tablett ab, dass es sich anhört, als wäre etwas zersprungen, und verschwindet wortlos.

Rosa muss nicht lange überlegen. Sie weiß sofort, wohin sie fahren wird. In den Thüringer Wald, nach Limbach am Rennsteig, in die *Rennsteigrose* zu Frau Pauli. Dort gibt es die Stille, die sie jetzt braucht, und ein offenes Ohr für ihre Not.

Zwei Jahre ist es her, dass sie Frau Pauli kennenlernte. Pilgern war wieder hipp und damit die Suche nach dem Sinn des Lebens. Ein bekannter Entertainer hatte ein Buch darüber geschrieben, nun wollten alle Sinnsucher den

Camino nach Santiago de Compostela gehen. Rosa fand das auch spannend, aber zu weit. Sie fragte sich, warum man denn gleich bis nach Spanien fahren muss, um zu pilgern und fand bald die Via Porta ganz in der Nähe, von Thüringen nach Bayern. »Diesen Weg zu gehen hätte ich mal Lust, nur nicht allein«, erzählte sie in der Familienrunde. »Ich komm mit«, antwortete Karo wie ist der Pistole geschossen. »Wirklich?«, staunte Rosa. »Ja, die Semesterferien sind lang genug dafür.« Und sie sagte ihr fest zu.

Beim Start am Kloster Volkenroda schaute Karo ihr andächtig ins Gesicht: »Was suchst du, Mama? Suchst du Gott?« Rosa überlegte. »Eigentlich suche ich immer noch mein Rosinen-Universum.« Karo amüsierte sich über die Antwort und gab den imaginären Startschuss: »Dann mal los!«

Sie schnitzten sich am Wegrand Wanderstöcke aus zwei abgebrochenen Birkenästen, schulterten die viel zu schweren Rucksäcke und marschierten ins Ungewisse. Die Wegbeschreibung im kleinen Heftchen führte sie zuverlässig von Herberge zu Herberge. Am Beginn der vierten Etappe bogen sie auf den Rennsteig ein und sangen die berühmte Hymne: *Diesen Weg auf den Höhn bin ich oft gegangen,* was nicht stimmte. Rosa war nie auf dem Kammweg des Thüringer Waldes wandern gewesen und umso mehr war sie überwältigt von der Schönheit dieses Naturreiches, es erinnerte sie an den Märchenwald in ihren Kinderfantasien.

Der Tag begann sonnig, dann zog es sich zu und den ganzen Nachmittag schüttete es wie aus Kannen. Als die müden Pilgerinnen durchnässt in der Pension *Rennsteigrose* ankamen, empfing sie eine kleine dralle Frau an der

Tür des rustikalen Häuschens mit den Worten: »So viel Schuld kann man sich doch nicht aufgeladen haben, dass man bei solchem Wetter pilgern muss. Kommt schnell rein!«

Rosa und Karo sahen sich fragend an und mussten lachen, denn für sie war der Weg nicht der Gang nach Canossa. Frau Pauli überraschte sie mit einer Pfanne herrlich duftender Bratkartoffeln zum Abendessen, kochte Tee aus Kräutern von den umliegenden Bergwiesen und schürte dazu das Feuer im Kamin in ihrer gemütlichen Landhausküche. »Ihr sollt euch schön aufwärmen, morgen habt ihr eine anstrengende Etappe vor euch.« Sie kuschelten sich dankbar für diese ungewöhnlich große Gastfreundschaft in die Decken auf dem Sofa und philosophierten mit der lebensklugen Frau über Gott und die Welt bis spät in die Nacht. Kurz vor zwölf waren die Kerzen im großen Kerzenhalter auf dem Tisch heruntergebrannt, gerade erlosch die letzte, der Rauch schlängelte sich wie ein schmales Band vom Tisch in die Dunkelheit des Zimmers, es roch nach Abschied, als ihnen Frau Pauli mit auf den Weg gab: »Gott müsst ihr nicht suchen gehen, er wohnt in euch und Jesus ist der Weg zu ihm.« Rosa schrieb das zwar als Erkenntnis des Tages in ihr Pilger-Tagebuch, aber erst das Gespräch mit Frau Kautz brachte es wieder in Erinnerung.

Und genau deshalb wird sie gleich morgen bei Frau Pauli anrufen und fragen, ob nächste Woche ein Zimmer frei ist. Allein sein, Zeit zum Nachdenken, Zeit zum Tränen vergießen und dann Zeit, nach Antworten zu suchen.

Rosa wählt die Nummer. »Pauli, Pension Rennsteigrose.« – »Hallo Frau Pauli! Hier ist Frau Kunert, eine der beiden Pilgerinnen, die eines kalten Oktobertages im strömenden Regen vor ihrer Tür standen. Erinnern Sie sich?« Am anderen Ende der Leitung kurze Stille, doch dann fällt bei der Frau mit dem großen Herzen der Groschen. »Ach ja, die beiden Sinnsucherinnen, ihr habt mich die ganze Nacht gelöchert mit euren Fragen.« – »Genau und ich möchte fragen, ob sie nächste Woche ein Zimmer frei haben.« – »Wann willste denn kommen?«, wechselt Frau Pauli auf Du. »Geht es gleich Montag?« –»Da haste aber Glück, ein Zimmer ist frei. Wie viele seid ihr?«

Rosa versteht die Frage nicht. »Wie viele? Ich komme allein.« Frau Pauli lacht in ihrer unbeschwerten Art und vermutet schnell mal: »Na so was, allein, da hängt wohl der Haussegen schief?« Rosa muss lachen. »Schöne Beschreibung, bisschen altmodisch, doch ich lasse es mal so stehen. Ich nehme das Zimmer bis Freitag. Freue mich, Sie wiederzusehen!«

Ach, wie schön, das klappt. Ein Hauch von Zufriedenheit macht sich in ihr breit. Eine Freude. Es kommt was in Bewegung, das fühlt sie. Stefan luppert ins Arbeitszimmer und schaut sie fragend an, als sie den Hörer auf die Station stellt. »Und? Du fährst wirklich?« – »Ja. Am Montag fahre ich und bleibe bis Karfreitag.«

Es tut ihr irgendwie leid, er tut ihr leid. Er versteht nicht, was sie umtreibt, er fühlt keine Kälte, für ihn dreht sich die Welt wie immer. *Weiber!* So reden die Männer von ihren Frauen, wenn sie diese unbekannten Wesen mal wieder nicht verstehen. Sie glaubt, es laut zu hören.

Stefan fragt besorgt: »Wann kommen denn die Kinder? Es ist doch Ostern, sie haben sich zum Besuch angesagt.«– »Sie kommen Samstagabend erst. Ich schreibe auf den Zettel, was wir zum Essen brauchen und du kaufst ein.

Das kannst du. Bist doch schon groß.« Sie weiß, dass er ihre Ironie nicht leiden kann, doch der Nachsatz kullerte einfach so mit raus, wie so oft bei ihr. Es kullert aus ihr heraus, wie ihr der Schnabel gewachsen ist, offenbar ist daran nichts zu ändern.

Sie merkt, wie auch sie eine Mauer um sich herum aufbaut und ärgert sich darüber. Denn hinter solchen Mauern ist es kalt und so möchte sie eben nicht leben. Ob die fünf Tage allein im Thüringer Wald reichen werden, herauszufinden, wie in erkaltete Beziehungen wieder Wärme kommen kann?

12 | Rennsteig

Montagmorgen. Das Bett neben ihr ist leer, Stefans Arbeitstag hat längst begonnen. Rosa springt auf, sie öffnet das Fenster weit, am blauen Himmel ist kein einziges Wölkchen zu sehen. Jetzt viermal *Sonnengruß* und ein paar Dehnungsübungen, zum Abschluss eine kleine Meditation im Stehen. Sie spürt ihren Atem, spürt das Blut in ihren Adern pulsieren und wie sich die Lebensfreude ihrer bemächtigt. Sie streckt die Arme lang aus und glaubt, die Zimmerdecke berühren zu können, es kommt ihr vor, als wäre sie ein Stück größer geworden, groß genug, die Welt zu umarmen!

Als Frühstück gießt sie sich bloß einen Pott Kaffee auf, türkisch, der grässlichen Maschine schenkt sie nur einen verachtenden Blick. Sie schnappt ihren Koffer, nimmt die dicken Wanderschuhe in die Hand und wühlt den selbstgeschnitzten Stock vom Pilgern hinter dem Garderobenschrank hervor, wirft alles ins Auto und startet.

Während der Fahrt singt Rosa alle Frühlingslieder, die sie kennt, so laut sie kann, keiner beschwert sich hier, dass es nervt. Es sind viele Lieder, ihre Mutter hat sie immer beim Wäscheaufhängen im Hof gesungen und durchs Mitsingen hat Rosa sie alle gelernt. Das waren Momente, an die sie sich gerne erinnert, denn da war Ursel fröhlich und Rosa genoss die seltenen Augenblicke von Leichtigkeit bei ihr. Genauso leicht ist ihr jetzt ums Herz: Eine ganze Woche für mich alleine, das wird guttun, abschalten, den ganzen Tag nur machen, was ich am liebsten machen würde. Und nachdenken. Ja, das wird ihr nicht erspart bleiben. Ihr fallen die Worte von Frau Pauli ein.

Da hängt wohl der Haussegen schief? So haben das die Frauen frühen genannt. Haben sie sich auch so viele Fragen gestellt? Damals ging es eigentlich nur um Funktionieren, man musste die viele Arbeit schaffen, die Familie am Laufen halten und kaum eine hat nach dem Sinn einer Partnerschaft gefragt hat. Es gab Streit, es gab Drama und wenn sich der Rauch verzogen hatte, waren entweder beide noch zusammen oder sie hatten sich getrennt. So einfach war's! So hat es Rosa aus Erzählungen vieler Frauen in Erinnerung. Jetzt hat ihr das Leben dieses Paket *Beziehung zwischen Mann und Frau* geschnürt und sie hat Lust darauf, es auszupacken.

»Da bist du ja endlich, ich warte schon auf dich!« Frau Pauli lädt Rosa gleich in ihre Küche ein, in die plüschige weiße Sitzecke mit den blaukarierten Kissen, an den ihr bekannten Tisch, wo schon Kaffee und Kuchen bereitstehen. Sie schnattern drauf los, wie es anscheinend nur den Frauen gegeben ist. Nach zehn Minuten schlägt Renate vor: »Wir können jetzt auch beide *du* zueinander sagen, ich bin Renate.« Rosa ist sofort einverstanden: »Sehr gerne, Renate, du bist mir von Anfang an so vertraut, als würde ich dich schon ewig kennen.« Sie drückt ihr die entgegengestreckte Hand. »Weißt du, ich kann gar nicht sagen, wo's knirscht in meiner Ehe. Es ist das Gefühl, das nicht mehr stimmt. Mit meinem Stefan war es nie so 'ne Schmuse-Masche, dauernd Busseln da und Busselchen dort oder sich unterm Tisch ständig am Oberschenkel rumfummeln.«

Renate lacht und nickt, offenbar kennt sie solche Pärchen. Rosa erklärt ihr Verhältnis so: »Wir sind für uns da, wir vertrauen uns, teilen die Aufgaben des Alltags und jeder das Schicksal des Anderen.« – »Hört sich gut an, da ist doch alles Bestens.« Rosa schüttelt den Kopf. »Nein, ist es nicht, irgendwo ist uns die Liebe klammheimlich abhandengekommen und auch die Leidenschaft. Wo früher ein Feuer war, liegt heute ein Häufchen Asche.«

Renate schlägt die Hände vor ihrer Brust zusammen: »Du lieber Himmel! Du hast aber auch hohe Ansprüche!« Rosa schaut ungläubig: »Das sind hohe Ansprüche?«

Ihr fallen Bibis Worte ein: *Wenn's im Bett stimmt, kommt der Rest hinterher*, und sie überlegt, ob sie Renate gleich noch in das zweite, eher praktische Dilemma einweihen soll. Vorsichtig fragt sie nach: »Sag mal, Renate, du bist doch mit deinem Karl auch schon seit Ewigkeiten zusammen und offensichtlich glücklich?« Renate lacht. »Ja, seit 43 Jahren und 40 davon verheiratet. Er war mein erster, den hab ich gleich behalten.« – »Wie? Dein erster Freund?« – »Nein, vorher gab's schon Verehrer und mal Händchen halten. Doch Karl war mein erster im Bett und da galt zu unserer Zeit, der dich zur Frau macht, den musst du heiraten.«

Rosa kann es nicht glauben. Diese ungeschriebene Regel hatte es auch für Renate noch gegeben? »Ja aber, hat es dir gefallen?« – »Was hat mir gefallen?« – »Na, wie er im Bett war; der Sex mit ihm, hat es dir gefallen?«

»Ach Kindchen, du stellst schon komische Fragen. Gefallen? Es ging halt schnell. Ich dachte mir schon, das soll nun Sex sein und daraus wird so ein Geheimnis gemacht? Es wurde nicht darüber gesprochen, niemand hat darüber gesprochen, weder die Mütter mit ihren Töchtern, geschweige denn die Väter mit ihren Söhnen und erst recht nicht untereinander die jungen Leute. Es war ein

Tabuthema.« Rosa merkt, wie sie das traurig macht. Die schönste Sache der Welt ist ein Tabuthema! Niemand spricht darüber, das stimmt, selbst in ihrer Sturm- und Drangzeit mit ihren Freundinnen im Internat ging es eher um: *Wer mit wem?* statt *Wie?*

»Sag mal Renate und woher wusstet ihr eigentlich, wie es geht?« Upps!? Sie ist selbst erschrocken über diese Indiskretion. Renate schweigt eine Weile, zieht nachdenklich die Augenbrauen zusammen und erhebt sich langsam von ihrem Stuhl. »Ich weiß nicht genau, wo es liegt. Doch warte mal, ich komme gleich wieder.«

Sie verschwindet durch eine niedrige Tür in den Nebenraum, eher eine Kammer, wie es scheint, und Rosa ist es jetzt doch peinlich, solch eine Frage gestellt zu haben, zumal sie diese Frau ja kaum kennt. Nun gut, sie bräuchte ja nicht zu antworten, geheime Verschlusssache und nächstes Thema. Doch nein, sie sucht jetzt nach etwas Zielführendem. Rosa langt nach einem weiteren Stück Quarkkuchen und kaut genüsslich. Hmm, mit Butter gebacken, lecker, sie schaut dabei durchs Fenster und lauscht nach draußen. Die Sonne ist höher gestiegen, es geht auf Mittag. Die Vögel tschilpen wild durcheinander und dennoch hört es sich an wie ein gut orchestriertes Konzert.

Von der Sitzecke aus kann sie die Hühner im Garten beobachten. Morgen wird sie hier am großen Küchentisch ein Frühstücksei mit dem Namen der Legerin auf dem selbstgestrickten Eierwärmer serviert bekommen. So lustig: Die vier Hühner Emma, Klara, Hilda und Paula gackern und scharren den ganzen Tag herum und liefern leckere Bio-Eier mit Visitenkarte.

Plötzlich rumpelt es in der Kammer, irgendetwas fällt polternd zu Boden. Sie hört Renate fluchen und über sich selbst schimpfen. Renate kommt mit Spinnweben im Haar und völlig verstaubt mit einem Buch in der Hand zurück.

»Schau mal, darin hab ich gelesen wie es geht. Das war alles.« Rosa traut ihren Augen nicht. *Die Frau als Hausärztin* steht auf dem blauen Bucheinband, Ausgabe von 1925. »Das war die Schatzkiste meiner Großmutter, meiner Mutter und eben auch meine, in der wir gestöbert haben, wenn es um den Körper und alles, was damit zu tun hat, ging, inklusive Sex.«

Erwartungsvoll nimmt Rosa das schwere Buch in die Hand und beginnt darin zu blättern. Zuerst fällt es ihr schwer, die altdeutschen Schriftzeichen zu entziffern, doch nach und nach erschließt sich ihr deren Inhalt. An einer Stelle wird sie stutzig, kichert und trägt etwas pathetisch vor: »*Bei Säugetieren einschließlich des Menschen wird die Befruchtung durch die Begattung herbeigeführt. Die Vorgänge dabei sind die, dass das männliche Tier sein Begattungsglied im gesteiften Zustand in die Scheide des Weibchens einführt und infolge der durch die Reibung an der Scheidenwand bewirkte Reizungen die Samenentleerung eintritt.*«

Renate schmunzelt: »Tja, da siehst du, in nur einer Zeile ist alles erklärt.« Rosa zieht die Mundwinkel nach unter, blättert weiter, liest noch ein paar Textstellen und schüttelt den Kopf. »Alles ist so technisch beschrieben, wie dabei Freude aufkommen könnte, steht hier nicht.« Frau Pauli blickt erschrocken zur Uhr. »Mensch, Mächen, is schon halb eense, da will Karl bald was auf 'n Teller.« Rosa lacht. »Kenn ich, um eins Mittag, um vier Kaffeezeit.

Ist bei uns auch so.« – »Ja, Ordnung muss sein! Wenn du Lust aufn Tässchen Heeßen heute Nachmittag hast, setz dich hier in der Küche dazu!« – »Mal sehen, wann ich zurück bin. Ich will hoch zum Dreistromstein und bis Friedrichshöhe laufen.« – »Dann *Gut Runst!*«

Renate verschwindet im Garten Richtung Gewächshaus. *Gut Runst*, komisches Wort. Es ist der Gruß der Wanderer hier oben und bedeutet: Viel Vergnügen und viel Glück auf der Rennsteig-Wanderung. Wird sie haben.

Rosa steigt die schmale Treppe zu ihrem Zimmer hinauf, wechselt auf atmungsaktive Wandersachen, schnappt sich an der Haustür den Birkenast und marschiert los. Wandern ist, wenn man da ankommt, wohin man es sich vorgenommen hat. Pilgern indessen ist losgehen und sich überraschen lassen, wo man ankommt. Heute will sie nur im Wald sein und beim Gehen die eigenen Schritte zählen. *Eins, zwei, drei, vier – ein Hut, ein Stock, ein Schirm, ein Mann – vor, zurück, zur Seite, ran.* Schritte zählen – das hat sie mit ihren Kindern immer gern gemacht, um sie aufzumuntern, wenn sie bei Spaziergängen keinen Bock mehr hatten weiterzulaufen. So läuft sie jetzt beschwingt durch die hohen Fichten, Birken und Buchen. Der Waldweg federt unter ihren Füßen. Sie begegnet niemandem, ist ganz allein hier, es sind kaum noch Vögel zu hören, nur hin und wieder macht sich ein Specht trommelnd bemerkbar.

Stille. Stille spricht. Was sagt sie denn? Sei still. Lass alle Gedanken los. Nichts denken. Das passt heute. Wo sie auch anfängt zu denken, kommt er wieder, der Nebel. Rosa setzt sich auf einen großen umgestürzten Baumstamm, der wohl schon sehr lange liegt. Er ist unerwartet weich, die Zersetzung und Verwandlung hat schon begonnen. Kleine unsichtbare Waldarbeiter sind im abgestorbenen Holz am Werk, um aus dem Tod neues Leben hervorzubringen. Erst muss Altes sterben, bevor Neues entstehen kann. Trifft das auch für eine Partnerschaft zu?

Eine Ehe muss vor die Wand fahren, wenn sie an Tiefe und Nähe gewinnen will. Dieser Satz aus einem Buch fällt ihr ein. Vielleicht denke ich heute Abend über diesen Satz nach? Jetzt will ich nur sehen, riechen, lauschen und die Schönheit in allem wieder mal wahrnehmen. Der Sturm in ihrem Kopf ist zur Ruhe gekommen. Sie ist jetzt hier, hier im Wald und Hier und Jetzt gibt es nichts zu denken. Entspannung setzt ein.

Langsam wird es kühler, die Sonne steht nur noch niedrig am Himmel. Ihre Lichtstrahlen durchfluten die Bäume, doch die Sonne wärmt nicht mehr. Rosa beschließt umzukehren und freut sich auf die warme Küche bei Frau Pauli.

Schon von weitem ist die *Rennsteigrose* am Ortsrand zu sehen. Die Balken des Fachwerks sind blau gestrichen, die Lehmwände leuchten dem Ankommenden in mildem Ocker entgegen und in den Blumenkästen an den Fenstern wetteifern Narzissen, Primeln und Stiefmütterchen darum, bewundert zu werden. Auch der Osterschmuck ist bereits liebevoll dazwischen drapiert. Die Gastgeberin hat wirklich ein Händchen für Dekoration, Wohlfühlen ist für sie erste Bürgerpflicht!

Plötzlich bleibt Rosa stehen. Was lag da auf einem Baumstumpf? Sie dreht sich um und geht zurück. Auf einem bemoosten kleinen Baumstumpf am Wegrand liegt ein bunt bemalter, kleiner Stein mit einer Aufschrift: *Das*

Herz flüstert. Können wir kurz aufhören stark sein zu wollen? Ich kann nicht mehr. Es elektrisiert sie beinahe. Wie kommt dieser Stein hier her? Wer hat ihn so hingelegt, dass sie ihn heute findet? Das alles wird wohl ein Geheimnis bleiben. Sie steckt den Stein in ihren Rucksack, er ist für sie bestimmt, ganz sicher.

An der Pension angekommen, dreht Rosa den Schlüssel im Schloss der Haustür um, betritt den großen Flur und hört schon Wortfetzen von Gesprächen in der Küche. Vorsichtig lugt sie hinein und außer Frau Pauli und ihrem Gatten sitzt noch ein Mann mit am Tisch. »Komm rein, Rosa, setz dich. Das ist Udo, ein Rennsteigwanderer, er läuft den gesamten Rennsteig in fünf Tagen, übernachtet heute bei uns, ist grad angekommen«, erklärt Renate.

Rosa zieht die Wanderjacke aus, nimmt neben Udo Platz, freut sich darüber, jetzt nicht allein zu sein. »Na, Hut ab! Wie viel Kilometer sind denn das am Tag?«, fragt sie, während sie sich auf der Eckbank neben dem Neuankömmling eins von den Kissen in den Rücken schiebt. Das Tässchen Heeßen, wie Renate es nannte, tut gut, auch vom Quarkkuchen ist noch einiges übrig. Udo antwortet gelassen: »Das sind dreißig bis vierzig Kilometer am Tag, ist so üblich für Rennsteigwanderer.«

Waaaas? Rosa erinnert sich an ihre Etappen beim Pilgern. Nach sechzehn Kilometern war die Stimmung noch prächtig, ab zwanzig Kilometern meldeten sich die Blasen an den Füßen, nach fünfundzwanzig konnte sie rundherum nichts mehr wahrnehmen und dachte nur an Ankommen und sich aufs Bett werfen. »Ich mach das öfter, dann gewöhnt man sich dran«, erklärt Udo. »Und warum? Warum gehst du diesen Weg voller Strapazen?«, fragt

Rosa und bereut diese Frage sofort. »Ich brauch die körperliche Herausforderung als Ausgleich zur Arbeit. Ich laufe den Rennsteig einmal im Jahr, wenn nichts dazwischenkommt. Es muss unbedingt dieser Weg sein, er gibt mir Kraft.« – »Verstehe. Darum bin auch ich hier, wegen der Kraft und auch wegen der Zeit zum Nachdenken. Es geht eine besondere Faszination von der Landschaft aus«, stimmt ihm Rosa zu. Renate und Karl räumen ihre Tassen zusammen und verabschieden sich. »Ihr könnt noch hier sitzenbleiben und quatschen«, lacht Renate beide an.

Nun schaut Udo interessiert zu ihr herüber. »Was hast du denn für ein Problem, worüber du nachdenken musst?« Sie überlegt kurz, wo sie anfangen soll, dann sprudelt es aus ihr heraus. Sie erzählt diesem Mann mehr als ihrer besten Freundin. Der Damm war heute Mittag bei Renate schon gebrochen und nun fließt der Strom von Emotionen diesem Fremden zu. Es tut verdammt gut. Plötzlich hält sie inne: »Jetzt aber mal eine Frage an dich. Hast du eine Frau oder bist du alleine? Sonst weißt du ja gar nicht wovon ich spreche?« Udo grinst. »Du bist sehr direkt, liebe Rosa. Hmm? Wie erkläre ich es dir, wie es mir geht?«

Udo nimmt einen Schluck aus seiner Kaffeetasse und verspeist das restliche Stück vom Kuchen. »Ich bin verheiratet, ich arbeite in der Geschäftsführung einer Bank, meine Frau als Verkäuferin in der Bäckerei bei uns im Kiez in Berlin Weißensee, seit ihrer Lehre. Ich hab mich hochgearbeitet, habe Karriere gemacht. Sie liebt das, was sie tut, ist damit glücklich und wollte nie nach *oben*. Kannst du dir vorstellen, wie mich meine Kollegen wegen ihr geringschätzig anschauen?« Rosa stutzt. »Nein, wieso?« Udo atmet hörbar tief ein. »Letztens sagt ein

Kollege beiläufig zu mir: ,Deine Frau ist Verkäuferin. Passt das noch für dich?' Am liebsten hätte ich ihm eine reingehauen. ,Du arrogantes Arschloch', hab ich ihn angeschrien. Weißt du, Rosa, ich liebe meine Frau, seit ich 18 bin. Sie gibt mir alles, was ich brauche. Na klar sieht sie nicht so aus wie seine Hochglanz-Tussi. 90-60-90 mit Drei-Wetter-Taft-Frisur, New York, London, Tokio, dazu 'ne Kroko-Ledertasche um den Hals. Ich hab ihm erklärt, was für mich entscheidend ist: Meine Frau ist warm und weich, zwischen ihren Brüsten kann ich mich einkuscheln und ihr Schoß ist die reine Wonne, jedes Mal wenn sie mich zu sich einlädt.«

Rosa kommt sich vor wie in einer Hollywood-Schnulze. »Wow, das hast du dich getraut?« Sie starrt Udo bewundernd an und fragt: »Hattest du keine Angst, dein Gesicht zu verlieren?« – »Mein Gesicht verlieren?« Udo lacht. »Du meinst meine Maske?! Hinter der Maske schmunzelt zufrieden die Wahrheit. Zum ersten Mal war ich ehrlich zu diesem Kollegen. Ich gehe gerne zur Arbeit, doch sie ist nicht mein Leben. Ich brauche keinen Status. Mein Leben ist meine Frau, mein Sohn und die Menschen, die mich so akzeptieren, wie ich bin. Verstehst du das?«

Ja, Rosa versteht jedes einzelne Wort: »Kennst du auch diese beiden Stimmen in deinem Kopf?« Udo sieht sie fragend an. »Na, die eine Stimme sagt immer: Mach es wie es alle machen, dann fällst du nicht auf. Die andere Stimme aus der rechten Gehirnhälfte sagt: Mach was sich für dich richtig anfühlt, bleib dir treu.« Udo nickt zustimmend, lächelt und schenkt sich aus der Porzellankanne mit dem Zwiebelmuster ein. Der Kaffee ist heiß und dampft, die Kerze im Stövchen brennt noch. »Auch noch 'n Schluck?« Rosa nickt, lehnt sich zurück in die Polster der Eckbank und betrachtet ihn dabei näher. Er ist nicht unbedingt ein Traummann, aber knorke, würde man in Berlin sagen. Alles ist an seinem Platz, gute Figur, breite Schultern, Bizeps, zwar wenig Haare auf dem Kopf, doch ein weiches Gesicht mit schön gezeichnetem Kinn, verschmitzten braunen Augen darin und unter der Nase volle, geschwungene Lippen. Ein *Schnittchen!* Das haben die Mädels zu so einem Mannsbild früher gesagt. Da sitzt ein schöner, glücklich verheirateter Mann neben ihr und sie flirten nicht, sondern jeder plaudert aus seinem Nähkästchen.

Udo fragt: »Und du, was wirst du nun machen, wenn du nach Hause kommst, zum heiligen Osterfest?« Rosa braucht einen Moment, um nach einer Antwort zu suchen: »Ja, mein Gott! Das weiß ich eben nicht. Darum bin ich hier, um in der Stille des Waldes Antworten zu finden.« Er schüttelt den Kopf und sie fragt unwirsch: »Was ist? Was denkst du jetzt? *Weiber?*«

Udo legt ihr seinen Arm um die Schultern und zieht sie leicht zu sich heran. »Mensch Rosa. Ihr Frauen habt immer so was Theatralisches. Behalte mal klaren Kopf. Und dann fragst du dich ganz entspannt: Will ich das eigentlich noch?«

Rosa kommt es so vor, als würden in ihrem Kopf die Gehirnwellen ihre Arbeit einstellen. *Piiiieeeep* ... Eine lange flache Linie läuft über den Monitor, wie am OP-Tisch. Sie schaut Udo böse ins Gesicht: »Was hast du grad gesagt? Ob ich das noch will?« Jetzt schreit sie heraus: »*Ja*, verdammt noch mal, ich will das noch, doch nicht so wie es jetzt ist!«

Dazu haut sie fuchsig mit der Faust auf den Tisch, so dass die Tassen auf ihren Untertellern tanzen. Udo sitzt still neben ihr. Es vergeht eine gefühlte Ewigkeit, in der ihr klar wird, hier gibt es nichts mehr zu sagen. »Udo, ich verabschiede mich. Ich geh nach oben auf mein Zimmer. Danke für alles!« Sie beendet die Unterhaltung, ohne ihn eines Blickes zu würdigen. Er fragt in seiner Überraschung noch: »Gehst du heute Abend was essen hier im Ort?« – »Nein, hab zu essen dabei.«

Sie drängelt sich aus der Sitzecke und zieht das bestickte Tischtuch mit sich. Udo kann gerade noch verhindern, dass Tassen und Kanne zu Boden stürzen. Heulend rennt sie die Treppe nach oben in ihr Zimmer, wirft sich auf das Bett und vergräbt ihren Kopf im Kissen. *Willst du das noch?* Wie Paukenschläge hauen diese Worte auf ihren Kopf ein, wieder und wieder.

Es ist dunkel geworden, Rosa steht langsam vom Bett auf, schaltet die kleine Tischlampe an und schlurft ins Bad. Der Blick in den Spiegel lässt sie erschrocken zurückweichen. »Ach du Schreck, wie sehe ich denn aus?«, flüstert sie dem Abbild zu und beginnt mit dem Handtuch die verlaufene Schminke von den verheulten Wangen abzuwischen. Sie überlegt dabei, was sie zu Abend essen könnte, merkt aber, dass ihr Udos Frage mächtig auf den Magen geschlagen ist und kocht sich nur einen von Renates Kräutertees. Jetzt noch was Beruhigendes hören. Sie legt eine *Mantra-Musik* in den CD-Player ein, Musik aus anderen Sphären, aus einer anderen Welt, einer Welt des Nichtdenkens, dort wo es nichts zu tun gibt, *Wu Wei* nennen es die Chinesen. Nach einer Weile fällt ihr der mysteriöse Stein wieder ein und sie holt ihn aus dem Rucksack.

Was steht da nochmal drauf? *Das Herz flüstert. Können wir kurz aufhören stark sein zu wollen?*

Ich kann nicht mehr. Ja, ich kann nicht mehr. Ich will nicht mehr kämpfen, will keine Mauern mehr um mich errichten, hinter denen es kalt ist und die meiner Liebe nicht die Chance lassen, gefühlt zu werden. Das denkt Rosa und es beruhigt sich etwas in ihr. Plötzlich klopft es laut an die Tür. Sie fährt zusammen. Was ist los? Brennt es? Sie muss kurz zu sich kommen, ruft: »Moment!« und drückt die Pause-Taste am Abspielgerät. Sie fährt sich über den zerzausten Kurzhaarschnitt, geht langsam zur Tür und öffnet vorsichtig einen Spalt. »Ja?« Vor der Tür steht Udo mit einer Flasche Rotwein in der einen Hand und zwei Gläsern in der anderen.

»Was willst du hier?« Udo grinst breit. »Wonach sieht's denn aus?« Rosa kann es nicht glauben. »Es sieht so aus, als wolltest du mit mir noch was trinken.« – »Gut beobachtet. Kann ich reinkommen?«

Sie lässt ihn eintreten, er stellt die bereits geöffnete Flasche und die Gläser auf den Tisch, die kleinen Lampe wirft nur einen schwachen gelblichen Lichtkegel darauf und sie setzen sich auf die weich gepolsterten Holzstühle aus dem vorletzten Jahrhundert. »Ich hab vorhin gemerkt, wie du mich von der Seite beäugt hast. Und da dachte ich, diesen Abend könnten wir noch ganz angenehm abrunden.« Rosa kneift die Augen zusammen, während Udo sein Erscheinen weiter erklärt: »Man soll die Gunst der Stunde nutzen. Du willst es doch auch?!«

In Rosa kommt ein ihr sehr bekanntes Gefühl hoch. Wut. Sie muss nicht lange warten bis sich die passenden Worte in ihrem Kopf formieren. »Udo, das ist jetzt nicht dein Ernst. Du erzählst mir so gefühlvoll vom Wichtigsten in deinem Leben, deiner Frau, die dich wonniglich in ihrem Schoß empfängt, und jetzt klopfst du bei der wildfremden Frau, die in ihrer Partnerschaft Ordnung schaffen will, nur weil dir der Stachel steht?«

Da ist sie wieder, ihre provozierende Direktheit. Udo weicht erschrocken etwas zurück. »Reg dich nicht gleich so auf«, sagt er und gießt etwas vom Wein in ihr Glas. Doch Rosa kommt in Fahrt: »Ich soll mich nicht aufregen? Das mach ich aber. Warte, ich hole noch mal Luft.«

Sie weiß nicht, ob es die Enttäuschung über Udo ist oder ihr fehlendes Verständnis für solch männliches Verhalten, jedenfalls geht sie jetzt zum Angriff über. »Ihr Männer seid doch alle gleich. Meine Oma hat schon gesagt: Alle in einen Sack und mit'm Knüppel druff. Es trifft immer den Richtigen.« Sie macht eine kurze Pause. »Was soll ich damit, von dir beglückt zu werden? Ich will Sex, der mich erfüllt, mit dem Mann, den ich liebe. Und das bist du ja wohl nicht?!« Jetzt müsste Udo die Frage mit »stimmt«, beantworten, tut es aber nicht, sondern sitzt geschockt auf seinem Stuhl. Rosa will die Szene abdrehen. »Du gehst jetzt in dein Zimmer und überlegst dir auf deiner weiteren Wanderung ab morgen, wann du deine Frau danach fragst, ob ihr das auch gefällt, was du als Sex bezeichnest«, knallt sie ihm vor den Kopf und ist ganz in ihrem Element. »Vielleicht hast du deine Kenntnisse ja auch nur aus dem Ratgeber *Die Frau als Hausärztin?*«

Udo muss sich vorkommen, wie unter einer kalten Dusche, wird ihr plötzlich klar, vorhin war sie schließlich ganz nett zu ihm und sehr zugänglich. Wohl deshalb holt er beleidigt zum verbalen Gegenschlag aus: »Du spinnst doch. Ihr seid auch alle gleich, ihr Frauen. Erst anmachen und dann abblitzen lassen.« Ein heiseres Lachen entfährt ihr. »Ich hab dich angemacht? Du hast ’ne blühende Fantasie. Dein Kopf ist dir in die Hose gerutscht, das ist alles.« Das sitzt. Jedenfalls hat es die beabsichtigte Wirkung. Er geht. Mit gesenktem Kopf, ohne sie anzusehen, verlässt er das Zimmer. Die Rotweinflasche steht noch auf dem Tisch. Rosas Herz schlägt ihr bis zum Hals. Die strafende Stimme meldet sich im Kopf: *Du bist wirklich unmöglich. Wie kann man so mit Menschen umgehen? – Ach, lass mich in Ruhe! – Ist doch wahr!*

Sie geht sich duschen, kalt, zur Abkühlung des erhitzten Gemüts. Danach kuschelt sie sich in das riesige Bett mit einer Decke aus echten Gänsefedern und denkt an die Szene mit diesem Udo. Bloß gut, morgen ist er weg, er will beizeiten los, den sieht sie nie wieder. Sie stellt sich jetzt vor, wie er zu Hause seine Frau nach ihren sexuellen Vorstellungen befragt und schmunzelt in sich hinein. Wundere dich nicht über die mögliche Antwort, lieber Udo. Bei diesem tröstlichen Gedanken fällt sie in den Schlaf.

Der laute, durchdringende Schrei eines Milans weckt sie am nächsten Morgen. Es ist noch dunkel, doch sie kann nicht wieder einschlafen. Irgendwann hatte Stefan sie gefragt, ob sie auch sexuelle Fantasien hätte. »Weiß nicht«, hatte sie geantwortet und er konterte: »So was weiß man doch, entweder man hat welche oder nicht.« – »Gut, ich denke darüber nach«, erwiderte Rosa damals, doch er hatte nicht noch einmal gefragt. Das fällt ihr jetzt wieder ein. Ja, es gibt eine, eine wirklich prickelnde Fantasie, in die sie sich gerne hineinfallen lässt, nur gedanklich. Erleben möchte sie das auf keinen Fall, doch das

Eintauchen in diese imaginäre Szene lässt sie lustvoll erschauern.

Sie liegt am Strand auf einer Decke, nackt, auf dem Rücken, nur das Gesicht hat sie mit einem Strohhut vor der Sonne geschützt. Sie ist ganz allein, der Wind ist kaum zu spüren, es ist still und es ist angenehm warm, ihre Augen sind geschlossen. Sie bemerkt, dass sich jemand nähert, ohne Worte setzt sich dieser Jemand neben sie. Eine Hand berührt zuerst ihren Arm, dann beginnt diese Hand ihren Körper zärtlich zu streicheln. Es ist unzweifelhaft eine Männerhand, die nun beginnt, ihre Brüste sanft zu massieren, es gefällt ihr, was sie gerade erlebt. Bleib!, möchte sie sagen, doch das ist nicht nötig. Jetzt kann sie ihn riechen, männlich, frisch, vielleicht war er baden und hat sie hier liegen sehen. Langsam öffnet sie einladend ihre Beine, er nimmt die Einladung an und legt seine Hand auf ihren Venushügel wie ein Feigenblatt, lange, ohne Bewegung, nur die Wärme seiner Hand fängt an, ihren Körper von dort aus zu durchströmen. Sie merkt, wie sie feucht wird, sie hat Lust, seinen Penis in sich zu spüren, doch sie bewegt sich nicht. Die Zeit scheint stehen geblieben. Komm! denkt sie und er legt sich ganz behutsam zu ihr und lässt IHN wie in Zeitlupe in sie hineingleiten.

Keiner von beiden spricht, kein Küssen, keine Wollust, der Strohhut liegt an seinem Platz, nur ihr Becken hat sie leicht angehoben. Bleib so, lass die Energie fließen! In ihrem Körper tanzen die Moleküle, der Moment scheint unvergänglich, bis der Mann sich zurückzieht, erhebt und wieder geht. Nie wird sie erfahren, wie er aussieht, wer er ist. Er war da, bei ihr, in ihr, er hat sie lustvoll erzittern lassen. Er war ein Geschenk.

Rosa merkt, wie sie rot wird. Das ist ja lustig, denkt sie sich, ich liege alleine im fremden Bett und schäme mich für meine Gedankenspiele. *So was denkt doch keine seriöse verheiratete Frau,* erklingt die Stimme der Vernunft. Wo sitzt diese noch mal? Ach ja, linke Gehirnhälfte, der Verstand mit all seinen Urteilen und Bewertungen. Ein Diener sollte er sein, doch hat er sich zum Herrscher erhoben. Die rechte Seite indes jubiliert: *Gut gemacht, Mädchen! Genieß deinen Körper, genieße jeden Augenblick, der dir geschenkt wird, du weißt am besten, was für dich gut ist.*

Plötzlich fällt ihr Udo wieder ein. Hätte sie sein Angebot gestern Abend doch annehmen sollen? Er hat so liebevoll vom Zusammensein mit seiner Frau gesprochen, vielleicht hätte sie von ihm was ganz Neues lernen können? Vielleicht hätte er dem Mann in ihrer Fantasie entsprochen? Da saß er beinah auf ihrer Bettkante, doch sie hat ihn weggeschubst.

Bibi hätte mit ihm auf jeden Fall ihr Portfolio erweitert, mir fehlt da irgendeine Verschaltung im Kopf, bemerkt Rosa wieder einmal ernüchtert. Manchmal hat sie spaßeshalber eine alte Fernsehwerbung umgedichtet und gesagt: *An meinen Körper kommt nur Stefan und CD!* Ist das Treue, die tief in ihr verankert ist? Was solls? Nun ist Udo weg und damit wieder eine Gelegenheit und sie liegt hier allein, auch gut, so braucht sie kein schlechtes Gewissen zu haben.

Um neun gibt es Frühstück in der Küche, Frau Pauli wird ihr Gesellschaft leisten, dieser Gedanke bringt sie in die Realität zurück. Es ist hell geworden, sie öffnet weit das Fenster und die kalte Morgenluft flutet den Raum. Sie bleibt nackt in der Kälte stehen, bis sich ihr ganzer Körper mit einer Gänsehaut überzieht. Jetzt streift sie Unterhemd, Poloshirt, Slip und Pantalons über und geht über die schmale Treppe zur Küche, in der die Holzscheite im Kaminofen feuerrot glimmen und eine behagliche Wärme Rosa in Wohlfühlstimmung versetzt. »Renate, wie herrlich ist es hier zu sein.« Sie setzt sich auf denselben Platz in der Eckgarnitur wie gestern, Renate sitzt ihr gegenüber, Karl werkelt schon auf der Terrasse, anscheinend hat er schon gefrühstückt, nur Udo fehlt.

»Hast du gut geschlafen an der frischen Waldesluft?« – »Na klar, wenn auch meine Konversation mit dem netten Rennsteigwanderer gestern noch einen stürmischen Verlauf genommen hat.« Renate setzt ein verwundertes Gesicht auf.

»Der Udo hat mir ein interessantes Gespräch angeboten. Als hätte er meine Gedanken erraten, haben wir über unsere Beziehungen geredet. Er hat eine Frau, die er sehr liebt und die ihm gibt, was er braucht. Ich habe einen Mann, den ich liebe und der mir nicht gibt, was ich brauche.«

Rosa beschließt, die anschließend abendliche Begegnung mit Udo doch nicht zu erwähnen. Renate lächelt milde, holt die frischen Eier im personalisierten Eierwärmer vom Herd und fragt Rosa genauso direkt: »Was genau brauchst du denn von deinem Mann, meine Gute?« Wie soll sie diese Frage beantworten? »Es ist so kalt geworden zwischen mir und Stefan, es fehlt Wärme und Nähe. Irgendetwas steht zwischen uns, etwas Trennendes. Doch er tut so, als wäre alles in bester Ordnung.« Renate fragt weiter nach. »Hast du ihm das schon mal so gesagt?« Rosa überlegt. »Nee, nicht mit diesen Worten, doch wenn ich was bemängele und mit ihm reden will, antwortet er nur: Dann musst du dir einen anderen suchen, ich bin wie ich bin.«

Renate holt tief Luft. »Einerseits hat er da recht, doch anderseits liegt er auch falsch.« Jetzt wird es interessant. Rosa schiebt sich wieder das Kissen hinter den Rücken, um sich bequem anlehnen zu können. »Hast du dich schon mal gefragt, wer du wirklich bist?«, fragt Renate. »Ja, ich denke schon, Erkenntnisfragen treiben mich schon lange um. Und weil das so ist, habe ich sogar einen *Lesesalon gegründet, da* treffen wir uns mit Menschen, die gerne mal über den Tellerrand schauen, da reden wir auch viel über Philosophie.« Karl kommt zur Küche herein und fragt, was er mitbringen soll aus der Stadt, er fährt einkaufen, hier im Ort gibt es schon lange keinen Laden mehr. Renate überreicht ihm einen Einkaufszettel, erklärt ihm, dass sie am Gründonnerstag selber fahren wird, doch er zum Beispiel schon die Getränke für Ostern mitbringen kann. Rosa schmunzelt. Wie bei uns, denkt sie, die Getränke besorgen liegt in Stefans Hand.

»Na, Mädchen, jetzt lächelst du ja wieder?!« Rosa merkt, dass sie in Gedanken versunken war und Renate sich ihr wieder zuwendet. »Ich hab an meinen Mann gedacht und daran, dass es bei uns alltagsmäßig sehr gut passt, so wie bei euch beiden grad eben.« – »Weißte, wir streiten auch, wie alle Paare, doch es ist seltener geworden, wir sind jetzt altersmilde.« Schönes Wort! Ob Altersmilde auch für stürmische Widderfrauen und ausgewiesene Kratzbürsten vorgesehen ist? »Gibt es dafür ein Rezept?« Rosa schaut Renate erwartungsvoll an. »Klar, es gibt dafür ein Rezept. Es heißt *Liebe*. Die Liebe, die von Gott kommt, deren Kraft Jesus kundgetan hat, diese Liebe ist Erlösung und sie ist nicht von dieser Welt.«

Da ist er wieder, dieser Jesus, er verfolgt mich, denkt Rosa. »Renate, ehrlich, ich verstehe das nicht mit diesem Jesus und wieso ich es ohne ihn nicht schaffen soll. Das hast du uns Pilgerinnen damals mit auf den Weg gegeben und letztens hab ich diesen Satz von einer Ärztin gehört. Was bedeutet das?« Renates Blick liegt verständnisvoll auf Rosa und sie sagt: »Philosophisch kann man Jesus und die Wahrheit nicht verstehen, weil der Verstand das nicht erfassen kann. Die Lehre Jesu kannst du nur im Grunde deines Herzens erkennen, seine Wahrheit fühlen und leben.«

Das gerade Gehörte klingt gut, doch es macht Rosa auch traurig. Wenn Philosophen die Wahrheit nicht erkennen können, dann wäre ja alles umsonst gewesen, die Abende im Salon, die heißen Diskussionen über das Gute und Schlechte in der Welt, die Suche nach dem richtigen Leben, das Studium der dicken Wälzer, die sich in ihrem Bücherregal stapeln, und auch die ganze Arbeit aller großer Dichter und Denker?

Sie lehnt sich zurück und verschränkt die Arme vor der Brust. Als hätte Renate Rosas Frage als Sprechblase aus ihrem Kopf aufsteigen sehen, beantwortet sie diese. »Sei nicht traurig. Nachdenken über die Welt ist schon mehr als die meisten Menschen tun. Geh weiter auf die Suche nach dem Glück! Du wirst an dem Punkt ankommen, wo du erkennst, dass es die Urwunde der Menschheit ist, sich von Gott getrennt zu haben und damit von seiner Liebe.«

Rosa qualmt der Kopf, sie schenkt sich ein Glas Wasser ein, trinkt es in einem Zug aus und sucht ihr Notizbuch in der Jackentasche. »Kannst du das nochmal wiederholen? Ich muss es aufschreiben. Ich verstehe es nicht, doch ich spüre, dass es in diesen Worten einen Schatz für mich zu heben gibt.« Rosa konserviert, während Renate das Gesagte wiederholt, die Worte auf dem Papier des kleinen Hefts. »Ich will mir Zeit geben deiner Weisheit auf den Grund zu gehen und vielleicht werde ich diese Liebe finden, von der du sprichst.« Rosa steht auf, Renate erhebt sich ebenfalls von der Sitzbank und beide umarmen sich lange. Der Waldboden unter ihren Füßen lässt sie sich leicht fühlen, die riesigen Fichten rechts und links des Weges erzählen von der Vergangenheit, die kleinen Buchen dazwischen vom Neuanfang. Kommen und Gehen. Werden und Vergehen.

Einatmen – Ausatmen.

Das ist das Leben. Dazwischen die Ewigkeit.

13 | JETZT DU!

Das hat gesessen. Rosa spürt jetzt noch den Kloß im Hals, nachdem sie am Karfreitag die schicksalhaften Worte ausgesprochen hat. Nun waren sie endlich raus, wie der Geist aus der Wunderlampe, sie hatte lange daran gerieben. Ob es der gute oder der böse war, wird sich zeigen. In der Herzgegend fühlte es sich total richtig an, auch wenn sich die Wände in der Küche sofort wie mit Eis überzogen, als sie den lange vorbereiteten Satz aussprach: »Stefan, ich bin in Limbach zu einer Erkenntnis gekommen: Wenn Arbeit, Fußball und Fernsehen alles sein soll in deinem Leben, können wir den Weg nicht mehr zusammen gehen.«

Keine weitere Erklärung.

Punkt.

Jetzt du!

Stefan stand das völlige Unverständnis im Gesicht, er gab keine Antwort, schüttelte bloß den Kopf und ging. Er ging aus dem Haus, kam nach einer Stunde zurück und tat, als wäre nichts gewesen. Aha, er denkt, das Drehbuch läuft wie in jeder der vergangenen Folgen. Es lief auch erst mal so, nach außen. Es war Ostern, Tim und Karo mit ihrem neuen Freund Paul hatten sich angesagt, Familientreffen, Besuch bei Oma Ursula, Grillen im Garten mit Hannes, fröhliches Beisammensein. Rosa nahm sich vor, den schönen Schein zu wahren und dachte, dass es ihr gelungen war. Doch Tim hatte seine Antennen auf Empfang und fragte Stefan am Tag seiner Abreise unvermittelt, was denn los sei: »Hier stimmt doch was nicht bei euch?« Da kamen bei Stefan die Tränen, viele Tränen, Tränen der Trauer und der Ratlosigkeit. Die beiden hatten nicht mitgekriegt, dass Rosa mithören konnte, anfangs. Dann verschwanden sie in Tims Zimmer und redeten lange miteinander, Vater und Sohn auf Augenhöhe.

Doch Rosa blieb hart, machte Stefan klar, dass sie sich dieses Mal nicht *wieder einkriegt*. So geht das Leben für sie nicht weiter. Und das ist die Wahrheit, die gerne auch mal ans Licht kommen wollte. Das ist sie nun und es gibt für sie kein Zurück.

Rosa sitzt im Auto, heute geht es auf ihrer Tour flott voran. Anscheinend hatten ihre Besuchsärzte alle ein frohes Osterfest und haben ein Stück von der guten Laune mit auf ihre Arbeit genommen, auf der anderen Seite hat Ostern potenziellen Patienten auch gutgetan, denn sie bedürfen heute kaum einer Konsultation beim Doktor ihres Vertrauens.

Dafür bekommt Rosa ein vielfaches »Ja« für ein Beratungsgespräch, in dem die Frage ihrerseits: »Wie geht es Ihnen?« ernst gemeint ist und sie das tut, was Ärzte am meisten mögen, sie hört ihnen zu. Es sind eben auch nur Menschen und keine Götter in Weiß.

Mit Blick auf ihren Gefühlszustand findet sie wieder einmal absolut erstaunlich, dass auch der größte Ärger ihrer guten Grundstimmung nichts anhaben kann. Ein Problem zu erkennen, bedeutet für sie, dass sich die Lösung bereits ihren Weg bahnt. Reibung erzeugt Wärme, Auseinandersetzungen führen zu neuen Sichtweisen und diese zu neuem Handeln. Ist es wirklich so einfach? Ja, so einfach ist es, es wurde uns nur nicht beigebracht. Rosa erinnert sich an die Worte ihrer Mutter: »Du hast eben einen eigenen Kopf.« Ja, zum Glück. Und mit dem Material darin ließ sich bis jetzt ziemlich gut arbeiten.

Es ist Mittag und sie biegt in Leutersbach in die kleine Nebenstraße an der verlassenen Puppenfabrik ein. Hier verkaufen Biogärtner von April bis Mai selbstgezogene Jungpflanzen aller Art, gleich neben den Foliengewächshäusern unter freiem Himmel, Pflanzen aus samenfestem Saatgut in Demeter-Qualität. Höchster Biostandard! Letztes Jahr erst hat Rosa diese alternative Gärtnerei entdeckt, ein Flyer in einer Praxis machte sie darauf aufmerksam und nun ist es ihr ein Bedürfnis, zum einen diese Enthusiasten zu unterstützen, die dem Anschein nach vom Erlös der sechs Wochen das ganze Jahr leben müssen, und zum anderen möchte sie keinen bestrahlten Salat oder genmanipulierte Tomaten haben, wenn sie sich schon die ganze Arbeit monatelang im Garten macht, um als Selbstversorger zu leben. *Selbstversorger.* Das hört sich etwas nach *besserer Mensch* an, zumindest privilegiert, mit ausreichend Fläche, Eigentum an Grund und Boden, der nicht zubetoniert ist. Es macht 'ne Menge Arbeit, doch wenn Rosa dann im Juni den selbstgesäten Spinat mit Knoblauch und braunen Zwiebeln aus der Pfanne zu den ersten eigenen frischen, in Butter geschwenkten Pellkartoffeln serviert, überkommt sie eine solche Dankbarkeit für diese Gnade, dass aller Aufwand dafür vergessen ist. Sie ist Gärtnerin aus Überzeugung, es gibt nicht viel Schöneres als frische Nahrung aus eigenem Anbau für sie.

Rosa geht mit dem kleinen Korb durch die Reihen der langen Tische, auf denen kistenweise kleine Pflänzchen auf ihren Umzug in die Gemüsegärten warten. »Wo sind denn die Gurken, Zucchini kann ich auch nicht finden?« Rosa winkt einer kleinen Frau mit buntem Kopftuch und dunkler Latzhose zu. »Die Gurken sind dieses Jahr noch zu klein, durch die Kälte im Februar sind sie nicht gewachsen. Da kommen Sie bitte Anfang Mai nochmal.« Es soll ihr recht sein, denn auspflanzen wird sie die Gurken und Zucchini erst nach den Eisheiligen, Mitte Mai, solange stehen sie unter der Überdachung hinter der Garage. Sie packt die in Zeitungspapier gewickelten Bündel mit den Kohl-, Porree- und Selleriepflänzchen und einige Töpfchen mit Zinnien, Astern und Malven in die beiden Klappkisten und bezahlt in bar mit ordentlichem Trinkgeld die Summe, die die kleine Frau auf dem Zeitungsrand mit Bleistift ausgerechnet hat. So einfach kann die Welt sein, analog und ohne Strom. »Sie sind sicher mit dem Auto hier, nicht wundern, vorn ist heute die Einbahnstraße nach links gesperrt. Man kommt nicht durch und an der Straße nach rechts steht das *Einfahrt-verboten-Schild.* Sie fahren trotzdem da rein, geht nicht anders.«

Rosa bedankt sich für den Tipp. Sie verstaut die Kisten im Kofferraum und startet den Wagen. Ihre Laune verbessert sich, die Vorfreude auf den Frühling, die Gartenarbeit, die Vorstellung, dass alles in diesem Jahr wunderbar gedeiht, lässt ihr Herz höherschlagen. Sie biegt in die Straße nach rechts, ignoriert das Verbotsschild, was ihr einen leichten Schauer über den Rücken laufen lässt. *Das darfst du nicht!* Es trotzdem zu tun, erinnert sie an Kinderstreiche und lässt sie lächeln. Plötzlich traut sie ihren Augen nicht – Stefans Transporter parkt in dieser engen Straße, sie kommt kaum daran vorbei. Hab ich mich getäuscht? Sie bremst scharf, fährt rechts ran, hält vor dem Auto und schaut zurück auf das Nummernschild. Kein Zweifel, es ist seines. Was tut er hier? Hier gibt es weit und breit keinen Supermarkt, wo Marktleiter sehnsüchtig auf den

Besuch eines Vertreters für Brotaufstriche warten. Nein, er steht vor einem Privathaus, in seiner Arbeitszeit?!

Die Gedanken im Kopf schlagen Purzelbaum. Einer davon, der sich durchsetzt, heißt: Er hat eine Geliebte, was sonst? Der Klassiker. Zu Hause läuft nichts mehr, dann such ich mir 'ne Schnecke, die nicht nervt und willig ist. Der Angetrauten erzähl ich, dass alles in bester Ordnung ist, nur der Stress auf Arbeit ... darum bin ich immer müde.

Das Herz schlägt ihr bis zum Hals. Sie kann es nicht fassen. Das glaub ich jetzt nicht! Es gibt doch Situationen, in denen ihre Grundstimmung alles andere als gut ist, das ist eine davon. Sollte ihr das Los aller gefrusteten Ehefrauen zufallen, dass man sich trennt und auf den nächsten hofft? Ich wollte doch den Mann, den ich liebe, behalten, nur aufgeräumter und dann auf neuen Wegen mit ihm wandeln? Das ist ihr in der *Rennsteigrose* an diesem Nachmittag mit Udo klar geworden. Und nun? Hat sie es mit einem wohlüberlegten Satz vermasselt? Hatte sie es früher schon vermasselt?

Sie sitzt im Auto und hofft, dass Stefan jetzt nicht aus irgendeiner dieser Haustüren tritt, sie aus dem Mercedes stürzt, einen Tobsuchtsanfall bekommt, ihm wie wild ihre Handtasche rechts und links über den Kopf zieht und ihn dabei anschreit. Zurzeit bestünde derartige Gefahr. Doch diese Szene will sie sich und ihm ersparen. Deshalb muss sie hier weg.

Einatmen – Ausatmen.

Vielleicht ist es ja auch ganz anders und es gibt eine Erklärung, die noch Hoffnung lässt? Sie beschließt, erwachsen zu sein und souverän mit dieser Situation umzugehen. Sie startet den Wagen und fährt los. Daheim angekommen, lenkt die Nachbereitung des Tages am Computer gut ab. Emails beantworten, Besuchsberichte einpflegen, Spesen abrechnen. Jetzt ist es ist kurz vor vier – Kaffeezeit. Heute wird Stefan zu spät sein, logisch, auch wenn sie nicht weiß, was genau sich hinter einer der Fassaden in der engen Straße abgespielt hat. Sie beendet ihre Arbeit und sofort spinnt ihr Kopf Geschichten zusammen, die das Zeug hätten, Stoff für die Beziehungsdramen sämtlicher Vorabendserien der nächsten Wochen abzugeben.

Halb fünf hört sie Stefan nach Hause kommen. Er geht sich wie immer umziehen und setzt sich danach wortlos an den gedeckten Küchentisch. Rosa hat sich vorgenommen, nichts zu sagen, nichts über ihre Gefühlsachterbahn, die der Anblick seines Autos ausgelöst hat, da sie es an einem Ort hat stehen sehen, wo es nicht stehen sollte. Doch gar nicht sprechen, das hält sie nicht aus. »Milchkaffee oder Café Crème?« – »Gar keinen, ich mach mir einen Tee. Beruhigungstee am besten.« Stefan spricht mit leiser Stimme und sieht sie dabei nicht mal an.

Upps! Es scheint nicht der Zeitpunkt für ein Geständnis zu sein. Rosa drückt auf den Knopf der Kaffeemaschine, damit diese einen Café Crème für sie produziert. Er geht zum Schrank, holt sich die große Teetasse mit der Aufschrift *Schön, dass es des dich gibt!* heraus, füllt Wasser in den Kocher, schaltet ihn an, sodass das einsetzende Rauschen den ganzen Raum erfüllt und kurz die unerträgliche Stille vertreibt. Die Tasse hat Rosa ihm mal geschenkt, doch im jetzigen Augenblick weiß sie nicht, ob es für sie stimmt, was draufsteht.

Beide sitzen sich gegenüber, aber keiner spricht ein Wort. Es formieren sich zwar unzählige Gedankenschleifen hinter Rosas Stirn, doch sie finden zum Glück den Weg nicht über die Zunge nach draußen. Er ist dran, er hat den *Schwarzen Peter* und sollte versuchen, ihn loszuwerden, so geht doch das Spiel, oder? Doch er schweigt. Nicht nur heute, Stefan schweigt auch die nächsten drei Tage und Rosa beißt sich bei jeder ihrer Begegnungen auf die Zunge. Nein, er hat den Matchball, ich muss warten.

Am frühen Samstagmorgen scheint die Sonne zeitig durch das Fenster auf das Ehebett. Rosa zieht sich die Bettdecke über den Kopf, vor neun Aufstehen wäre am Wochenende mitten in der Nacht. Stefan schläft neben ihr, trotz der gefühlten Minusgrade, die von ihm ausgehen, ist sie nicht ins Gästezimmer umgezogen. Die Distanz zwischen ihnen tut schon weh, wenn sie auch noch allein im Bett liegen müsste, das würde sie nicht aushalten. Irgendetwas Unsichtbares verbindet sie mit diesem Mann, der neben ihr unschuldig schlummert, so wie immer und auch jetzt am Scheideweg. Es ist erst sieben, doch an wieder Einschlafen ist nicht zu denken, darum geht sie zum *Sich-Selbst-Umarmen* über. Sie umschling mit beiden Armen ihren Körper, spürt die wohlige Wärme unter der Decke und ihren Körper im Zustand des Nichtdenkens, ein Kribbeln entlang der Wirbelsäule steigt auf bis in den Schulterbereich und versetzt sie in Meditation. Herrlich! Das hat sie von ihrem *Reiki*-Lehrer gelernt und es fühlt sich an, als läge man in warmen Badewasser. »Schläfst du noch?« Sie fährt zusammen. Er hat gesprochen! »Nein, ich liege wach.« – »Dann geh ich jetzt Frühstück vorbereiten. Ich muss dir was erzählen.«

Rosa bekommt große Augen und richtet die auf Stefan, während er die Vorhänge aufzieht und das Fenster weit öffnet. Endlich wird er ihr beichten, endlich ist die Funkstille zu Ende. Gleich wird sie erfahren, was er in Leutersbach gemacht hat. »Gute Idee«, antwortet sie, bemüht, sich ihre Aufregung nicht anmerken zu lassen.

Der Tisch ist gedeckt mit frisch aufgebackenen Brötchen, Butter, Honig, körnigem Frischkäse und der selbstgemachten Erdbeermarmelade vom letzten Sommer, dazu Frühstückseier im Becher. Die Kaffeemaschine dampft und zischt, als würde es ihr schwerfallen, die gewünschten Getränke herzustellen. Vom Tisch aus kann Rosa beobachten, wie sich auf der Terrasse ein paar Spatzen, Meisen und ein Amselpärchen um die letzten Sonnenblumenkerne aus dem Futterhäuschen streiten. *Vögel singen nach dem Sturm, warum nicht auch wir?* Jetzt schaut sie Stefan erwartungsvoll an. Er bricht sein Schweigen: »Was du mir vor Ostern nach deinem Kurzurlaub gesagt hast, hat mir die Füße unter dem Boden weggezogen. Weißt du das?«

Rosa nickt zustimmend. »Zuerst dachte ich, du hast mal wieder schlechte Laune und wirst dich bald wieder einkriegen. Doch dann hab ich gemerkt, du meinst es ernst.« – »Ja, stimmt, ich meine es ernst«, setzt sie mit ernstem Gesicht noch einen obendrauf. Er schaut sie traurig an. »Ich hab keinen blassen Dunst, was ich machen soll. Ich verstehe es ehrlich gesagt auch nicht, es hat sich doch bei uns immer alles wieder eingerenkt.« Er redet, ich werde ihn nicht unterbrechen, denkt Rosa. »Mein erster Gedanke war wirklich, da ziehe ich eben aus. Doch der zweite Gedanke war viel stärker: Wie soll ich ohne dich leben?« Er macht eine Pause, um sich Brötchen und Ei zu widmen. Immerhin hat es ihm nicht auf den Magen geschlagen, er hat heute Morgen einen guten Appetit. »Ich war echt am Arsch, brauchte jemanden zum Reden, darum war ich am Dienstag bei Daniela.«

Aha. Daniela also. Doch wer ist Daniela? »Wen, um alles in der Welt, sollte ich um Rat fragen? Meine Kumpels vom Fußball? Unsere Nachbarn? Die machen sich doch über ihre Beziehungen überhaupt keine Gedanken. Daniela kenn ich schon lange, du weißt schon, die Heilpraktikerin aus Leutersbach, ich hatte dir von ihr erzählt. Bei ihr hab ich mich gut verstanden gefühlt, als sie mich damals von meinen jahrelangen Knieproblemen befreit hat.« Na endlich! Das Rätsel, das seit Tagen ungelöst im Raum steht, löst sich auf, eine große Erleichterung stellt sich bei Rosa ein. Sie wird keine weiteren Drehbücher für Vorabendserien schreiben! Stefan war bloß bei einer Bekannten!

»Sie ist eine Frau so wie du, die alles genau wissen will und die Herz und Kopf verbindet.« Wow! Rosa erinnert sich nur dunkel an seine Erzählungen von der *Praxis für Heilkunde und Osteopathie* in Leutersbach, die etwas versteckt liegt, nur mit einem kleinen Schild an der Tür. Rosa hatte es vergessen. Nun holt sie tief Luft und gesteht ihm, dass sie sein Auto dort gesehen hat und dachte, er hat eine Andere.

Stefan lacht heiser auf. »Klar hatte ich solche Gedanken manchmal, wenn wir uns gestritten haben. Und vor allem am Karfreitag. Doch ich kann mir das nicht wirklich vorstellen. Du bist meine Gefährtin, meine Geliebte, meine Frau.«

Seine Augen werden glasig, sie weiß, es stimmt, oft hat er das zu ihr gesagt. Jetzt ist aber nicht der Zeitpunkt für Gefühlsduselei, jetzt braucht sie Klarheit. »Was hat sie dir denn geraten, die Daniela?« Rosa kann es kaum glauben, was sie nun hört, denn Stefan verwendet sehr unbekannte Vokabeln. *Wir Menschen leben zu pragmatisch. Wir sind zu verkopft und folgen nur unserer Konditionierung. Die zu erkennen, die eigenen Gefühle wieder zu fühlen und sich zu fragen: Was mach ICH hier eigentlich? kann die Lösung vieler Probleme sein, auch in der Partnerschaft.*

Hat Stefan das gerade alles gesagt? Rosas fragt vorsichtig nach: »Darüber hat sie mit dir gesprochen?« – »Ja, ich dachte zuerst, hier bin ich falsch. Was labert die Tante da zusammen? Ich brauch eine schnelle Lösung, einen Satz, den ich dir sagen kann, damit alles wieder beim Alten ist. Doch dann hab ich auf einmal einen Zusammenhang gesehen zwischen dem, was sie gesagt hat, und dem, was du meinst.«

Rosa stellt sich vor, wie sie am Dienstag Stefan möglicherweise wie eine Furie mit der Handtasche traktiert hätte, wäre er aus einer der Türen in der kleinen Straße getreten. Nun würde sie wahrscheinlich demnächst bei dieser Daniela klingeln und ihr um den Hals fallen. Sie hat ihm ans Herz gelegt, er sollte sich auf den Weg machen, auf den Weg zu seinen Gefühlen und damit zu sich selbst. Manchmal geschehen noch Zeichen und Wunder!

»Und jetzt?«, fragt sie vorsichtig. »Das glaubst du noch weniger. Ich hab mich für ein Wochenendseminar angemeldet. Bei Carlos Kuschnek. Hast du von dem schon mal gehört?« – »Nee, kenne ich nicht.« Sie muss jetzt erst mal alles ordnen. Stefan hat sich mit einer Frau unterhalten, der er sein Herz ausgeschüttet hat, die ihn verstanden hat. Er hat keine Andere. Und jetzt will er ein Seminar besuchen, bei einem spirituellen Heini, wie er das normalerweise nennen würde. Okay, er hat ihre Botschaft im Grunde verstanden. Okay. Und offensichtlich will er den Weg mit ihr zusammen weitergehen?! Lieber nochmal nachfragen: »Ist die Antwort auf die Frage, ob du mit mir den Weg zusammen weitergehen willst: Ja?« – »Ja! Na klar! Ich weiß nur noch nicht wie. Ich weiß grad gar nichts. Doch ich fahr da jetzt mal hin, wer weiß, wozu es gut ist.«

Der Kaffee in Rosas Tasse ist kalt geworden, das Ei steht unangerührt auf dem Tisch, die aufgebackenen Brötchen sind wieder hart, während sich etwas anderes neu, warm und weich anfühlt. »Wann fährst du und wohin?« Rosa bemüht sich, ihre Stimme beim Nachfragen sanft und vorsichtig klingen zu lassen, obwohl sie am liebsten jubilieren würde, total neugierig ist. »Warte, ich hab alles aufgeschrieben. Du willst sicher mehr wissen.«

Ah, er kennt mich doch ganz gut, spricht ihre innere Stimme mit leichtem Zynismus, worüber sie sich sofort ärgert, denn das muss sie sich unbedingt abgewöhnen, wenn ihre Kommunikation besser werden soll. Stefan geht ins Arbeitszimmer und kommt mit seinem Notizbuch in der Hand zurück. »Das Seminar heißt: *Die Transformation all deiner Probleme.* Ich fahre nächsten Freitag, nach Blumberg, irgendwo in Bayern und es geht bis Sonntagnachmittag. Kostet auch 'ne Stange.«

Rosa lässt sich zurück an die Stuhllehne fallen und kann wieder lächeln. Geld hat mit Wert zu tun, also auch mit Selbstwert. »Ich freue mich. Echt. Du bist es dir wert, dich und deine Probleme kennenzulernen. Dafür geben nur wenige Geld aus, für so einen *Esoterik-Kram*.« Sie lacht, nimmt seine Hand in die ihre und schaut ihn aufmunternd an. Er zieht seine Stirn in Falten, überlegt kurz und antwortet: »Na ja, wäre es die Rechnung aus der Autowerkstatt, würde ich sagen: War gar nicht so teuer dieses Mal.« Er lacht. Seit langem können sie wieder mal gemeinsam lachen. Sollte das der Tag der Weichenstellung auf einen neuen Weg sein? »Stefan, das Wetter ist bombig. Ich fahre nachher ins *Paradies*, Hannes hat gestern angerufen, es wird Zeit, die Wiese abzuharken bevor der Rasen wächst. Kommst du mit?« – »Eigentlich wollte ich zum Fußball, Pokalspiel in Merbach.« Rosa hat nichts anderes erwartet, schönes Wetter heißt bei Stefan Fußballwetter. »Dann mach das, man sollte nichts überstürzen, wenn man in seinem Leben etwas ändern will!« Augenzwinkernd bedeutet sie ihm, dass sie das ernst meint.

Freitagnachmittag. Rosa winkt dem Auto und Stefan hinterher, sie hat ihm angesehen, dass ihm durchaus etwas mulmig ist. »Bring mir mit, was dir zuerst den Hut streift«, hat sie sich zur Verabschiedung scherzhaft gewünscht, so wie Aschenputtel, als der Vater in die Stadt fuhr, um die Kleiderstoffe für den Ball zu kaufen. Es sollte ihm Mut machen, den Humor nicht zu vergessen und grad wenn es schwierig wird, alles nicht so ernst zu nehmen.

Vor Rosa liegt ein freies Wochenende, sturmfrei sozusagen. Doch sie wird sich weder Besuch einladen noch sich mit jemandem treffen. Sie möchte allein sein. Der Abend ist mild, sie sitzt auf der Terrasse, schaut in die untergehende Sonne, versunken in ihre Gedanken. Auf einmal nimmt sie die Silhouetten zweier Tauben auf dem Dachfirst gegenüber wahr, wie in einem Schattentheater sitzen sie nebeneinander und schnäbeln sich. Noch nie hat sie so ein kleines hübsches Schauspiel in der Abendsonne beobachtet. Die Beiden kommen zusammen, schnäbeln, hopsen zurück, kommen wieder zusammen und schnäbeln. Es hat etwas zutiefst Natürliches und Vertrautes, zwei Wesen berühren sich in Zuneigung. Plötzlich steigt er auf ihren Rücken, flattert Sekunden mit den Flügeln und setzt sich wieder neben sie.

Aus.

Die Szene ist abgedreht, die Liebesszene ist vorbei. Er sitzt einen halben Meter weit von ihr entfernt, sie hopst nochmal auf ihn zu, er dreht sich weg. Stille. Sie hopst wieder auf ihn zu, er bewegt sich nicht. Schluss. Nach zwei Minuten fliegen beide davon.

Woran erinnert sie das? Genauso ist es mit ihr und Stefan. Sie fühlen die Anziehung, küssen sich in froher Erwartung, haben kurzen Sex, doch es gibt kein *Danach* in Hingabe. Es gibt ein Blitzgewitter, ein kurzes Feuer, das zu Asche wird, kaum dass es brannte. Wie bei den Täubchen grad eben. Begehren, Verbinden, Entflammen und Vergehen. Ganz kurz hat es einen Hauch von Ewigkeit, doch dem Hauch folgt die Leere und dann die Sehnsucht. Wonach? Die Tauben zeugen Nachkommen, deren Nachkommen wieder Nachkommen zeugen, wie alle Tiere. Doch Menschen können sich als Mann und Frau vereinen, um etwas viel Größeres zu erleben. Sie lieben und vereinen sich, um das *Einssein* zu erleben, hat sie mal gelesen und ahnt schon lange, dass es irgendwie anders gedacht ist mit der sexuellen Vereinigung, als sie es kennt. *Der Körper trennt die Seelen und der Körper ist es, der sie wieder zusammenführt,* soll Schiller es treffend beschrieben haben. In den Tiefen ihres Herzens weiß Rosa, dass es das gibt, es geben muss. Doch wo und wie kann sie es finden? Sie ist doch noch jung, nur leicht über fünfzig, das kann doch nicht alles gewesen sein?

Vielleicht kommt ja Stefan mit einem Hinweis auf des Rätsels Lösung von Carlos Kuschnek nach Hause? Sie hat auch ein paar Kurse in Sachen Bewusstwerdung in den letzten fünf Jahren besucht. Doch weder Reiki, Yoga oder Familienaufstellungen hatten die Transformation aller Probleme zur Folge. Dieses Versprechen findet sie echt sportlich von diesem Carlos, noch dazu an einem einzigen Wochenende. Sonntagnachmittag klingelt ihr Handy, es ist Stefan. »Rosa, es wird später, wir sitzen noch um Carlos herum und er beantwortet alle unsere Fragen. Ich denke vor zehn bin ich nicht zurück.« Er legt gleich wieder auf und Rosa hält verblüfft den Telefonhörer in der Hand, der nur noch ein »Tut-tut« von sich gibt. Ihr Stefan will von seinem ersten Selbstfindungs-Seminar nicht schnell wieder weg, sondern er bleibt sogar länger?! Sie kann seine Rückkehr kaum erwarten.

Endlich hört sie vom Wohnzimmer aus den Schlüssel in der Haustür, das Abstellen seiner Tasche im Korridor, das Wechseln der Schuhe mit den Hauslatschen und er kommt mit einem breiten Lächeln herein. Schweigend begrüßt er sie mit einer kurzen Umarmung und lässt sich schwer auf die Couch fallen.

»Uff!« Ein langer, befreiender Atemzug ist zu hören, doch Stefan sagt eine Weile gar nichts. Rosa kommt sich vor wie in einem Zweipersonenstück, in dem beide gerade ihren Text vergessen haben.

Auf dem Tisch steht die halbvolle Teekanne summend auf dem Stövchen. Er schenkt sich vom Yogi-Tee, Sorte *Glückstee,* in die vor ihm stehende Tasse ein und schaut sie schweigend an. Rosa kann die Stille kaum aushalten. »Und?« Er guckt recht glücklich und beginnt endlich zu erzählen. »Carlos war genau der Richtige für mich. Ich bin so froh, dass ich hingefahren bin.« Er schließt nochmal kurz die Augen, atmet tief ein und aus. »Fünfzehn Menschen waren da und sollten über ihre Gefühle sprechen. Am ersten Tag hab ich noch total zugemacht, saß in meiner *Burg,* hatte die Zugbrücke oben und ich wollte nicht raus gehen. Doch am zweiten Tag hab ich gemerkt, ich kann nicht mehr ausweichen, ich muss was von mir preisgeben, sonst wird das hier nichts.«

Rosa spürt, wie schwer ihm das gefallen sein muss. »Diese offene, ehrliche Art in der Runde hab ich vorher noch nie erlebt. Die Menschen haben wirklich über sich gesprochen. Darum hab ich es dann auch zugelassen, mich zu zeigen, das Bauchgefühl sprang an und alles was mich bedrückt, kam aufrichtig aus mir heraus.« Sein Blick trifft den ihren während er weiter spricht. »Es war so befreiend, auch wenn die Tränen geflossen sind, wahrscheinlich gerade deswegen.«

Rosa ist beeindruckt. Ihr Stefan! Ihr Stefan hat vor fremden Leuten sein Herz geöffnet, Gefühle zugelassen und sogar darüber gesprochen. Als Mann! Wie schön! Auch ein Indianer kennt seinen Schmerz, müsste das Sprichwort zeitgemäß angepasst werden. »Und jetzt?«, fragt sie vorsichtig nach. Stefan sieht sie durchdringend an und gesteht: »Wahrscheinlich bin ich immer nur vor den Problemen weggelaufen, mit Arbeit, Fußball oder Fernsehen hab ich mich abgelenkt und gar nicht gemerkt, wie wir uns verloren haben.«

Rosa wird ganz heiß beim Zuhören und er noch ehrlicher: »Bei jedem Streit hab ich dir die Schuld gegeben und mich danach in meine Trutzburg verschanzt.« Sie schaut ihn an und kann nicht glauben, dass das Stefan ist, der da gerade spricht. Er setzt fort: »Dann hat uns Carlos erklärt, dass all unsere Konflikte aus den Verletzungen in unserer Kinderzeit kommen. Mein Vater, der nicht da war, meine Mutter, die überfordert war und vieles mehr, woran ich mich gar nicht mehr erinnern kann. Das alles hat mich negativ geprägt.«

Rosa staunt und hat eine Frage. »Aber wie kann man denn mitten im Streit merken, dass es mit den Verletzungen aus der Kindheit zu tun hat?« Stefan nickt zustimmend. »Das hab ich ihn auch gefragt. Carlos' Antwort darauf hab ich aufgeschrieben, warte mal.«

Er holt sein Notizbuch aus der Tasche, blättert darin herum, findet die Zeile und liest vor: »Wenn dich etwa stört und du dich aufregst über deinen Partner, ist das ein verletzter Anteil in dir. Du reagierst auf Ärger unbewusst immer so, wie du als Kind reagiert hast.« Jetzt macht Rosa ein betretenes Gesicht: »Na toll! Dann gibt es ja gar keinen Ausweg aus dem ewigen Clinch?«

Stefan klappt das Buch zu, legt es auf den Tisch, lehnt sich lächelnd in die Couchkissen und sein Blick sagt, er hat noch ein Ass im Ärmel. »Doch, einen Ausweg gibt es. Halt dich fest, denn jetzt wird's spannend. Wenn du zum Beispiel im Streit mit mir erkennst, nicht ich rege dich auf, sondern du regst dich auf, dann lässt du es einfach bleiben und schon war's das mit Streiten. Cool, was?« Rosa schüttelt den Kopf. »Das glaub ich nicht, dass das geht. Du regst mich nun mal auf, mit dem was du manchmal machst oder sagst. Und umgekehrt ist es ja bei dir genauso!« Belustigt stimmt er ihr zu: »Ja, das ist ja dieses Scheißspiel, was wir spielen. Stell dir vor, du schaffst es, zu sagen: Ich rege mich nicht mehr über Stefan auf, egal was passiert.« Sie grinst und schlussfolgert: »Nur wenn du das auch machst und dir sagst: Ich rege mich nicht mehr über Rosa auf.«

Sie denkt kurz über die Tragweite eines solchen Vorhabens nach und resümiert: »Ja, tatsächlich, dann würde Frieden bei uns einkehren.« Er lacht, rutscht ganz nah an sie heran und drückt sie an sich. »Ich glaub, dafür braucht es etwas Übung von uns beiden.« Rosa schmunzelt: »Wenn du mich fragst, braucht das nicht nur etwas, das braucht 'ne ganze Menge Übung.«

14 | FRAUEN

Rosa kann es immer noch nicht glauben, was dieses Wochenendseminar bei Stefan ausgelöst hat. Wie ist sowas möglich? Er hat sich doch immer dagegen gesträubt, sich selbst zu hinterfragen. Als sie gestern Karin, ihre Freundin aus dem Lesesalon, anrief und ihr von Stefans wundersamer Verwandlung erzählte, war Karins Antwort kurz und einleuchtend. »Rosa, für mich ist das plausibel. Geht es um alles, dann kann sich alles in einer Sekunde ändern.« Dieser Satz lässt Rosa nun nicht mehr los: Es geht wirklich um alles, um unsere Ehe und unsere Liebe. Als Stefan am Abend seiner Rückkehr noch mal betonte: »Ja, ich will den Weg mit dir zusammen weitergehen. Alles andere ist für mich unvorstellbar«, kam sie sich vor wie damals auf dem Standesamt. All das bestärkt sie in ihrer Hoffnung, dass er nach der anfänglichen Begeisterung nicht wieder in die alten Muster zurückfallen wird. Und gleichzeitig reift in ihr die Zuversicht, dass es auch in Sachen Sexualität neue Wege geben muss. Für sie geht es auch hier um alles. Jetzt will sie auch noch herausfinden, was ihr im Bett fehlt. Wonach sehnt sie sich wirklich? Geht es anderen Frauen auch so, dass sie sich nach etwas Unbestimmten sehnen oder gesehnt haben? Vielleicht bin ich nicht alleine mit dieser Sehnsucht? Ich muss sie danach fragen und um eine ehrliche Antwort bitten. Wie soll ich sonst davon erfahren?

An Direktheit hat es ihr nie gemangelt, das ist eine gute Voraussetzung für solch eine Recherche. Jetzt oder nie! Ehe es zu spät ist. Darum beschließt sie, zuerst ihre Mutter zu besuchen. Vielleicht hat Ursula heute einen hellen Tag. Sie wohnt seit dem Tod von Heinz bei ihrer jüngeren Schwester Margit. Zum Glück hat sich das vor zehn Jahren so gut gefügt. Margit war seit langem geschieden und ihr Mann hatte ihr damals das riesige Haus überlassen. Im Untergeschoss gab es eine kleine Wohnung, in die Ursula nach dem Unglück mit Heinz einziehen konnte. Margit hatte das Angebot sofort gemacht. Sie freute sich, nicht mehr allein zu wohnen und auch über die Aufgabe, nun für ihre Schwester da sein zu können. Rosa war froh darüber, ihre Mutter so gut betreut zu wissen. Der Schock nach dem plötzlichen Tod ihres Mannes hatte bei Ursula zu einer leichten Vergesslichkeit geführt, die sich nun in eine Demenz gesteigert hatte.

Ich rufe vorher an, überlegt sich Rosa. Sicher ist sicher. »Hallo Tante Margit, wie geht es Mutti, ich würde sie gern besuchen.« – »Heute hat sie einen guten Tag. Schön, dass du kommst. Ich hab noch Sonntagskuchen, da machen wir uns einen schönen Nachmittag.« Auf der Fahrt nach Brachfeld kommen alte Heimatgefühle hoch und Rosa sieht Bilder aus ihrer Kindheit. Wie Wolken schweben die kleinen Geschichten vorbei, während sie die enge, buckelige Landstraße entlangfährt. Die riesige Eiche in der Kurve erinnert sie daran, wie sie an heißen Sommertagen mit ihren Spielkameraden zum Bach neben der Straße gestromert ist und sie dort kleine Boote aus Stöckchen und Blättern in das niedrige Wasser gesetzt und geschaut haben, welches der Boote wohl am weitesten schwimmt. Hunderte kleine Stichlinge tummelten sich unter der Wasseroberfläche und leuchteten mal grün, mal gelb, so wie die Sonne sie traf. Die Jungs versuchten vergeblich, die Fische mit den bloßen Händen zu fangen, die Mädchen saßen am Uferhang, pflückten Gänseblümchen und flochten sich daraus Kränze. Dabei verfolgten sie gespannt die *Fischer*, ob es nicht doch einer schaffte, einen Fisch zu erwischen. Sie lachten, wenn es den Jungs nicht gelang, und die Jungs bespritzten sie dafür mit Wasser, so dass sie kreischend davonstoben. Wie schön das war, wie unbeschwert sie solche Kindertage erlebt hatte.

Beinah hätte Rosa die Einfahrt zu Margits Grundstück verpasst. Sie bremst scharf, schlägt das Lenkrad rechts ein und parkt den Wagen vor dem großen grünen Hoftor. Die Tür ist nur angelehnt, Tante Margit erwartet sie. Rosa betritt den großen Vierseitenhof mit dem alten Bauernhaus und schließt hinter sich die Tür.

Als sie drei war, hat sie hier der riesige schwarze Hund angesprungen und sie umgeworfen. Sie schrie vor Angst und darum kann sie Hunde nicht leiden, sie hat immer noch Angst vor ihnen. Heute gibt es keinen Hund mehr, auch keine Schweine und Schafe wie früher. Heute gackern nur noch ein paar Hühner in ihrem Gehege und die bunt gescheckte Katze Lilli räkelt sich auf der Hofbank. Die Stallungen stehen längst alle leer. Wenn ich an früher denke, wie es hier aussah, furchtbar, erinnert sich Rosa. Alles lag voller verstreutem Stroh, undefinierbares Ackergerät stand herum, von dem man sich nicht vorstellen konnte, das es jemals wieder eingesetzt werden könnte, aber einmal im Jahr erfüllte es seine Funktion und erwies sich als unentbehrlich. An den Mauern standen Kaninchenställe, in der Mitte des Hofes residierte ein riesiger Misthaufen und Hühnerkacke lag überall, wo man hintrat. Heute sieht der Hof aus wie geleckt. Herrliche bepflanzte Rabatten neben den Backsteinwänden zieren zusammen mit dem wilden Wein die Steinmauern des Gehöfts. In der windgeschützten Ecke neben dem Hauseingang stehen Gartenmöbel aus Holz, auf dem Tisch bereits das Service zum Nachmittagskaffee. Eine uralte Kastanie beschattet den ganzen Hof, in ihren Blütenkerzen summen und sammeln emsig die Bienen.

Es ist Mai und angenehm warm. Rosa betritt die kühle, breite Diele mit den rustikalen Möbeln. »Tante Margit?« Sie hört sie klappern in der Hofküche. Rosa steckt ihren Kopf durch die halbgeöffnete Tür, winkt der Tante kurz zu. »Na, das Rosinchen kommt mal wieder zu Besuch. Immer, wenn ich dich sehe, muss ich an den Spruch von der Hahnemann im Radio denken, wenn sie die Redakteurin vorgestellt hat: *Gestern Weintraube, heute Rosine, Angela Gensmar.*« Sie will sich kaputtlachen. »Jetzt gehste auch langsam auf die Rosine zu. Ha, ha, ha, ha.« Sehr witzig, denkt Rosa, doch sie kann es Margit nicht übelnehmen, sie war schon immer so ein fideles Haus. Ihre Fröhlichkeit ist ansteckend. »Ich möchte heute mit Mutti erst mal alleine sein.« – »Mach das, meine Gute, ich bin auch noch nicht fertig. Ich sag euch dann Bescheid. Bis gleich«, erwidert sie noch immer belustigt über ihren Kalauer.

Rosa klopft an Ursulas Tür. »Komm rein, Margit hat dich angekündigt. Schön, dass du dir Zeit für einen Besuch nimmst.« Sie steht etwas mühsam aus dem Ohrensessel auf und nimmt ihre Tochter kurz in den Arm. Küsschen rechts, Küsschen links das ist ihr fremd. »Das haben die Wessis hier eingeschleppt«, hat sie mal gesagt, »das kannten wir alle nicht. Das ist doch übertrieben.« Auch in den Arm nehmen ist neu für sie, doch Rosa besteht darauf. Früher hat man sich bestenfalls die Hand gegeben oder einfach nur *Hallo* gesagt. »Wie geht es dir heute, Mutti?« –»Wie soll es mir gehen? Es ist komisch alt zu sein. Du bist noch da, doch die Welt interessiert sich nicht mehr für dich und du dich nicht mehr für die Welt. Im Fernsehen kommt nur Mist. Alle scheinen verrückt geworden zu sein. Ich bin froh, wenn Margit bei mir sitzt und wir stricken zusammen. Ich hätte nicht gedacht, dass ich es noch kann. Doch es klappt immer besser. Schau mal, ein Schal, mit Norwegermuster, der ist grad fertig geworden. Den kann ich mir im Winter über die Schultern legen, wenn ich am Fenster sitze und die Vögel am Futterhäuschen beobachte.« Sie zeigt nach draußen zum Hof, wo das noch von Vater selbstgezimmerte überdimensionierte Futterhaus steht. Nur im Winter werden Vögel gefüttert, so hat es Rosa gelernt. Daran hält sich ihre Mutter.

»Wie sieht es denn bei deiner Karolin mit Nachwuchs aus? Ich würde ihr gerne eine Ausfahrgarnitur fürs Baby stricken.« Rosa lächelt zufrieden. Kein Vorwurf, dass sie öfter zu Besuch kommen sollte, keine Klage. »Das wäre schön mit einem Enkelchen. Stefan und ich, wir würden uns auch sehr freuen, doch es ist wohl erst *in Arbeit*. Fang doch einfach schon an eine Garnitur zu stricken.« – »Ja, aber ich weiß doch nicht ob blau oder rosa?« – »Ich glaube, dass ist heute egal, nimm doch grün.« – »Grün? Ich sag's ja, die Welt ist verrückt geworden.«

Rosa setzt sich auf den Stuhl am Fenster. »Mutti, setz dich mal bequem in deinen Sessel. Ich hab heute eine Frage auf dem Herzen.« Ursula schaut sie verblüfft an. Sie setzt sich. »Es geht um was sehr Spezielles, etwas Unausgesprochenes, etwas Intimes. Darf ich dich so was fragen?« Ursula zieht eine Augenbraue nach oben, schiebt sich nach hinten in den Sessel, als sollte er ihr mehr Halt geben und nickt ihrer Tochter zu. »Wie war das mit dir und Vater, mit euch beiden? Also ...«, Rosa zögert, » ... ich meine: im Bett, wie war es mit ihm im Bett?«

Ursula bekommt ganz schmale Lippen, es sieht aus, als ob sie nachdenkt. Doch sie schweigt lange. Rosa schweigt ebenfalls. Bloß die Pause aushalten, wenn ich jetzt was sage, war's das. Sie merkt, dass sie sich ein großes Thema ausgesucht hat, ein sehr großes, denn übers Eingemachte zu reden braucht Mut, Mut zur Wahrheit, auch wenn sie wehtut. Die Uhr neben dem Fenster tickt laut. Klack, Klack, Klack. Schweigen. Beide schauen in verschiedene Richtungen.

»Wieso fragst du?« – »Ich will es nur wissen.« – »Ausgerechnet heute, nur so?! Das glaub ich nicht.« Rosa überlegt, wie sie es ihrer Mutter erklärt, ohne dass sie sich aufregt.

»In meiner Beziehung, mit der Liebe, also bei mir und Stefan, klemmt es. Es klemmt eben auch im Bett, beim Sex. Jetzt bin ich auf der Suche, ob das wirklich normal ist in den späteren Ehejahren.« Upps. Es ist raus. Ehrlich und unverblümt. War gar nicht so schwer. Rosa schaut ihre Mutter durchdringend an. Das war kurz und knapp auf den Punkt gebracht. Sie ergänzt. »Ich hab schon davon gehört, dass in vielen Ehen der Sex spätestens ab fünfzig eingestellt wird.«

Jetzt lacht Ursula. »Das wäre schön gewesen. Dein Vater wollte es jeden Tag. Wenn es zu Weihnachten aus dem Radio erschallte: *Jauchzet, frohlocket, auf preiset die Tage*, dachte ich mir, das singe ich das ganze Jahr. Als er dann nach seiner Prostata-Operation impotent war, hab ich Gott dafür gedankt.« Rosa tut es leid, gefragt zu haben. »Das war ja schrecklich. War es auch mal schön oder hat es dir nie Spaß gemacht?« – »Wenn wir tanzen waren, ja, an diesen Abenden war ich glücklich mit Heinz. Tanzen konnte er wie kein zweiter und in diesen Nächten danach war es mit ihm voller Liebe. Weißt du, die romantische Liebe hat ihren Namen nicht von ungefähr. Es gibt sie nur im Roman. Ich hätte wahrscheinlich nach den Kindern keinen Sex mehr gebraucht. Ich hab so viel zu tun gehabt, in der Schule, am Wochenende die Hausarbeit. Abends war ich britsche breit und früh ging es zeitig raus, immer. Da war keine Muße und Zeit für Romantik. Jedenfalls nicht für mich. Möglich ist es, dass es auch Frauen gab, bei denen es anders war. Wer weiß das schon? Das ist ein Tabuthema gewesen.«

Immer wenn Rosa das Wort *Tabuthema* hört, wird ihr schwer ums Herz und gleichzeitig wird sie wütend. »Mutti, das ist heute noch so. Das ist einfach ein Tabu. Niemand spricht darüber ehrlich.«

Ursula schaut ihre Tochter traurig an und erzählt weiter. »Vielleicht hab ich mich auch deshalb so in die Arbeit und den Aufbau des Sozialismus gestürzt. Es ging immer nur um die Gesellschaft. Allen sollte es gutgehen, jeder Mensch sollte frei sein, nicht ausgebeutet. Heute weiß ich, dass wir uns selber ausgebeutet haben und dein Vater mich. In meinem Leben ging es nur darum, dass alles funktioniert. Die Süße des Lebens, von der manchmal die Rede ist, in Büchern, im Fernsehen, die hab ich nie geschmeckt.«

Wow! Rosa zuckt zusammen. Vor ihr sitzt eine fast Achtzigjährige, ihre Mutter, und macht sich und gleichzeitig ihr dieses Geheimnis ihres Herzens bewusst. Ihr kommen ein paar Tränen, die sie schnell abwischt. Sie setzt sich zu Ursula auf die Sessellehne, legt ihr den Arm um die Schulter und den Kopf auf den ihren. Sie merkt, dass es wehtun würde, wenn sie weiter fragt. Das Herz klopft aufgeregt in ihrer Brust. Nein, das ganze Geheimnis soll nicht gelüftet werden. Rosa beschließt, das Thema sanft zu wechseln. »Weißt du noch, wie du mich aufklären wolltest, als ich zum ersten Mal meine Regelblutung bekam? Ich hab schnippisch gesagt: Du brauchst mir nichts mehr erzählen. Das weiß ich alles von Herrn Motschaß.«

Nun lachen beide. Herr Motschaß war der Biologielehrer in der fünften Klasse und damals ein Kollege von Ursula. »Ach, Kind, ich dachte immer, bei dir passt es mit dem Stefan. Das ist doch so ein Lieber. Wollte er dich nicht glücklich machen?« Sie hatte von Anfang an einen Narren an Stefan gefressen. Mit ihr, ihrer großen Tochter, war sie immer kritisch, Stefan machte immer alles richtig. Vor der Hochzeit warnte sie Stefan sogar vor ihr. »Überleg es dir gut mit Rosa, mit ihr ist schwer auszukommen.«

Ursula war der Meinung, dass nur Rosa Schuld an allen Streitigkeiten hatte. Obwohl es sehr verletzend war, hat Rosa es ihrer Mutter meistens nachgesehen. »Ja, Mutti, das ist er. Doch es geht um etwas anderes, tieferliegendes. Wir haben etwas verloren, was wir eventuell noch nie hatten.« Ursulas Augen runden sich erstaunt, während ihr Rosa erklärt: »Ich geh jetzt auf die Suche. Nicht auf die Suche nach dem Glück, sondern auf die Suche dem tieferen Sinn einer Liebesbeziehung. Ich frage mich, ob wir alle Liebe mit Sex verwechseln oder umgekehrt. Gibt es Liebe ohne Sex und Beziehungen ohne Liebe? Irgendwie ist es ein Rätsel.« – »Du meine Güte!« Ursula schüttelt den Kopf: »Solche Flausen im Kopf, in deinem Alter? Ach, was wundere ich mich eigentlich. Du hast zeitig Fragen gestellt, die mich zur Weißglut brachten. *Warum?* das war deine Lieblingsfrage. Und du warst ein Dickkopf mit eigenen Vorstellungen. Es war anstrengend mit dir. Andererseits ...« Sie macht eine kleine Pause. »Egal, was du dir vorgenommen hast, du hast es immer allein geschafft. Jetzt erst kann ich mich darüber freuen, so eine Tochter zu haben!«

Rosa traut ihren Ohren nicht. Solche Worte hat sie noch nie von ihrer Mutter gehört. Sie bemerkt den Kloß im Hals und antwortet ihr. »Ja, Mutti. Es stand immer zwischen uns, dass ich es dir nicht recht mache. Du hast Regeln aufgestellt, die ich nicht akzeptiert habe. Ich sollte ein artiges Kind sein. Darum warst du unnachgiebig und streng. Ich wollte immer wie Pippi Langstrumpf sein. Ich mach mir die Welt, wie sie mir gefällt, das war mein Lebensmotto. Du wolltest, dass ich mich anpasse. Es hat mich wütend gemacht, zu hören, wie man es machen soll. Ich hatte doch meine eigene Wahrheit.«

Unvermittelt geht die Tür auf und Margit steht mit der Schürze um den Bauch darin und klatscht freudig in die Hände. »Der Kaffee ist fertig! Raus mit euch Stubenhockern an die Frühlingsluft. So ein herrlicher Tag, den sollte man im Freien genießen.« Sie verschwindet in den Hof. Es ist, als hätte dieser Ruf die dunkle Gedankenwolke durch die Tür abziehen lassen, die sich im Zimmer aufgetürmt hatte.

»Komm Mutti, ich verspreche dir, alles wird sich zum Besten wenden.« Rosa lässt ihre Mutter sich unterhaken und sie gehen langsam hinaus. Einen besseren Zeitpunkt hätte Margit nicht finden können, unschuldig das Gespräch zu beenden. Die neuen Wahrheiten gingen Rosa an die Nieren. »Nur ganz kurz: Wie war es eigentlich mit Margit und ihrem Mann?« – »Der war ein Pascha wie er im Buche steht. Sie hat es richtig gemacht und ihn in die Wüste geschickt. Du willst sie doch hoffentlich nicht auch nach ihren Bettgeschichten befragen?« Ursula blickt zur Seite, bleibt stehen und hält den Atem an. »Nein, das mache ich nicht, versprochen.« Rosa streicht ihr über die faltige, kühle Hand und lächelt sie dabei an. Es ist eben ein Tabuthema. Sie ist ihrer Mutter sehr dankbar für ihre ehrlichen Worte. *Hat sie wirklich gesagt, dass sie sich jetzt über mich freut?* Es wird ihr warm ums Herz.

Der Kaffee ist stark und er tut gut. »Danke, Tante Margit, für die Bewirtung. Du bist und bleibst 'ne Perle. Könntest du deiner Schwester erklären, dass es möglich ist, Ausfahrgarnituren mit grünem Mustern zu stricken« Rosa zwinkert ihrer Mutter zu und Margit schmunzelt: »Wie? Sie sträubt sich wohl bei diesem Gedanken? Typisch Steinbock. Alles muss so bleiben, wie es immer war!«

15 | Margit

Auf der Nachhausefahrt empfindet Rosa eine große Leichtigkeit. Der Nachmittag unter der Kastanie im Hof war so unbeschwert und Margits Lebensfreude so ansteckend, dass Rosa sofort beschließt, sie als nächstes zu interviewen. Wenn sie an ihre drei Tanten in ihrem Leben denkt, erinnert sie sich am liebsten an Tante Margit, die nicht nur zu den Geburtstagsfeiern bei den Hennigs zu Besuch kam. Ihr saß der Schalk im Nacken. An irgendeiner Stelle jedweden Gesprächs gab es bei ihr immer etwas zu lachen. Alles hat schließlich zwei Seiten und warum sollte man sein Leben nicht von der angenehmen betrachten. Margits Lebensmotto war und ist: *Gibt dir das Leben Zitronen, mach Limonade draus!* Nur bei ihrem Ehemann ist ihr das nicht gelungen. Da hatte sie sich vergriffen und sich von ihm getrennt.

Ganz anders waren Heinz' Schwestern. Tante Inge mit der schnarrenden Stimme, LPG-Frau ihr ganzes Arbeitsleben lang, verschränkte in Gesellschaft unter ihrem üppigen Busen und über ihrem riesigen Bauch den ganzen Abend lang beide Arme und lachte glucksend, wenn ihr Mann ein Schmankerl zum Besten gab. Bei den Witzen der anderen schmunzelte sie allerhöchstens in sich hinein. Sie hatte zu Hause das Zepter in der Hand, Georg, ihr Mann, hatte da nichts zu melden, so erklärte sich das Eheverhältnis.

Die Tante Roswitha bekam Rosa selten zu Gesicht. Wenn sie mal zu Besuch war, lag ein ständiger Schleier von Traurigkeit über ihr. Ganz selten verzog sie ihren Mund zu einem Lächeln. Mutter sagte, die Roswitha hatte ein schweres Leben. Sie hat auf Kurt, den Bruder vom Heinz, den ganzen Krieg lang gewartet und als er dann zurückkam, hat er sie nur deswegen geheiratet, erzählte man sich im Dorf. Von großer Liebe konnte nicht die Rede sein.

Was alle Tanten gemein hatten, war: Keine hat sich wirklich für Rosa interessiert. Von einer gab es bei jedem Besuch fünf Mark für die Sparbüchse, die andere musterte sie jedes Mal von oben bis unten, um festzustellen: »Du bist aber gewachsen.« Die dritte nahm sie nur als Anwesende zur Kenntnis, da sie unentwegt von sich selbst erzählte. Das war Tante Margit. Trotzdem war Rosa fasziniert von ihr. Es ging etwas Leichtes, Lebendiges von ihr aus. Sie war, wie man es später bezeichnete, eine emanzipierte Frau. Keine Sorgen mit einem Ehemann, erfolgreich auf ihrer Arbeit als Ingenieur für *Neuerer-Wesen* und auch zu ihren beiden Kindern hatte sie einen guten Kontakt. Sie war nicht wirklich eine schöne Frau, doch sie sah auf eine gewisse Art und Weise gut aus. Rosa würde heute sagen, es ist das Strahlen, das aus ihr herauskommt und das ihr diese Aura beschert. Dass Margit fast jeden Sonntagnachmittag zum Kaffee bei ihnen zu Hause plötzlich vor der Tür stand, weil sie sich nicht nur dachte, sondern es auch aussprach: »Ja, ihr habt doch immer was da, ich komm euch einfach mal besuchen«, war für sie so selbstverständlich, dass sie sich nicht vorstellen konnte, dass Ursula danach jedes Mal in Litaneien darüber versank, wie unmöglich es ist, unangemeldet bei den Leuten aufzutauchen. Margit hatte sich nach siebzehn Jahren Ehe scheiden lassen. Damals war sie siebenunddreißig und sozusagen in den besten Jahren. Hinter vorgehaltener

Hand erzählte man sich in der Familie schnell, die hat doch jetzt einen Liebhaber und es ist sogar der große Chef vom Kombinat. Margit selber hat nie etwas davon verlauten lassen und Rosa stellte sich das schön vor: jemanden zum Liebhaben. War zu ihrem Geburtstag in der Runde dieser Mann anwesend, den sonst niemand kannte, stellte Margit ihn als ihren Kollegen vor. Es war allen klar, wer dieser Kollege war, doch offiziell war es halt ihr Kollege. Es war ihr offenes Geheimnis und auch das fasziniert Rosa, eine Frau mit einem Geheimnis. Jedenfalls tat dieser Kollege ihrer Tante Margit gut. Noch heute kommt der Herr Kollege sie jede Woche besuchen, doch offiziell gibt es keinen Partner an ihrer Seite. Rosa ist sich darum sicher, dass gerade Tante Margit einiges zum Thema Liebe offenbaren kann.

Noch nie hat sie sich mit ihrer Tante über Privates, geschweige über etwas Intimes unterhalten. Es ging immer nur um Alltägliches, Oberflächliches und die üblichen Nebensächlichkeiten. Doch hinter dieser Fassade der Tante muss etwas versteckt sein. Margit ist in keiner Weise verwundert, als Rosa am Telefon um ein Gespräch bittet, in dem es um etwas Delikateres gehen soll als sonst. Sie verabreden sich für Sonntagabend, wenn Ursula schon schläft. Es soll ein Vieraugengespräch werden.

Als Rosa mit dem Auto in der Hofeinfahrt anhält, sieht sie Margit schon aus dem oberen Fenster Ausschau halten. Ah, denkt sie sich, die Tante ist schon voll froher Erwartung, das gefällt mir. Sie schaut noch mal in ihre Tasche, ob das dicke Notizbuch nicht fehlt, steigt aus dem Wagen und geht über den Hof zur Tür ins Haus. Margit ruft ihr aus der ersten Etage zu, sie soll doch gleich in ihr

Lesezimmer kommen, sie hat einiges vorbereitet. Rosa nimmt gleich zwei Stufen auf der Treppe, so neugierig ist sie. »Guten Abend, meine Liebe! Ich hab uns Holundersekt angesetzt. Setz dich. Ich freue mich jedes Jahr auf den Mai, wenn der Holunder an der Hofmauer blüht und sein Duft ins Haus strömt. Dann setze ich in meinem kleinen braunen Krug hier mit den weißen Blüten dieses köstliche Getränk an. Heißt zwar Sekt, ist aber ohne Alkohol.« – »Mensch Tante Margit, das war doch nicht nötig.« Rosa merkt sofort, dass dieser stereotype Satz gar nicht passt. »Stimmt, nötig war das nicht, aber ich wollte uns eine Freude damit machen. Du musst ja wieder fahren, da ist nichts mit Rotwein.«

Rosa lacht dankend, legt ihre Jacke auf dem Hocker am Bücherregal ab und setzt sich zu Margit an den großen runden Tisch, auf einen der beiden ledergepolsterten Lehnstühle, neben dem riesigen Regal mit hunderten von Büchern. Die säuberlich verputzten weißen Wände im alten Lehmfachwerk, die kleinen bestickten Scheibengardinen an den Fenstern und in der Ecke ein gusseiserner Ofen machen den Eindruck, als hätte der Geheimrat Goethe freundlich bei der Einrichtung beraten. »Dein Lesezimmer hab ich ewig nicht mehr betreten. Das ist ja Wahnsinn, wie viele Bücher hier stehen. Hast du die alle gelesen?« – »Ich glaub schon, jedenfalls sind es alles Bücher, die ich kenne.« – »Darf ich mich mal bei diesen Schätzen umsehen?« – »Nur zu!« Rosa steht auf und geht die Buchreihen mit ihren Blicken ab, auf der Suche nach etwas Bekanntem. Ein paar davon hat sie auch gelesen, doch das meiste ist ihr unbekannt. »Was sind denn das für Bücher, ich kenne die meisten Autoren gar nicht?« – »Fast alles

Sachbücher, weniger Romane. Nach meiner Scheidung hatte ich viel Zeit zu lesen und irgendwann hab ich mich besonders für das Schicksal der Frauen interessiert.«

Rosa machte aus ihrer Überraschung keinen Hehl. »Tante Margit, das passt so gut zu meinen Fragen, die ich auf dem Herzen hab. Hast du viel Zeit heute Abend?« Die Tante nickt lächelnd und unterbreitet ein Angebot: »Da schmiere ich uns ein paar Schnittchen zum Sekt, ich habe bei diesem Thema den Verdacht, das kann etwas länger dauern.«

Während Rosa allein ist, schaut sie sich die Buchrücken im Regal vor ihr an. Christa Wolf, Clara Zetkin, Benoîte Groult, Simone de Beauvoir, Maxi Wander. Alle Autoren sind Frauen. Rosa muss über sich selbst lächeln: Da suche ich in der Bibliothek und in den Weiten des Internets, sozusagen in der großen weiten Welt, nach Antworten zu meinen Fragen und die lustige Tante in meinem Heimatdorf ist Expertin auf diesem Gebiet. Wieder mal bewahrheitet sich: Warum in die Ferne schweifen ...?

Rosa zieht ein Buch aus dem mittleren Regal und schlägt es mittendrin auf. *Die Idee der Frau als Partnerin, als regenerierende Kraft zieht sich durch das ganze 19. Jahrhundert. Doch die Theorien, die der Frau Intuition, Gefühl und nicht Vernunft zuschreiben und sie so dem Mann entgegensetzten, statt sie ihm anzugleichen, bringen die Sache der Frau eher in Misskredit.* Sie schlägt es zu und liest auf dem Cover: *Das andere Geschlecht,* Simone de Beauvoir, 1949. Daneben eine kleine orangefarbene Paperback-Ausgabe, in der sie im Vorwort blättert. *Wir werden noch viel Zeit und noch viele Feministinnen brauchen, um den bleiernen Deckel hochzuheben. Wir haben erst einige Schlachten gewonnen. Das Bewusstsein hat sich nicht wirklich verändert.* Auf dem Titel steht: *Ödipus' Schwester*, Benoîte Groult, 1975. Hammer, denkt Rosa, da frag ich sie, ob ich mir die beiden Schriften ausborgen kann.

Margit kommt mit einem Teller geschmierter Brotscheiben ins Zimmer und es riecht sofort nach Leberwurst und saurer Gurke. An Tante Margit sind offensichtlich sämtliche ernährungsphysiologischen Neuigkeiten vorbei gegangen. Zum Glück, denkt Rosa, denn das Brot schmeckt großartig. Margit hebt an, aus ihrem Leben zu erzählen. Von ihrem Ex-Ehemann Werner, dem unglaublich gutaussehenden Friseur, um den sie alle Freundinnen beneideten, der sich leider schnell als Hallodri entpuppte, für den sie Haus und Heim besorgen sollte und nebenbei die beiden Kinder großziehen. Von der Arbeit, auf der sie geachtet und als Frau respektiert wurde, und vom Kegelverein, wo sie ihre Mannschaft bei Wettkämpfen mit zum Sieg führte. Sie hat sich nicht leben lassen, sie hat ihr Leben gelebt.

Rosa ist begeistert. »Das könnte glatt verfilmt werden: Die Befreiung der Frau im Sozialismus!« Margit macht ein Gesicht, als hätte sie in eine Pampelmuse gebissen. »Vergiss es Rosa. Ich hab das alles gegen so viele Widerstände durchgezogen. In unserem verschwundenen Land DDR wurde zwar immer von Emanzipation geredet, doch in den Köpfen der Männer und auch der Frauen selbst war das Bild der Frau noch wie zu Vorzeiten. Da halfen keine Verordnungen von oben zur Gleichberechtigung.«

Rosa überlegt. Haben die heutigen Männer dieselben Bilder noch im Kopf? Vielleicht fühlen sie sich immer noch überlegen und sind der Meinung, dass Privilegien für sie Naturgesetze sind? Margit fährt fort: »Anders die Feministinnen, vor allem in Frankreich, da gab es kein Programm von oben, sie wollten ebenbürtig behandelt werden, wollten als gleichwertig gesehen werden. Aber die Männer haben keine Lust, sich aus ihrer Stellung vertreiben zu lassen. Das kann alles nicht zum Ziel führen.«

Rosa hört verblüfft zu. »Was würdest du denn vorschlagen?« – »Ich denke, es geht eher darum, dass jede Frau selbst erkennt, was ihre eigene wahre Rolle ist, und dann muss sie die nur noch einnehmen.« Rosa möchte ihre Tante am liebsten umarmen. »Ja, genau, das Gefühl hab ich auch. Warum hast du nie darüber mit uns geredet?« Margit rückt ein Gurkenstückchen auf einem der letzten Schnittchen hin und her. »Willst du? Nein? Gut. Ach Rosa, du weißt doch, ich hab es gern mit den Geheimnissen.« Sie zwinkert ihr verschmitzt zu. »Was glaubst du, was deine Mutter zu feministischen Gedanken damals gesagt hätte? Noch dazu war vieles, woraus ich mein Wissen geschöpft habe, Westliteratur.« Rosa braucht nicht lange zu überlegen. Das Gesellschaftssystem, über das Margit spricht, ist vor mehr als 30 Jahren wie Atlantis abgetaucht, aber für Rosa ist klar, was sie meint. Für Ursula wäre ihre Schwester sofort ein Klassenfeind gewesen. Ursula glaubte lange an die Doktrin des Staates, die DDR war prinzipiell gut, darum musste alles, was offiziell gesagt wurde, gut und richtig sein. Die Parole war, die Emanzipation der Frau ist vollbracht, weil es im Parteiprogramm steht, also war alles paletti.– »Wo hattest du denn diese Bücher her?« Margit lächelt, überlegt. »Rosa, ich sag es mal so: Die Wege des Herrn sind unergründlich.« Rosa schaut sie verdutzt an und muss lachen. »Auch 'ne Antwort. Man muss nicht alles wissen, ich mach mir mal meinen Reim drauf.«

Margit steigt in das Gelächter ein, beide greifen zu den letzten beiden Schnittchen auf dem schönen Keramikteller und strahlen sich an. Rosa ist vom Sekt leicht angeheitert und fragt sich, ob nicht doch Alkohol drin ist. »Bevor wir weiter über das Große reden, noch eine kleine, aber für mich entscheidende Frage vorher, liebe Tante Margit. Wie war es mit Werner im Bett?« – »Donnerlittchen! Du willst es aber genau wissen!«

Die Frage bringt sie fast ein bisschen aus der Fassung. Sie gießt sich noch ein Glas des sprudelnden Getränks ein und lehnt sich langsam zurück an die Stuhllehne. »Wie es mit Werner war?« Sie macht eine schier unendliche Pause. »Stürmisch war er. Im Roman würde man wohl schreiben: Er war ein feuriger Liebhaber. Ja, das war er. Das Problem war, es war ein Strohfeuer.« Rosa sieht ihrer Tante fragend in die Augen, liest die Antwort und plötzlich prusten beide los. Sie lachen Tränen, wobei nicht klar ist, ob nicht auch Tränen der Traurigkeit dabei sind. »Ich glaub, dass kenne ich, lass mal.« Rosa holt ein Taschentuch aus der Handtasche, um sich die Tränen abzuwischen.

Margit geht zum Fenster und öffnet es weit, die Luft des warmen Frühlingsabends strömt ins Zimmer. »Was für ein schöner Abend! Lass uns nach unten in den Hof gehen, in die Ecke unter die Kastanie.« Sie nimmt den noch halb gefüllten Krug mit dem Holundersekt in die Hand und geht zur Tür. »Nimm noch die Gläser mit, Rosa, mir wird langsam heiß hier bei den Themen und der Abend ist viel milder als vorausgesagt!«

Beide steigen die knarrenden Stufen hinunter zum Hof. »Wir könnten Ursula auch noch kurz besuchen, was meinst du?« – »Nee, lass mal, besser sie weiß nicht, dass ich hier bin, sonst schöpft sie noch Verdacht. Sie hat mir nämlich verboten, mit dir über solche Unanständigkeiten zu sprechen.« – »Ich werde schweigen wie ein Buch.« Sie kichern beide leise, während sie das Geschirr auf dem Gartentisch abstellen. »Ich kann es kaum glauben, dass du ein zweites Gesicht hast, Tante Margit.« – »Weißt du, wenn du deiner Zeit voraus bist, ist es oft ratsam, abzuwarten. Warum soll ich mich unbeliebt machen und Menschen mit Themen verschrecken, die sie nicht verstehen können? Ich spiele das Spiel so, dass ich fliegen kann, aber mir die Flügel nicht verbrenne.«

Während der Mond sein fahles Licht durch die Zweige der Kastanie scheinen lässt und die Katze sich auf der Hofbank ausstreckt vor ihrem nächtlichen Ausflug über die Dorfwiesen, sitzen zwei Frauen im Lichtkegel des Mondes, die eine Generation trennt und sich heute so nah sind wie noch nie. »Eine Frage beschäftigt mich noch. Du hast vorhin gesagt, die Frau von heute sollte selbst erkennen, was ihre wahre Rolle ist. Ein großes Wort gelassen ausgesprochen, was ist denn aus deiner Sicht ihre wahre Rolle?« Margit holt tief Luft. »Ich versuche es mal kurz zu fassen. Die angeblich sexuelle Revolution der Sechzigerjahre im Westen und die Freizügigkeit bei uns im Osten war vielleicht ein Anfang. Doch auf wirkliche Freiheit waren nur wenige Frauen vorbereitet. In den Köpfen von vielen kursiert noch heute der Wunsch, es dem Mann recht zu machen, ihm Vergnügen zu bereiten, in dem sie sich zur Verfügung stellen in der Hoffnung, seine Liebe *zu gewinnen.*« Rosa staunt. »Meinst du wirklich?« – »Ja, hör mal genau hin, wie die Frauen reden. Genauso schlimm steht es um ihre eigene wahre Sexualität. Die ist bei den meisten immer noch völlig unentdeckt.« Rosa nickt. »Doch wie kann sich das jemals ändern?« Margit trinkt langsam ihr Glas aus und legt sich eine Jacke um die Schultern. »Ich denke, es liegt bei uns Frauen, uns selbst und unseren Männern eine neue Art von Sexualität nahe zu bringen, eine mit Wohl-Lust anstatt mit Woll-Lust.« Rosa klingeln die Ohren und sie fragt vorsichtig nach. »Hab ich richtig gehört? Wohl-Lust statt Woll-Lust?« – »Ja, du hast genau richtig gehört, so nenne ich das.« – »Kann ich davon ausgehen, du sprichst aus Erfahrung?« – »Wieder richtig!« – »Du erlebst es immer noch mit deinem heimlichen, wöchentlichen Besucher? In deinem Alter?«

Margit lehnt sich zurück, legt die Füße auf dem Gartenstuhl vor sich ab und zieht die laue Abendluft ganz langsam durch die Nase ein, wobei sich ihre Bauchdecke leicht anhebt. Danach atmet sie durch den Mund hörbar brummend aus. Es macht den Eindruck, als ob sie meditiert. Rosa beobachtet Margit von der Seite. Sie scheint wieder lange zu überlegen, wobei nicht klar ist, ob sie antworten wird oder nicht.

»Ja! Ja, ich erlebe es heute noch. Es ist körperliche Liebe, die nichts mit jung oder alt sein zu tun. Den meisten Frauen macht es keinen Spaß, ihren Mann zu bedienen. Auch finden sie den Sex, den sie bekommen, anstrengend. Wenn sie älter werden, haben manche sogar Angst vor einen Herzinfarkt. Das alles ist sehr traurig und wirklich schade. Mein Freund wusste damals schon so viel mehr als andere Männer, ich konnte immer über meine Bedürfnisse mit ihm reden. Mit ihm ist alles völlig anders als mit Werner. Wenn unsere Körper sich begegnen, ist es ein wahres Eintauchen in die Liebe. Woher er seine Kenntnisse hat, danach hab ich ihn nie gefragt, es ist mir auch egal, er konnte es von Anfang an anders, es macht mich glücklich und das ist entscheidend.«

Sie lächelt mild. Rosa steht mit ihrem halbgefüllten Glas in der Hand auf, atmet tief ein und geht ein paar Schritte über den Hof. Ihr Herz pocht bis zum Hals. Sie spürt das Geheimnis um die Wahrheit, spürt so viel bisher Unausgesprochenes, dass sie das erst mal verdauen muss. »Mensch, Tante Margit, das ist so befreiend für mich, das Thema Sex anzusprechen. Gleichzeitig fühlt es sich aber auch beschämend an, weil man eben nicht darüber redet.«

Während sie die Worte ausspricht, wird ihr klar, jetzt gibt es kein Zurück mehr, die *Büchse der Pandora* ist bereits geöffnet und es kommen ihre eigenen uneingestandenen Gefühle und verdrängten Nöte ans Licht.

Rosa steht in der Mitte des Hofes wie auf einer Theaterbühne, auf der die Schauspielerin in der Hauptrolle die Anklage erhebt. »Genau das, was du erlebst, das fehlt mir! Ich hab keine Angst vorm Herzinfarkt, das ist Blödsinn, doch ich hab Angst zu erfrieren oder zu vertrocknen oder beides neben meinem Mann. Sex, oder was auch immer man sich darunter vorstellt, ist anstrengend, weil es mir nichts gibt. Ich komme nur noch meinen *ehelichen Pflichten* nach. Ich frage mich darum, soll das jetzt alles gewesen sein? Ich bin zweiundfünfzig und Stefan und ich leben irgendwie in zwei Welten. Das, was uns verband, ist uns verloren gegangen, wir streiten und an eine

Versöhnung im Bett ist auch nicht mehr zu denken, im Gegenteil. Kannst du dir das vorstellen? Das ist doch alles furchtbar, oder?!«

Rosa stellt das Glas zurück auf den Tisch, fädelt wieder das Taschentuch aus ihrer Handtasche und wischt sich die Tränen ab, die über ihre Wangen laufen, schnaubt ihre Nase und schaut Margit mit großen Augen und verlaufener Wimperntusche fragend an. Die Dramaturgie stimmt, ein Regisseur wäre zufrieden, doch das ist kein Theaterstück, es ist die grausame Realität. Ja, grausam, das Wort passt, es ist nicht übertrieben. Margit kommt und nimmt sie in die Arme. Auf der Bühne würde die Tante jetzt sagen: *Du Arme, du tust mir leid, das hast du nicht verdient.* Doch Margit sagt: »Gutgemacht! Wer sucht, der findet! Rosa, du tapfere Fragestellerin, Streit basiert auf Unwahrheiten, finde sie heraus, rede mit Stefan über alles, worüber bis jetzt geschwiegen wurde, und ihr werdet einen Weg finden.«

»Kennst du eine oder einen J. Meinecke? Hier ist ein dicker Brief für dich, mit bunten Stickern drauf.« Stefan kommt erstaunt mit der Zeitung und der Post in der Hand zurück vom Briefkasten vor dem Haus. Zwischen Rechnungen, Werbung und Knöllchen mal ein privater Brief ist schon selten geworden, selbst zum Geburtstag oder zu Weihnachten sind mit Tinte beschriebene Karten wie Erinnerungen an längst vergangene Zeiten und dürfen deshalb auf dem Küchenregal wie auf einem Altar wochenlang prangen. Darum ist Stefans neugieriger Blick auf den Absender ganz automatisch und verzeihlich.

»Zeig mal her!« Rosa greift sich den DIN-A-5-Umschlag, wiegt ihn in der Hand und weiß sofort, von wem er ist. »Der ist von Julia!«, ruft sie hoch erfreut. »Kenne ich die?« Stefan sieht seiner Frau die große Freude an, während sie sofort mit den Fingern an dem Umschlagpapier herumrupft, um den Brief zu öffnen. »Mensch, nimm dir ein Messer, du kannst es ja anscheinend kaum erwarten zu lesen, was diese Julia schreibt.« – »Stefan, du musst dich nicht an sie erinnern, aber ich hatte dir von ihr erzählt. Sie war auf meiner Urlaubsreise dabei, die mich damals zu unserem Wiedersehen in Berlin geführt hat, und sie war meine beste Freundin die vier Jahre auf der Penne.« – »Die Hübsche mit den langen blonden Haaren auf den Fotos von deiner Ostseereise?« – »Ja, genau!«

Rosa fühlt, wie ihr Herz schneller schlägt. »Es ist sehr lange her, dass ich Kontakt zu ihr hatte. Lass mich rechnen, gleich nach der Schule ist sie mit diesem Lutz zusammengezogen und hat ihn Hals über Kopf zu ihrem

Manne gemacht. Lutz sah wirklich gut aus, aber er war ein unangenehmer Zeitgenosse. Nach der Wende sind sie dann weggezogen, wir haben uns komplett aus den Augen verloren. Darum bin ich jetzt so überrascht, Post von ihr zu bekommen.«

Rosa spürt, dass die Zeilen, die sie gleich lesen wird, etwas Besonderes enthalten, etwas Bedeutsames, Neues. Und ihr Bauchgefühl hat sie selten getäuscht. Julia! Mensch, was hatte sie für eine tolle Zeit mit ihr, als sie jung waren und das Leben vor ihnen lag, voller Sehnsüchte und Hoffnungen. Julia war ihre Seelengefährtin, sie hatten sich nicht gesucht, aber gefunden. Als Rosa damals am ersten Schultag in der *Erweiterten Oberschule* den neuen Klassenraum betrat, saß Julia in der ersten Reihe. Das Mädchen mit den engelsgleichen langen blonden Haaren strahlte über ihr rundes Gesicht und erhellte damit quasi den ganzen Raum. Rosa setzte sich neben sie. »Tagchen! Ich heiße Rosa.« Sie reichte ihr die Hand zum Gruß, Julia drückte diese beherzt und antwortete freudig lächelnd: »Klasse. Ich bin Julia, schön dich kennenzulernen.«

Sie schwatzten beide gleichzeitig drauf los und es war, als würden sie sich schon ewig kennen, eine Herzensverbindung auf den ersten Blick. Endlich hatte Rosa jemanden gefunden, der sie verstand, denn Julia bewohnte auch ein eigenes Universum und das war dem Rosas sehr ähnlich. Julia war freundlich, witzig, direkt und schlagfertig. Eine Mischung, die unter ihren Klassenkameraden nicht so oft anzutreffen war. Genau meine Kragenweite, jemand auf meiner Wellenlänge, stellte Rosa schnell fest. Und Julia kannte sich aus: »Nach dem Unterricht werden die

Zimmer im Internat aufgeteilt. Ich würde mir gern mit dir eines teilen. Einverstanden?« Sie war einverstanden und so wurden sie dicke Freundinnen für die nächsten vier Jahre.

Alles an dieser Schule erinnerte Rosa an ihr Rosinen-Universum, und das Beste war, die Schüler dieser Schule begegneten zum ersten Mal im Leben der Liebe, jedenfalls den kleinen zarten Sprösslingen derselben. Alle verliebten sich abwechselnd ineinander, Herzklopfen kostenlos. In Rosas Erinnerungen war Julia sofort von den Jungs um-schwärmt, sie musste aufpassen, dass sie nicht neidisch wurde. Zur Schul-Disko, einmal im Monat mittwochs in der großen altehrwürdigen, schummerig beleuchteten Aula, brachten die Scheinwerfer die Diskokugel zum Fla-ckern, die Tanzenden bewegten sich dadurch wie ruckar-tig zur lauten Musik und an einem niedrigen Tisch am Eingang des Saals gab es *Vita-Cola* und *Mandora-Brause* für fünfzig Pfennig. Julia war ständig auf der Tanzfläche und Rosa kam sich vor wie ein Mauerblümchen. Doch ei-nes Abends war es so weit, sie saß auf einem der harten Holzstühle und schlürfte mit dem Strohhalm die süße braune Cola in sich hinein, es war schon fast acht, auf einmal stand er vor ihr. »Wolln wir mal tanzen?« Axel aus ihrer Klasse schaute sie erwartungsvoll an. »Wieso denn? Du gehst doch mit Heike.« – »Schon seit voriger Woche nicht mehr. Was ist nun? Tanzen wir?«

Rosa schlug das Herz bis zum Hals. Axel will mit ihr tanzen. Der mit den schönen blauen Augen und dem mus-kulösen Körper, sein Lachen war ansteckend, schon lange hatte sie ein Auge auf ihn geworfen. Klar will sie mit ihm tanzen. Sie schnippt vom Stuhl, dass dieser polternd umkippt und die vollen Gläser auf dem Tisch umfallen. Mein Gott, wie peinlich. Axel hilft ihr, die Gläser einzusammeln, dabei berühren sich beide mit den Händen und sie durchfährt ein angenehmer Schauer. Wie warm seine Hände sind. »Zusammen oder auseinander?«, fragt Axel und grinst erwartungsvoll. Rosa versteht nicht gleich und schaut ihn fragend an. »Na, tanzen wir gleich zusammen oder willste auseinander tanzen?« Ach so. Rosa will ihm am liebsten sofort um den Hals fallen, doch dann sagte sie: »Das ist *Mister Blue Sky* vom *Electric Light Orchester*, eher ein schneller Titel. Besser auseinander.«

Wie blöd bist du eigentlich? Besser auseinander?! Die Stimme aus der rechten Gehirnhälfte macht ihr gehörige Vorwürfe, *bestimmt tanzt er gleich danach mit 'ner Anderen.* Doch das tat Axel nicht. Er tanzte mit ihr den ganzen Abend und er bringt sie nach der Disko zum Mädcheninternat. Sie küssen sich noch lange am Zaun vor der großen hölzernen Eingangstür in dieser milden Sommernacht und Rosa dreht es im Kopf, dass sie denkt, sie fällt in jedem Moment um. »Axel, ich muss jetzt reingehen. Es ist gleich um zehn und dann schließt Suse die Tür ab. Wenn ich klingeln muss, gibt es Ärger, Ausgangsschluss, du weißt schon.« Er gab ihr noch einen langen Zungenkuss. »Gute Nacht und bis morgen.«

Sie rannte die knarrende Treppe hinauf zu ihrem Zimmer, das sie sich mit Julia teilte, warf sich auf ihr Bett, strampelte auf dem Rücken liegend mit den Beinen und quietschte laut: »Juhu!« – »Hast du noch alle Tassen im Schrank? Ich schlafe schon. Wo warst du so lange noch?« Julia lag oben im Doppelstockbett und beschwerte sich lautstark. »Ich hab mit Axel rumgeknutscht. Endlich! Er hat mein lautloses Flehen erhört. Jetzt hab ich Schmetterlinge im Bauch!« Rosa lachte und begann ihre Lieblingsmelodie zu singen: »Ich hätt getanzt heut Nacht ...« Julia war nun hellwach. »Nein?! Mit dem? Der hat doch ständig 'ne andere am Laufen. Das hätte ich nicht gemacht. Ich glaube, der wird dir nicht guttun.« Sie gab ihren Bedenken wortreich Ausdruck. Rosa hörte gar nicht zu, hatte die rosarote Brille auf und ihre Hormone schlugen Purzelbaum. »Es war super und der Rest ergibt sich. Lass mich in Ruhe! Kümmere dich um deine Angelegenheiten.«

Julia ließ nicht locker. »Du wirst schon sehen. Ich hab ein Näschen für die Kerle. Ich merke immer gleich, was da im Kern versteckt ist.« Rosa sah sie böse an.

Julias Prophezeiung sollte sich hinsichtlich der Beziehung zu Axel bewahrheiten, doch dass sie ein Näschen hat für die Kerle und erkennt, was drinsteckt, hatte sich spätestens bei der Wahl ihres Ehemanns nicht bestätigt. Lutz sah zwar sehr gut aus, stellte was dar, arbeitete in der Betriebsleitung des Büromaschinenwerks, doch leider war hinter dieser Fassade nichts, was ihn für Rosa sympathisch machte. Es war ihr unmöglich, ein vernünftiges Gespräch mit diesem Mann zu führen. So eingebildet, arrogant und abweisend, wie er ihr gegenüber auftrat, hat sie gemeinsame Treffen lieber vermieden. Als Julia ihn dann heiratete, konnte es Rosa nicht fassen, denn es zog sie so sehr zu ihr hin und bald fehlten ihr die tiefgründigen Gespräche, das gegenseitige Zuhören und Verstehen. Sie wussten alles voneinander und dann war dieser schmierige Kerl gekommen und hatte sich zwischen sie gedrängt. Offensichtlich war das auch sein Anliegen, Julia ihrer besten Freundin abspenstig zu machen, er wollte sie ganz für sich alleine. So kamen sie sich beide immer mehr abhanden, immer seltener fand sich ein Termin für ein Treffen oder es kam zufällig doch was dazwischen. Im ersten Jahr ihrer Ehe schrieb Julia noch lange Briefe, dann wurden diese kürzer, bis keiner mehr kam. Das Letzte, was Rosa von einer Bekannten über Julia erfuhr war, dass sie nach der Wende mit diesem Unsympathen in den Norden gezogen ist, dort zwei Kinder bekam und nicht arbeiten gehen musste, da er jetzt genug Geld verdiente auf irgendeinem Amt.

Und heute kommt ein dicker Brief von ihr, wie toll!

Der Inhalt vergrößert ihre Überraschung noch, zwei Briefbögen, doppelseitig handbeschrieben, ein paar Fotos und eine Eintrittskarte für ein Konzert mit der *Engerling Bluesband* im Sommer dieses Jahres in der *Heiligenmühle* in Erfurts Norden.

Erinnerungen an die Jugendzeiten werden wach, an die Blues-Abende auf dem Tanzsaal in Bachstädt, als sich die Jungs von *Engerling* auf dem kleinen Podest neben der Tanzfläche die Finger auf der Klampfe wund spielten, sich die Seele aus der Kehle sangen und sie am Ende genauso besoffen waren, wie die Jungs und Mädels, die sich rauchend und Bier trinkend zu den Klängen der genialen Musik im Rausch bewegten bis in die Trance. Alle ihre Mitschüler waren dabei und wer mit wem wann abgezogen ist, interessierte am nächsten Morgen niemanden mehr.

Aha, diese alten Herren machen also auch noch Musik, spielen bis zur *Rockerrente,* wie es die Puhdys mal mit einem Song kundtaten. Nicht nur die *Rolling Stones* wollen auf der Bühne sterben. Die Fotos zeigen Julia mit zwei jungen Frauen, wahrscheinlich ihre Töchter. Rosa pfeift leicht durch die Zähne, Julia sieht so toll aus, wie früher, etwas zugelegt an den Hüften, doch immer noch schick und attraktiv, alleine ihr Lachen macht sie zu einer schönen Frau. Die Haare etwas kürzer, aber bis auf die Schultern, kleine Locken umspielen das strahlende Gesicht. Ein Mann fehlt auf den Fotos. Julia schreibt: *Liebe Rosa, ich kann mir gut vorstellen, wie ungläubig du den Brief geöffnet hast. Diese untreue Tomate! Nach einer ganzen Ewigkeit meldet sie sich wieder? Ja, meine Liebe, das Leben hat mir etliche Steine in den Weg gelegt, die Richtung desselben nun abrupt geändert und du wirst es nicht glauben: Das Schicksal hat mich wieder nach Erfurt verschlagen.*

Rosa legt die Briefbögen beiseite, das muss sie erst mal sacken lassen. Julia ist wieder in der Heimat, jetzt, wo sie selbst an einem Scheidepunkt steht, kommt jemand dem sie einmal die tiefsten ihrer Gefühle anvertrauen konnte?! Wie krass ist das denn?! Sie muss der Himmel geschickt haben, denn es heißt: *Wenn du denkst es geht nicht mehr, kommt von irgendwo ein Lichtlein her!*

Sie liest weiter die Zeilen mit der etwas ungelenken, doch bekannten Handschrift, über Julias Zeit in Mecklenburg, über ihr Leben mit und die zerbrochene Liebe zu Lutz: *Auch mir tat es damals weh, dass du und Lutz keinen Draht zueinander hattet. Mich hat er auf Händen getragen, doch er wollte mich immer für sich alleine haben, sich mit mir schmücken und angeben, was er für eine tolle Frau an seiner Seite hat. Zu Anfang war es schmeichelhaft, ich habe es wohl mit Liebe verwechselt, dann spürte ich immer mehr das Besitzergreifende in seinem Verhalten. Als die Kinder noch zuhause waren, waren die mein*

Lebensinhalt. Er hat uns versorgt und war der Herr im Haus. Ich dachte, es muss so sein, doch als dann die Mädchen ihren eigenen Weg gingen und ich wieder mit ihm alleine war, wurde es unerträglich. Ich hatte das Gefühl, nur dafür auf der Welt zu sein, um seine Bedürfnisse zu befriedigen. Alles Reden half nichts, für ihn war schließlich die Welt in Ordnung. Eines Morgens war der Entschluss so plötzlich wie klar: Ich werde gehen, ich werde Lutz verlassen. Nur mit einem Koffer in der Hand bin ich am selben Tag zu einer guten Bekannten gezogen, meiner mütterlichen Freundin Gudrun, in ihrer großen Vierraumwohnung habe ich das Gästezimmer bezogen, um Zeit zum Nachdenken zu haben, um im Kopf klar zu werden. Nächtelang hab ich bei Gudrun mein Innerstes nach außen gekehrt, hab mein Leben Revue passieren lassen, habe dabei Bäche von Tränen vergossen, hatte Angst und danach einen Riesenhunger nach Leben, nach selbstbestimmtem Leben.

Rosa wird schwindlig, sie legt die Briefseite auf den Tisch, schiebt den Küchenstuhl zurück, steht auf und tritt durch die große Glastür auf die Terrasse. Einatmen – Ausatmen. Der Morgen hatte hell und strahlend begonnen, doch nun schieben sich dunkle Wolken vor die Sonne, Wind kommt auf und es wird kühl. Das Windspiel an der Pergola macht eher Lärm als eine sanfte Melodie erklingen zu lassen. Rosa hängte den Klöppel nach oben an den Haken, damit er die Klanghülsen nicht weiter wild durcheinander klingeln lässt. Julia hatte sich also getrennt, sie hat es nicht mehr ausgehalten, sah keinen anderen Weg für ihre Beziehung. Wie steht es da im Brief? ... *das Gefühl, nur dafür auf der Welt zu sein, um seine Bedürfnisse zu befriedigen.* Dieser Satz verwirrt sie. Ist es bei ihr und Stefan etwa genauso? So wie sich grad dunkle Wolken vor die Sonne schieben, schieben sich düstere Gedanken in ihren Kopf. Ist Trennung doch der einzige Weg?

Rosa geht wieder ins Haus, setzt sich und liest weiter: *Doch auch die Sehnsucht nach einer glücklichen Beziehung zu einem Mann war nach einigen Wochen wieder da, alleine sein war für mich nicht vorstellbar und ich begab mich auf die Suche. Ich erspare dir hier die ernüchternden Geschichten von meinen Treffen mit den Singles von heute in unserem Alter. Ich habe bald allen leidgetan, Gudrun, meinen Kindern, mit denen ich darüber offen reden konnte und irgendwann tat ich mir nur noch selbst leid. Doch dann passierte so was wie ein kleines Wunder, mein letztes Stoßgebet muss wohl erhört worden sein. Ich wollte mich an diesem Tag von* Tinder *abmelden, scrollte durch die Männergalerie in tiefer Verzweiflung, Abschied nehmend von der Vorstellung jemals wieder von einem Mann innig umarmt zu werden und zuckte plötzlich zusammen. Halt, stopp, nochmal zurück! Der Blick des Mannes auf dem Foto schien mich bis ins Herz zu treffen. Er war ganz neu auf der Plattform, hatte sich am Tag vorher erst angemeldet. Ein freches jugendliches Gesicht unter einem schwarzen Kurzhaarschnitt und mit rotem T-Shirt, das die Farbe seiner Kuss-Lippen hatte, das sich wiederum zu einem gewinnenden Lächeln verzogen hatte und »Wie wäre es mit uns?« zu fragen schien, war zu sehen. So hab ich alles in Erinnerung. Dann begann meine Liebesgeschichte mit Maik, eine Geschichte, die nur das Leben schreiben kann, so was kannst du dir einfach nicht ausdenken.*

Rosa kommen fast die Tränen. Meine alte Freundin Julia ist nach großem Beziehungsdrama nun im Liebesglück, sie hat einen Neuen. Der Klassiker. Sie liest den Brief zu Ende. *Ich lebe seit drei Wochen in Erfurt bei meinem neuen Gefährten und erlebe die Liebe auf ganz neue Art und Weise.* Die letzten Zeilen in ihrem Brief sind für Rosa ungewöhnlich und berührend zugleich: *Manchmal finden sich die Seelen und wenn sie zusammenkommen, geschieht Magie, es entsteht eine unbekannte Symbiose, es ist wie eine Heimkehr, so als würde man sich ewig kennen und diese Bindung ist so vertraut, als wäre es schon immer so gewesen.*

Ich will Julia wiedersehen, blitzt der Gedanke in Rosa auf und zwar bald. Unter die *lieben Grüße* mit Unterschrift hat Julia ihre Mobilfunknummer notiert. Rosa gibt die Nummer in ihr Handy ein, gleich morgen wird sie ihre wiedergefundene Freundin anrufen.

Rosa sitzt auf einer der Bänke hinter der Krämerbrücke unter dem riesigen Götterbaum und blickt ganz versunken auf das fließende Wasser der *Gera*, das in der Junisonne romantisch glitzert. Ein Fluss symbolisiert das männliche und weibliche Prinzip, hat sie mal gelesen. Das Flussbett, das Beständige, gibt die Form und den Halt, das Wasser, das Fließende, steht für das Unbeständige und Lebendige. Männlich und Weiblich vereint ohne Gegensatz, das Eine ohne das Andere wäre kein Fluss. Vom leichten Druck einer warmen Hand auf ihrer Schulter wird sie aus ihren Gedanken gerissen. Sie dreht sich um. Die schöne Frau vor ihr, im luftigen hellblauen Sommerkleid, die blonden Haare zum Zopf gebunden, strahlt sie so unbefangen an, dass Rosa sofort weiß, das Verbindende zu ihr besteht noch genau wie vor dreißig Jahren. »Julia!« – »Rosa!« Sie umarmen sich lange. »Ich hab so oft an dich gedacht, wirklich!«, schwört Julia.

Rosa schaut ihr überrascht ins Gesicht. »Soll ich ehrlich sein? Ich nicht. Wie sagt der Volksmund? Aus den Augen aus dem Sinn.« Julia stupst Rosa in die Seite und lacht. »Ja, so hab ich dich in Erinnerung. Alles geradeheraus. Meine alte Freundin Rosa!« – »Was soll ich machen? Da bin ich ein Naturtalent.« Sie zieht eingestehend die Mundwinkel nach unten und die Schultern nach oben. »Weißt du, besser entwaffnend ehrlich als hinterlistig freundlich.«

Julia schüttelt immer noch belustigt den Kopf: »Jetzt wird mir klar, was mir gefehlt hat, jemand wie du, der mit mir mal Klartext redet.« – »Das ist das Stichwort. Los! Ich bin so neugierig auf das, was du jetzt erlebst. Aber nur Klartext!« Julia findet anscheinend alles zum Lachen, was Rosa sagt, zeigt nach rechts zum nahegelegenen *Kleinen Gartencafé* und fragt: »Beim Käffchen?« – »Bingo!«

Die Sonnenschirme werfen große Schatten über die Terrasse des Cafés, ein Zweiertisch in der hinteren Ecke erscheint ihnen ideal, um sich nach dieser Ewigkeit wieder zu beschnuppern. »Ich nehme einen Eiskaffee«, entscheidet sich Rosa wie immer schnell. Julia blättert in der Karte langsam von vorne nach hinten, bis sie sich anschließt: »Ich auch.« Lachend geben sie die Bestellung an den Kellner weiter.

Rosa beginnt: »Zuerst musste ich an unsere Zeit an der Penne denken, als ich letzte Woche deinen Brief las.« – »Ja, das waren sehr schöne Jahre, doch die Erinnerungen sind bei mir verblasst, mein Leben mit Lutz mit all seinem Für und Wider hat mich sehr geprägt.«

Rosa sieht, wie sich eine Kummerfalte auf Julias Stirn bildet. »Du hast es sehr nachvollziehbar beschrieben.« – »Rosa, ich sag dir was, das kannst du dir nicht wirklich vorstellen, wenn du nur noch Platzangst hast in deiner Beziehung, dir die Luft zum Atmen fehlt, es nur um ihn geht und er für das, was er macht, auch noch ständig bewundert werden will.«

Da könnte Julia recht haben. In Rosas Bild von der Welt ist der Partner nicht der Nabel derselben und Heldenverehrung kommt darin auch nicht vor. »Und im Bett? Wie war es im Bett mit ihm?« Julia erschrickt zuerst ein bisschen bei dieser Frage, bekommt rote Bäckchen, dann fällt ihr ein, dass es Rosa ist, mit der sie hier sitzt und sie formuliert auch dazu eine kurze Antwort. »Ich sag mal so. Es hat am Ende immer nur gefehlt, dass er mich gefragt hätte: Na, wie war ich?«

Rosa hält ihr Lachen zurück, doch ein Blick zu Julia verrät, auch sie weiß, Humor ist, wenn man trotzdem lacht. Sie lachen so laut und herzhaft, dass die Leute an den Nachbartischen sich verwundert zu ihnen umdrehen. »Und nun hat dir dieser Maik etwas ganz Neues gezeigt, so steht es im Brief. Leg los!«

Julia lächelt und zutscht das Kaffee-Sahne-Eisgemisch mit dem Strohhalm aus dem Glas: »Du fragst mich aus wie ein Psychofritze bei 'ner Paartherapie.« Rosa überlegt kurz. »Ich glaub, das bin ich grad auch. Ich versuche, das Ehepaar Kunert zu therapieren.« Julia zieht ihre Augenbrauen noch oben und macht ganz große fragende Augen. »Wie? Ich verstehe grad nur Bahnhof.«

Rosa überlegt, wie sie es erklären soll. »Ich stecke mit Stefan in einer Krise. Bei mir war es von Anfang an so, dass ich frei bin in meiner Beziehung zu ihm und er ist es auch. Doch es fehlt etwas in der Zweisamkeit, ich fühl mich wie eine Knospe, die nicht aufblüht.« Julia staunt. »Eine Knospe, die nicht aufblüht? Schönes Bild. Sag's mal genauer.« Rosa stutzt. »Jetzt fragst *du* wie ein Therapeut. Ist Maik etwa einer?« – »Nein.« Julia wirft belustigt den Kopf nach hinten. »Er ist Tischler, hat aber mit seiner Ex-freundin ganz neue Beziehungs-Erfahrungen machen dürfen, die er jetzt mit mir teilt. Ich hab wirklich neu lie-ben gelernt.« – »Da kannst du der ja echt dankbar sein?!« – »Bin ich auch.«

Rosa überlegt, wie sie Julia beschreiben kann, was ihr genau fehlt. »Weißt du, ich frage mich seit langem, was sich der liebe Gott dabei gedacht hat? Zuerst ziehen sich Männlein und Weiblein total an und dann stoßen sie sich ab. Ist da ein Plan dahinter? Warum müssen sie so ein Drama miteinander erleben?« Julia lächelt vielsagend. »Genau die richtigen Fragen.« Rosa bohrt weiter. »Und? Hast du die Antworten?« Julia wiegt den Kopf hin und her. »Hmm. Das ganze Drama hat mit jeder Menge Fal-schinformationen zu tun. Das musst du dir bewusst ma-chen und es dann hinterfragen. Vieles ist oft genau andersrum richtig.«

Rosas Mund wird schmaler. »Auch in Sachen Sex?«, fragt sie ungläubig nach. Julia nickt zustimmend. »Ja, ge-rade da.« Der Kellner fragt, ob es noch etwas sein darf. Rosa sieht Julia an, sie schütteln beide den Kopf und er bringt die Rechnung. »Ich zahle!« Rosa zückt ihr Porte-monnaie und drückt dem Kellner die passenden Scheine in die Hand. Julia schlägt vor: »Lass uns noch etwas durch den Park schlendern. Mir wird ganz heiß hier in der Ecke. Weiß nicht, ob es am Thema oder an der Sonne liegt?«

Im Schatten der hohen Bäume entlang des Flusses ist es angenehm kühl und Rosa hat zum Glück eine kleine Wasserflasche für den Durst dabei. Julia knüpft an das abgebrochene Gespräch an. »Du hast erzählt, du bist frei in der Beziehung zu deinem Mann. Das ist schon mal eine gute Voraussetzung dafür zu finden, was einem fehlt. Diese Freiheit hatten Frauen jahrhundertelang nicht und ich bin mir sicher, bis heute gibt es immer noch viele, denen sie nicht vergönnt ist.« Rosa stimmt ihr zu. »Das hab ich erst neulich mit meiner Tante Margit diskutiert. Sie ist ’ne echte Feministin.« Julia hebt überrascht den Kopf. »Die Tante Margit?« – »Kennst du sie?« – »Ja, hab sie mal bei einem Besuch in eurem Garten getroffen. Die lässt sich die Butter auch nicht vom Brot nehmen, so wie du, was?«

Rosa lacht. »Gut beschrieben. Und sie hat immer noch einen Liebhaber, der ihr guttut, mit 70!« Julia setzt eine anerkennende Miene auf und sagt: »Trotzdem, ich denke, der sogenannte Feminismus ist nicht der Weisheit letzter Schluss. Mann und Frau sollten sich als zwei Teile eines Ganzen wieder erkennen, das eine kann ohne das andere nicht vollständig sein.« Sie macht eine kleine Pause und nimmt einen Schluck aus der Wasserflasche. »Und dann hat Maik mich gelehrt, die wahre Befreiung aus den unendlichen Dramen besteht darin, wirklich echte Nähe zuzulassen und dennoch unabhängig zu sein.«

Rosa sieht ihre Freundin mit großer Bewunderung an. »Wie lange kennt ihr euch?« Julia lächelt. »Eigentlich erst ein halbes Jahr, doch es kommt mir vor, als würden wir uns schon immer kennen. Wenn ich bei ihm bin, ist es wie nach Hause kommen für mich, vor allem wenn wir uns lieben.«

Solche Vokabeln hat Rosa für sich und Stefan noch nie verwendet. Julia erzählt weiter. »Schon in der ersten Nacht empfand ich die körperliche Vereinigung mit ihm so wunderbar, so erfüllend. Es war eine Würdigung meines Frau-Seins und gleichzeitig konnte ich die Stärke seines Mann-Seins anerkennen. Es war eine kaum fassbare Erfahrung.« – »Warte mal! Julia, das zieht mir die Beine weg.« Rosa setzt sich auf den Wegrand, legt sich nach hinten in die Wiese voller Löwenzahn, Hahnenfuß und Klatschmohn, streckt Arme und Beine weit von sich, schließt die Augen und sagt: »Ich muss mich erden. Ich glaub, ich verliere den Kontakt zur Wirklichkeit.«

Julia tut es ihr gleich, legt sich neben sie und flüstert ihr nach einer ganzen Weile leise ins Ohr: »Das ist die Wirklichkeit. Wenn du willst, wird sie es auch für dich.«

Vor dem großen Tor zum Innenhof der *Heiligenmühle*, *der* Location für handgemachte Live-Musik in Erfurt, steht ein großer Menschenpulk, fast alle in Jeansjacken und -hosen, dass es den Anschein hat, jemand hat am Zeitrad drei Jahrzehnte zurückgedreht. Auch die Langhaar-Frisuren unterscheiden sich kaum von damals und Rosa fragt sich, wo sich diese Menschen sonst aufhalten, denn im Alltag begegnet ihr niemand mit solcher Haarpracht.

Julia winkt ihr aus der Menge zu, sie hat sich für eine blaue Strickjacke entschieden, damit fällt sie nicht so sehr auf wie Rosa mit ihrem roten Blazer. »Ne Jeansjacke hab ich schon lange nicht mehr«, erklärt sie ihrer Freundin etwas peinlich berührt hinsichtlich der Einheitskleidung des Publikums hier beim *Engerling-Konzert.* Julia lacht und winkt ab. »Is doch wurscht, was du anhast, Hauptsache wir haben Spaß.«

Endlich geht das Tor auf und alle schieben sich in den kleinen gemütlichen Hof der ehemaligen Mühle, zu den von großen Brauereischirmen überdachten Biergartentischen oder gleich bis ganz nach vorn zum Bierwagen. An den Wänden des alten Hofes sind Teile des restaurierten Fachwerks liebevoll zu Regalen umgestaltet und auf großen schwarzen Kuchenblechen steht mit Kreide geschrieben das Tagesangebot an Speisen und Getränken. Von den Musikern ist noch nichts zu sehen, obwohl es um 19 Uhr losgehen sollte.

»Da vorn gibt es noch freie Plätze, erste Reihe, wenn schon-denn schon!«, zeigt Rosa mit dem Zeigefinger in die Richtung, steuert schnurstracks darauf zu und setzt sich. Julia gibt ihr ein Zeichen, dass sie sich zum Bierausschank drängeln will und Rosa zeigt einen Daumen hoch dafür. Langsam tut sich was auf der kleinen Holzbühne, die von Zeltplanen an drei Seiten vor eventuell einsetzendem Regen geschützt ist. Es wird an Mikrophone geklopft, an den Saiten der Gitarren gezupft und das Schlagzeug davon unterrichtet, dass es gleich einiges aushalten muss. Rosa ist gespannt, ob heute die Stimmung noch genauso sein wird wie in ihrer Erinnerung. Das Ambiente passt jedenfalls.

»Ja, hallo Rosa, du auch hier?« Eine Stimme, die ihr bekannt vorkommt, lässt sie zur Seite schauen und die Überraschung steht ihr im Gesicht geschrieben. »Olaf?« Sie schaut ihn verwundert von oben bis unten an. Es fehlt was an ihm. Körperfülle. Er bemerkt ihre erstaunten Blicke dankbar und fragt: »Bist du allein hier?« Rosa hat ihre Fassung wieder und ganz in ihrem Temperament ruft sie begeistert: »Olaf, das glaub ich nicht, wenn das keine Fügung ist! Ich bin mit Julia hier, denn sie wohnt wieder in Erfurt!« – »Ja, Mensch, toll! Die hab ich ewig nicht gesehen. Beim Klassentreffen letztes Jahr war sie ja nicht dabei.«

Auch Olaf ist hell erfreut. Julia kommt vom Ausschank, stellt zwei Bierhumpen auf den Tisch und erklärt: »Bei der Geschwindigkeit wie das Bier aus dem Hahn läuft, wird es heute nichts mit besoffen werden wie früher.« Erheitert legt sie dabei ihre Strickjacke auf die harte Bank und setzt sich darauf neben Rosa. Sie heben die Gläser in die Höhe, sehen sich in die Augen, stoßen an und nehmen einen großen Schluck vom

Gerstengebräu. Olaf hat sich ihnen gegenüber hingesetzt und grinst über sein markantes Gesicht. Rosa zeigt mit ihrem Glas zu ihm, bevor sie es abstellt und fragt mit Blick zu Julia: »Kennst du den?« Julia sieht Olaf an, zieht fragend eine Augenbraue nach oben und schüttelt den Kopf. Rosa hilft ihr: »Warte, ich helfe dir. Wenn du ihn ganz lange anschaust und ich dir sage, dass du ihn von früher aus der Schule kennst, wird sich das dir bekannte Gesicht aus dem neuen bald herausschälen.« Julia versucht es erfolglos. »Ich komm nicht drauf.« Olaf wartet geduldig. Plötzlich fällt der Groschen bei ihr. »Oooooolaf?« – »Treffer!«, applaudiert Rosa und will sich kringeln darüber, wie es in Julias Köpfchen gerattert hat. Julia begrüßt ihn herzlich: »Der Schöngeist der Klasse! Was für eine Überraschung!«

Olaf schaut Rosa an: »Siehste, so unterschiedlich kann man die Menschen sehen. Du hast mich letztens begrüßt mit *Hallo Außenseiter*.« Jetzt schämt sie sich ein bisschen dafür, doch zum Glück fängt die Band an zu spielen und bei dieser Lautstärke ist kein Plausch am Tisch mehr möglich. Das Schlagzeug beginnt, die Akustikgitarre stimmt ein, die ersten Takte lassen bereits die bekannte Melodie erahnen, der Bass kommt dazu und Rosa wird sofort in den Bann der Musik gezogen. *Es kommen bessere Zeiten* ist der Eingangstitel, Töne und Text vereinen sich zur Botschaft und sie hat wie bei vielen der Lieder der DDR-Rockmusik das Gefühl, die meinen mich, mit dem was sie da singen.

Bei *Da hilft kein Jammern* zerrt Julia sie am Arm auf die Tanzfläche und schreit ihr ins Ohr: »Das ist *mein* Song heute Abend!« Sie strahlen sich an und tanzen, als würde keiner zuschauen. Schade, dass Stefan nicht dabei ist, er würde hier genauso den Bär steppen lassen.

Die Pause lässt wieder Raum zum Schwatzen. »Findest du nicht auch, Olaf, die Texte von damals sind doch genial?«, fragt Julia in nostalgischer Stimmung. Er nickt anerkennend und fügt hinzu: »Weißte, das sind nicht nur Songtexte, das ist Lyrik und darum berühren sie uns so.« Er macht eine Handbewegung zu seinem Herz, lächelt wie immer milde und stellt nun Julia weitere neugierige Fragen zu ihrem Leben.

Rosa schnappt sich die Biergläser: »Ich geh mal Nachschub holen«, und reiht sich in die lange Reihe der durstigen Kehlen am Bierwagen ein. Eine Frage muss sie Olaf unbedingt noch stellen: Wie konnte er so schnell so viel abnehmen? Das wird wohl erst in der nächsten Spielpause was werden, denn die Jungs der Band hauen grad wieder mächtig in die Tasten.

»Olaf, ich will ja nicht indiskret sein.« Sie überlegt, wie sie die Frage formuliert, um das zu vermeiden. »Du hast dich seit unserer letzten Begegnung fast halbiert, siehst dabei aber sehr gesund aus. Geht so was mit rechten Dingen zu?« Olaf grinst breit über das ganze Gesicht. »Auf die Frage hab ich den ganzen Abend schon gewartet.« Er nimmt sein Glas, trinkt es zur Hälfte aus und leckt sich genüsslich den Schaum von den Lippen. »Und?« Rosa platzt bald vor Neugier und auch Julia ist ganz auf Empfang, sie kennt Olaf von der Schule noch als den *dicken Samson* und wusste bis grad eben nicht, dass er das bis vor kurzem auch noch war. Er beginnt seine Geschichte zu erzählen. »Ich war mein ganzes Leben Single, bis auf ein paar ergebnislose Ausnahmen. Ich dachte, das ist voll in Ordnung, ich kann machen, was ich will, kein Beziehungsstress, alles Bestens. Doch ich sag euch beiden jetzt was. Tief drinnen, da wünschst du dir, dass jemand da wäre. Jemand, der dich nimmt, so wie du bist, dich liebt und achtet.« Rosa ist ganz betroffen von seinen Worten und kann sie gut nachvollziehen, auch Julia nickt und es ist ihr anzusehen, wie sehr sie dem zustimmt.

»Und jetzt kommt das Wunder! Auf dem *Making-Love-Retreat* in der Schweiz im November letzten Jahres hab ich sie gefunden, die Frau, die mich liebt, so wie ich bin.« Er macht eine kleine Pause, Rosa und Julia kommen aus dem Staunen nicht raus. »Doch glaubt mir, vorher musste ich bereit sein, mich wieder zu öffnen und mich auf die Liebe in meinem Leben einzulassen. Und da ich von einer anderen Art Liebe gehört hatte, von der Liebe wie sie von

Osho in seinen Büchern beschrieben wird, wollte ich genau diese erleben, wenn ich mich jemals wieder auf ein Weibchen einlasse.« Beeindruckt von Olafs Geständnis fragt Rosa gleich nach. »Und du hast es dort in der Schweiz gelernt, das neue Lieben?« Olaf nickt. »Ich hab damit begonnen, alles, was ich für wahr und richtig gehalten hab, zu hinterfragen und danach konnte ich lernen, wie man wirklich göttlich lieben kann, bis in die Glückseligkeit.«

Julias Gesicht wird von einem Scheinwerfer an der Bühne seitlich beleuchtet und sie lächelt zufrieden in sich hinein. »Warum lächelst du so gönnerhaft?«, fragt Rosa. Julia schreckt etwas zusammen bei dieser Frage und antwortet: »Weil ich weiß, wovon er spricht. Das ist es! Das hat Maik in mein Leben gebracht.«

Rosa schaut zu Olaf, dann wieder zu Julia. Sie kommt sich vor wie damals in der Schule, wenn sich montags alle über den tollen Film am Sonntag im Fernsehen unterhalten haben und sie ihn verpasst hatte. »Muss ich jetzt zu diesem Retreat, wenn ich auch neu lieben lernen möchte?« Sie wendet sich zu Julia: »Weil ... du wirst mir wohl deinen Maik nicht ausleihen und du ...«, sie dreht den Kopf zu Olaf, » ... bist grad im *Honeymoon* und wirst keine Zeit haben?« Alle drei lachen herzlich über Rosas Joke und prosten sich zu. Olaf schüttelt belustigt den Kopf und sucht nach einer Antwort. »Im Hinterfragen, Rosa, bist du schon echt gut. Ich empfehle dir zwei Bücher von Diana Richardson, der Seminarleiterin, die bringen dich bestimmt ans Ziel und wenn Fragen aufkommen, kennst du ja Leute mit Insiderwissen.« Lachend kritzelt er die Buchtitel auf seinen Bierdeckel und reicht ihn ihr. Sie steckt ihn in ihre Tasche und fragt: »Eine Sache ist noch offen, Olaf. Was genau hast du gemacht, um in so kurzer Zeit so viel abzunehmen?« Er überlegt kurz. »Wie sagt man so schön? Liebe geht durch den Magen.« Er schickt ihr einen Luftkuss.

17 | Selbstliebe

Rosa liegt im *Paradies* unter den hohen Eschen auf der Hollywood-Schaukel und beobachtet die Wolken, die der Nachmittagswind über den Himmel treibt. In den vergangenen zwei Wochen hat Gordon wieder genervt, weil er sich das mit den Fortbildungsveranstaltungen für die Hausärzte anders vorstellt, er hat mit einer Abmahnung gedroht, wenn es das nächste Mal nicht so gemacht wird, wie er es vorgibt. Was geht nur in diesem Mann vor? Alles könnte so einfach sein? *Seid nett zueinander* würde doch als Firmenkodex schon reichen. Gestern Nachmittag hat Rosa in aller Ruhe mal eine Kündigung formuliert, nur um zu sehen, wie sich das anfühlt. Die E-Mail steht nun im Postfach *Entwürfe* und es war sehr angenehm wahrzunehmen, was aus der Bauchgegend vermeldet wurde.

Julia hat sich rar gemacht, weil sie Maiks Haus beim Renovieren von links auf rechts dreht, und Stefan nennt Stress, was gerade zu tun ist in der Firma mit der Neueinführung der Serie *Brotaufstriche mit Genusseffekt*. Sie selbst kommt sich mal wieder vor wie Faust im Studierzimmer: *Habe nun, ach! Philosophie, Juristerei und Medizin und leider auch Theologie! Durchaus studiert, mit heißem Bemühen. Da steh ich nun, ich armer Tor! Und bin so klug als wie zuvor …*

Was hat man vom Erkennen der Welt, wenn bei allem die Freude fehlt, wenn alles nur ein ewiges Tun ist, ein immerwährendes Erreichenwollen, nie gibt es ein Ankommen, immer will man wegstreben von dem, was gerade ist? Kann sich der Verstand überhaupt freuen? Beurteilen und bewerten, ja darin ist er der große Meister, doch

freuen? Freuen kann sich nur das Herz. Der Verstand kann
es nicht, darum kann er auch nicht lieben. Mit Sicherheit
kann er nicht lieben und trotzdem mischt er sich jedes
Mal ein. Dieser verdammte Glückskiller! Rosa bringt die
Hollywood-Schaukel erneut zum Schwingen. Hin. Her.
Hin. Her.

Genauso wie ihre Gedanken schwingt sie nach vorn,
wieder nach hinten. Ja, das ist es! Nein, so ein Quatsch!
Her. Hin. Her. Hin. Die linke Gehirnhälfte quasselt unent-
wegt. *Was willst du eigentlich? Dir geht's doch gut. Das
Leben ist kein Ponyhof.* Die rechte schaltet sich dazu.
*Rosa, du spürst, dass es da noch etwas zu entdecken gibt.
Geh weiter auf die Suche. Vielleicht ist es besser als ein
Ponyhof.*

Rosa springt von der Schaukel und kramt wie wild in
der Handtasche. Wo ist sie nur? Wo ist die Visitenkarte
von Olaf, der jedes Mal was aus seiner Wundertüte her-
ausholt, worüber sie sich buchstäblich nur wundern kann.
Sie findet sie zerknüllt am Taschenboden.

Drrr. Drrr. Drrr. Jetzt geh schon ran! Bestimmt sitzt er
gerade im Schneidersitz auf seinem Meditationskissen
und ist im Nichts verschwunden und das Handy ist auf
lautlos gestellt oder er liegt eng umschlungen mit seiner
neuen Schnalle im großen Doppelbett und sie fliegen
durchs Wolkenkuckucksheim. Für frisch Verliebte gibt es
dafür keine Zeiten.

»Jepp« – »Olaf?« – »Ja, ich bin's und wer ist da?« Rosa
muss sich kurz aus ihren Gedanken, wo er gerade sein
könnte, ins Jetzt zurückholen. »Hier ist Rosa. Die Frau mit
den Defiziten.« Am anderen Ende ertönt herzhaftes Lachen, Rosa hält das Telefon vom Ohr weg, so laut schallt

es heraus. »Schön, was kann ich für dich tun?« – »Erstmal wäre es zielführender, wenn du mich nicht auslachst.«

Sein unerwartetes Lachen hat sie so irritiert, am liebsten hätte sie gleich wieder aufgelegt. »Mensch Kleene, so sensibel heute, war nicht so gemeint« Du drückst dich immer so befreiend ehrlich aus, dass es einfach eine Freude für mich ist; ich musste deshalb spontan lachen.« Rosa überlegt, ob sie das als Entschuldigung gelten lassen kann. Er fragt nach: »Was ist los, wo drückt denn der Schuh?« Na gut, jetzt, wo er doch gleich dran gegangen ist, nicht auf dem Kissen sitzt oder sich im Bett wälzt, will sie nicht weiter schmollen. »Olaf, ich weiß nicht weiter. Ich weiß nicht, an welcher Stelle ich anfangen soll, den Knoten meines Lebens aufzuknuppern, damit wieder Freude reinkommt. Ich hab keine Ahnung, was mir fehlt. Ich denke und denke und komm nicht weiter.«

Eine Weile ist Ruhe, bis Olafs Stimme wieder zu hören ist. »Ja, denken ist immer schlecht. Du musst lernen zu fühlen. Alle Erlebnisse deines Lebens sind im Körper als Gefühle abgespeichert, die Guten wie die schlechten.«

Rosa fummelt das Notizbuch aus ihrer Tasche, stellt die Lautsprecher-Funktion an und bittet ihn, den Satz zu wiederholen. »So was muss ich mir aufschreiben. Für solche Sätze gibt es noch keine Vorlagen in meinen Kopf-Schubladen.«

Jetzt fragt Olaf, ob sie sich an ihr Gespräch zum Klassentreffen erinnern kann. Sie überlegt. »Du hast da 'ne Menge erzählt, worauf willst du hinaus?« Er macht es aber auch spannend, soll er doch mal mit 'nem schlauen Ratschlag rausrücken und nicht so nebulös um den heißen Brei herumreden. »Meinst du etwa den Satz von diesem

Orakel in Athen*? Erkenne dich selbst?«* Olaf kichert kurz, um schnell ernsthaft fortzufahren. »Genau, ist zwar in Delphi, doch das meine ich.« Sie wartet. Etwas Konkreteres erhofft sie sich vom Schlaumeier schon, etwas, das er aus dem Flachgerät schmettert, das sie aufspringen, »Heureka!« herausposaunen und nackt durch den Garten rennen lässt, wie der, der, wer war das nun wieder? Sokrates? Nein, Archimedes, glaubt sie sich zu erinnern. Den alten Philosophen ist immer alles ganz allein eingefallen, anscheinend war das zu ihren Zeiten selbstverständlich,

Faust hatte es dagegen schon schwerer und heute braucht jeder einen Coach. Alleine schaffst du es nicht. Wo sind wir nur hingeraten?

»Geht es nicht ein kleines bisschen detaillierter? Schlag einfach mal was vor«, raunt Rosa leicht ungehalten in das versteckte Mikrofon. »Ich überlege ja schon. Vielleicht versuchst du es zuerst mit: *Liebe dich selbst.«*

Rosa erinnert sich plötzlich, dass er genau das auch an diesem denkwürdigen Abend im Raum *Weidmanns Ruh* empfohlen hat. *Das, was du suchst, findest du nur bei dir, du kannst die Liebe nicht bei einem Partner finden*, hatte er erläutert und sie hatte es aufgeschrieben.

Sie blättert im kleinen Büchlein und findet die krakeligen Zeilen darin. »Ich erinnere mich jetzt, das hatte ich mir sogar notiert. Bitte, Olaf, gib mir nur noch einen einzigen klitzekleinen Tipp, wie ich damit anfangen kann.« Er atmet hörbar ein. »Der Schlaumeier, wie du mich gerne nennst, würde antworten: *Dem Gehenden legt sich der Weg unter die Füße.* Doch ich rate dir, gib im Browser in deinem Computer einfach mal das Wort *Selbstliebe* ein und du wirst überrascht werden, was da kommt. Okay für heute?« Es ist für sie okay, sie bedankt sich bei Olaf und gibt ihm ehrlich zu verstehen, wie froh sie darüber ist, dass er ihr sein Ohr geschenkt hat. »Warte mal.« Ah, er hat noch was für sie. »Hast du dir die Bücher von Diana gekauft?« Die Bücher von Diana? Nein, hat sie nicht. Der Bierdeckel mit der Notiz steckt ganz vorn im Briefständer auf ihrem Schreibtisch. *Zeit für Männlichkeit* und *Zeit für Weiblichkeit,* steht darauf, doch es hat sie etwas Unbestimmtes davon abgehalten, die beiden Bücher zu bestellen, als wäre die Zeit noch nicht reif dafür. »Noch nicht«, antwortet sie.

»Verstehe, gut Ding will Weile haben. Mach's gut.« Olaf legt auf.

Einatmen – Ausatmen.

Weiß ich jetzt mehr? Sie setzt die Schaukel in Bewegung, lehnt sich zurück, streckt sich auf den weichen Polsterauflagen lang aus und beobachtet, wie sich die Wolkenformationen jetzt spektakulär in verschiedenen Grautönen übereinander auftürmen. Ihre Ränder erscheinen golden durch die Sonnenstrahlen, die versuchen, die Lücken zu durchdringen. Es wird wohl Gewitter geben. *Wenn ich mir was wünschen darf, lieber Petrus, dann bitte mehr als nur fünf Millimeter regnen lassen, die Gärtnerin Rosa wird es dir danken.*

Zurück zu Hause klappt sie nach Olafs Geheiß sofort das iPad auf und gibt *Selbstliebe* im Browser ein. In Sekundenschnelle öffnet sich das Fenster zu den entsprechenden Webseiten: *Die Instant-Methode, 8 Schritte zu mehr Selbstliebe, Selbstliebe lernen: 50 Tipps für den Anfang* und so weiter und so weiter. Nichts ist dabei, was ihre Aufmerksamkeit auf sich zieht. Enttäuscht blättert

Rosa immer noch eine Seite weiter. Halt! Den Namen hat sie doch schon mal gehört.

Carlos Kuschnek, Kurs: Wie ich lerne, mich selbst zu lieben! Sie öffnet die Seite und sieht sofort das ihr bekannte Foto. Kein Zweifel! Bei diesem Carlos war doch Stefan im Frühjahr, nur das Seminar hieß anders – die *Transformation all deiner Probleme. Die* hatte es zwar nicht zur Folge, doch immerhin gibt es seitdem viel weniger Streit zwischen ihnen, jedenfalls nicht mehr so heftigen. Sich zu sagen: Das ist mein Problem, wenn mich etwas stört, mein Gegenüber hat damit nichts zu tun, hat die vielen nervenden Zwistigkeiten zwischen ihnen abflauen lassen. Ja, Rosa würde es heute fast als harmonisch betiteln, wenn sie ihr Leben mit Stefan genau in diesem Moment beschreiben müsste. Na gut, *fast* ist richtig. Darum hat sie vorsichtshalber den Zettel mit dem Spruch: *Nur heute sagen wir immer nur was Nettes zueinander,* dessen Schrift langsam anfing zu verblassen, nochmal neu geschrieben und mitten an die Kühlschranktür gepinnt. Rosa merkt, wie der Entschluss ganz langsam, aber kräftig in ihr reift, diesen Kurs *Sich selbst lieben zu lernen* bei Carlos zu buchen. Der Termin in vier Wochen im September passt prima, keine Tagung oder sonstigen Termine, jetzt nur noch Julia überzeugen, dass sie mitkommt, und die Reise zur Liebe kann beginnen.

Die gemeinsame Fahrt mit Julia nach Bayern in das Seminarzentrum *Zur goldenen Mitte* ist die reinste Gaudi für Rosa. Sie hatte vergessen, was für ein verrücktes Huhn ihre wiedergefundene Freundin sein kann. Immerzu fällt ihr eine alte Kamelle von früher, ein guter Witz oder irgendein Jux ein, über den sich Rosa ausschütten will, ein

Lachflash jagt den anderen. »Kennste den noch? Was ist das Gegenteil von Frühlingserwachen? – Abends rechts einschlafen!« Hä? Ach so! Ha, ha, ha! »Oder den. Guten Tag Herr Fischer, ich wollte ihre Tochter zum Fischen abholen. Entschuldige, ich heiße Vogel. Ich weiß, ich wollte nur nicht mit der Tür ins Haus fallen.« Rosa schüttelt den Kopf, hat Lachtränen in den Augen. »Nein, der ist so alt und trotzdem muss ich immer wieder darüber feixen.«

Nach fünf Stunden kommen sie in Blumberg an, Rosa steigt bestgelaunt auf dem großen Parkplatz aus dem Wagen, macht ein paar Dehnungsübungen neben der Fahrertür und stellt fest: »In der Stimmung kann es hier gerne weiter gehen.« Sie umarmt Julia herzlich: »Die Reise mit dir hat sich jetzt schon gelohnt!« Sie klatschen sich ab, Julia erwidert nur: »Dito!«, lacht dabei schon wieder und Rosa fragt sich, was an dem Satz nun lustig war.

Für den Anreisetag ist nur die Vorstellungsrunde mit Verteilung der Namensschilder und Verkündigung des Programms für die kommenden drei Tage angesetzt. Rosa kann Julia noch zu einem Absacker an der Bar überreden, danach verschwindet sie in ihr kleines gemütliches Einzelzimmer und schläft sofort ein.

Carlos sitzt Punkt neun Uhr im großen Saal seines Zentrums hinter einem futuristischen Tisch, anscheinend aus Glas. Carlos ist schlank, mittelgroß, trägt Jeans und ein weißes Leinenhemd, sein volles, wallend graues Haar fällt ihm fast bis zu den Schultern, es verleiht ihm einen verwegenen Ausdruck und kaschiert sein Alter um mindestens zehn Jahre. Seine prägnanten Gesichtszüge verraten, dass er bestimmt seinen sechzigsten Geburtstag schon gefeiert hat, doch er scheint von innen heraus zu leuchten. Ein echt gutaussehender Mann, stellt Rosa fest. Hin und wieder steht er auf und malt zum besseren Verständnis Bilder, Symbole und Buchstaben mit dicken Filzstiften in verschiedenen Farben auf ein Flipchart neben sich. *Old School,* das liebt Rosa, wie bei ihr im Lesesalon, keine PowerPoint-Präsentation, wo jeder versucht, den Inhalt derselben zu erfassen und dabei verpasst, was gleichzeitig gesprochen wird. Alle Plätze der Stuhlreihen im Vortragsraum sind besetzt, die Blicke von mindestens vierzig Teilnehmern kleben Carlos an den Lippen, über die seine Worte warm und weich direkt das Herz erreichen. »Ihr seid zu mir gekommen, um herauszufinden was Lieben wirklich bedeutet, und ich möchte euch gerne einen Weg dorthin zeigen. Ob ihr diesem Weg folgt oder nicht, werdet ihr danach allein entscheiden müssen.«

Er macht eine Redepause und lässt seinen Blick wohlwollend über die Männer und Frauen schweifen, die sich von ihm Lösungen für ihre Probleme und Lebenskrisen erwarten. »Die meisten Menschen suchen die Liebe am falschen Ort – nämlich bei anderen Menschen; dadurch verkümmern sie seelisch, weil sie nicht sehen können, dass sie sich selbst keine Liebe und Achtung schenken.« Carlos malt einen grünen Kreis auf das Papier, drumherum einen größeren roten und setzt fort: »Die Selbstliebe ist der Schlüssel, mit dem ihr zuerst die Tür zu den verdrängten Gefühlen der Kindheit öffnen müsst.« Jetzt zeigt er auf den großen, rot schraffierten Kreis. »Ihr werdet in diesem Seminar erleben, wie es sich anfühlt, hineinzuspüren in den Schmerz, den ihr als Kind gefühlt habt, als ihr abgelehnt, verurteilt und bestraft wurdet. Es wird wehtun und viele Tränen werden in den kommenden Tagen hier fließen, doch sie bereiten den Weg zurück in die Liebe. Wir alle kommen aus der Liebe, dem Eins-Sein ...« Carlos zeigt auf den Platz neben dem roten Kreis und malt lauter blaue Punkte auf das Papier: »... aus der Glückseligkeit - durch den Schmerz der Trennung - hierher auf die Welt. Nur durch das Fühlen dieses Schmerzes kommen wir in die Liebe zurück. Ihr müsst lernen, wieder zu fühlen, das zu fühlen, was damals so wehtat und verstehen, dass ihr diesen Schmerz verdrängt habt. Er ist immer noch in euch.« Er macht eine Pause, erhebt sich von seinem Hocker, legt sich beide Hände übereinander auf sein Herz und redet mit dieser ungemein angenehmen Stimme weiter. »Ihr werdet erkennen, dass es nur Programme sind, die euch steuern. Als Kind waren sie nützlich, ihr habt mit ihnen überlebt, aber nun dienen sie euch nicht mehr. Erst wenn wir dem Schmerz ins Auge sehen können, ist es möglich, aus den negativen Gefühlen auszusteigen. Ihr werdet jetzt fragen, ist das wirklich so einfach? Ja, es ist einfach.«

In der ersten Pause gibt es bereits Mittagessen, alles vegan, zum Glück war das im Programm angekündigt. Julia nimmt sich am Buffet beherzt zwei Kellen aus dem großen Kessel mit der Gemüsepfanne auf ihren Teller, Rosa möchte erst sondieren, um welches Gemüse es sich in der bräunlichen Pampe vor ihr handelt. Vier Tage kein Fleisch, kein Käse, keine Milchprodukte. Ob sie das schafft? Die drei Geheimnisse der Kunertschen Küche heißen: Butter, Butter, Butter. All die Versuche, mit pflanzlichen Ersatzprodukten Essen schmackhaft zu zubereiten, hat Rosa in den Wind geschlagen. Als gestandene Köchin muss sie schließlich nicht jedes neumodische Zeugs mitmachen. Sie findet es vernünftiger, die Tradition und die damit überlieferten thüringischen Rezepte zu bewahren, das ist ihr Credo und es wird von Stefan genauso wie von ihren Gästen bei einem üppigen Festmahl mit wohlwollenden Gesichtern und ausgiebigem Lippenabschlecken belohnt.

Wider Erwarten schmeckt der Gemüsebrei sehr lecker, auch wenn sich nicht alle Sorten in demselben zu erkennen geben. Er ist perfekt gewürzt und Rosa holt sich sogar Nachschlag. Ich werde hier überleben, ist ein beruhigender Gedanke, der sie beim Löffeln zufrieden werden lässt.

Carlos redet auch in der zweiten Tageshälfte weiter ohne Punkt und Komma und ohne Manuskript über das *Ich,* die *Bewusstwerdung* und das *Reflektieren,* dass es Rosa fast schwindlig wird und sie es kaum schafft, das Wichtigste im dicken Notizbuch mitzuschreiben. Die neuen Vokabeln fliegen ihr wie ein ausgebüxter Bienenschwarm um die Ohren: *Inneres Kind, Sprache des Herzens, männlich und weibliches Prinzip, Schmerz, Wut, Verantwortung, innerer Frieden.*

Jetzt weiß sie, warum das Seminar vier Tage dauert. In diesem Kaleidoskop ein neues Bild zu erkennen, das bedarf einiger Übung.

Endlich entlässt der *Erleuchtete* seine Schüler in den Feierabend, das Abendessen wird in einer Stunde gereicht. Rosa schlendert durch die Räume des Zentrums und staunt, wie liebevoll alles gestaltet ist. In kleinen Nischen stehen Tischchen und Stühle neben hellblau gekachelten Miniatur-Wasserspielen. Auf einer gepolsterten Sitzecke mit Kissen in wunderschönen Rot- und Orangetönen am Kamin kann man es sich gemütlich machen. Der angrenzende üppig blühende Cottage Garten hinter der Glastür verspricht, sich auch allein zurückziehen zu können.

Am großen Kartenständer im Shop des Zentrums begutachtet Rosa die Unmengen von Postkarten mit den tiefgründigen Sprüchen von Carlos. Sie liebt solche Weisheiten, die den Blick auf das Leben erweitern, doch diese hier sind sehr speziell, eher religiös. Sie nimmt eine der Karten und liest:

Es tut so gut, zu wissen, dass es jemanden gibt, der einen kennt und trotzdem liebt. Gott sieht dich immer in deiner Nacktheit und steht dir trotzdem bei. Sie nimmt eine weitere Karte: *Erkennst du Jesus als den, der er ist an, dann wirst du das Leben und die Schöpfung durch ganz neue Augen schauen.«*

Rosa ist nicht nur leicht irritiert. Hört sich an wie Pater Anselm Grün. Oder sind das Bibelsprüche? Bin ich in einer spirituell getarnten Kirchengemeinde gelandet? Ich hab ein Seminar zur *Selbstliebe* gebucht und nicht eines, in dem ich Jesus übern Weg laufe. Ich will nicht bekehrt werden, ich will herausfinden, was mir fehlt. Vielleicht bin ich hier falsch? Rosas Ego ist im höchsten Maße getriggert.

Mal sehen, wie Julia das sieht. Wo ist sie eigentlich? Diese Frage katapultiert Rosa aus ihren Zweifeln in die Gegenwart zurück. Sie schaut sich eine Weile suchend um und sieht überrascht ihre Freundin mit einem jungen Mann in den Korbstühlen neben der Bibliothek in ein angeregtes Gespräch vertieft. Upps! Die schöne Blonde – noch immer das Objekt der Begierde wie anno dazumal? Ich glaub es nicht! Rosa merkt, wie sie neidisch wird. Der

Typ ist höchstens dreißig und sieht aus wie David Garrett ohne Geige.

Sie geht schnurstracks auf die beiden zu. »Hey, kennt ihr euch etwa?« Leider fällt ihr in diesem Moment nichts Besseres ein und sie merkt sofort, wie dämlich die angebliche Begrüßung des schönen Fremden war. Julias Gesichtsausdruck nebst Antwort bestätigt ihre Annahme. »Ja, seit heute,« erwidert sie ironisch. »Das ist Ole.« Sie weist mit der Hand auf ihr Gegenüber: »Und diese unsensible Dame heißt Rosa.« Nun zeigt Julias Finger direkt auf Rosa. Rosa merkt, wie sie knallrot wird im Gesicht. »Schön, dich kennenzulernen«, lässt Ole den eigentlich unmissverständlichen Vorwurf von Julia unbeachtet und sein Gesicht wird durch das Strahlen seines Lächelns noch schöner. Schnittchenalarm! Mit einem leichten Kribbeln in der Magengegend muss Rosa feststellen, dass auch Frauen jenseits der Lebensmitte mit Adrenalinausstoß auf attraktive junge Männer reagieren. Vielleicht ist es auch ein anderes Hormon, da ist sie sich nicht sicher, doch sie genießt ein kleines bisschen die erhöhte Herzfrequenz in der Anwesenheit von diesem Ole. »Darf ich mich zu euch setzen?« – »Na klar«, antwortet er freudig. »Ich bin hier, um Menschen kennenzulernen, die dem Ruf ihrer Seele folgen.« Rosa schaut ihn verdutzt an. Kann er mich damit meinen? Folge ich dem Ruf meiner Seele?

»Wie meinst du das?«, formuliert sie wie immer die Frage, die sich ihr stellt, ganz konkret und lässt sich in den freien Stuhl neben ihm fallen. Ole wendet sich ihr zu und nimmt Blickkontakt auf, sodass sich ihr Puls noch weiter erhöht. »Meine Erfahrung ist: Die meisten Menschen wollen das Leben logisch verstehen, suchen nach

Richtig oder Falsch. Auf solchen Seminaren wie bei Carlos treffe ich Leute, die erkannt haben, dass es auch eine Seele gibt, die nur lieben kann und die Gegensätze aufheben will.«

Aha! Er sollte hier zum Co-Trainer avancieren. So jung und schon so lebensklug! Chapeau! Sie musste lange durchs Tal der Tränen gehen, um zu erfahren, dass sie mehr ist als ihre Gedanken, dass sie Körper, Geist und Seele ist. Diesem Glückspilz hat das Leben anscheinend nur kleine Nüsse zum Knacken gegeben und ihm wird wohl damit einiges an Drama erspart bleiben. Die Gegensätze aufheben? Das soll er mir mal vormachen. Sie muss innerlich grinsen.

Rosa sieht ihn aufmerksam an und fragt weiter. »Würdest du mir sagen, was deiner Meinung nach die Seele ist?« Julia hat ihre kritische Miene abgelegt, nickt ihr sogar zustimmend zu, als hätte sie die Frage ebenso stellen wollen, und beide warten gespannt auf Oles Antwort. Er bleibt sie nicht lange schuldig. »Die Seele ist die Intelligenz des Herzens, der Gegenspieler unseres Verstandes. Sie allein ist in der Lage, bedingungslos zu lieben.« Hat sie das nicht selbst erst vor vier Wochen im *Paradies* auf der Hollywood-Schaukel genauso empfunden? Sie schreibt die eben gehörten Zeilen trotzdem mit großen Buchstaben auf eine neue weiße Seite ihres Notizbuchs.

Zum Abendessen gibt es Gemüseauflauf, der genauso aussieht wie die Gemüsepfanne am Mittag, anscheinend sind Möhren, Porree, Zucchini und sonstige Verwandte nur in einer anderen Reihenfolge in die Pfannen gewandert. Na gut, der käseähnliche Überzug rechtfertigt wahrscheinlich die Bezeichnung Auflauf. Sie setzt sich mit ihrem vollen Teller an den Tisch, an dem ihre Freundin Platz genommen hat. »Und Julia, was meinst du, sind wir hier richtig?« Julia hat ihren bereits leeren Teller etwas von sich weggeschoben, um sich ein Ananas-Carpaccio als Nachspeise schmecken zu lassen. »Ich denke schon. Die Sichtweisen von Carlos sind nachvollziehbar, kein Geschwafel von Licht und Liebe, sondern was Handfestes, Anwendbares. Meinst du nicht?«

Julia schaut zu Rosa, während sie die Nachspeise ganz langsam Stück für Stück im Mund verschwinden lässt. Rosa überlegt, wie sie ihre Zweifel formulieren will. »Das finde ich auch, was Carlos heute vorgetragen hat, ist stimmig für mich. Doch die Zitate von ihm auf den Karten haben mich verstört.« – »Ich hab sie mir noch nicht angesehen. Was ist denn verstörend daran?« Julia lehnt sich nach vorn und schaut Rosa in die Augen. »Dieser Jesus. Was ich von ihm und über ihn höre, zieht mich einerseits magisch an, doch mein Verstand zeigt mir jedes Mal einen Vogel.« Sie macht eine kleine Pause, kniepst die Augen zusammen, als ob sie dadurch besser in ihre Erinnerungen blicken kann, und erzählt Julia von den Begegnungen mit Frau Pauli und Frau Doktor Kautz. »Beide haben mich jeweils mit den Worten verabschiedet, dass ich es ohne Jesus nicht schaffe.«

Auch Julia verortet jetzt Jesus in der Kirche, mitleidserregend am Kreuz hängend, für unsere Sünden gestorben, zurück ließ er ein paar Verhaltensregeln für ein sündenfreies Leben. Sie macht einen Vorschlag. »Frag doch Carlos selbst, wie das gemeint ist: Schau, er mischt sich unters Volk und er hat uns doch angeboten, für persönliche Themen ansprechbar zu sein.« Julia zeigt zur großen, zweiflügeligen Tür, wo neben der Bar auf der anderen Seite des Vestibüls Carlos inmitten einer Schar von Wissbegierigen sitzt.

Rosa setzt sich zur Gruppe um den Meister und hört mit halbem Ohr zu, welche Abgründe sich bei dem einen oder anderen Sinnsucher so auftun. Ach du lieber Himmel! Da sind ja meine Sorgen pille-palle dagegen, grübelt sie vor sich hin. Auf einmal sind alle verschwunden und Carlos lehnt mit einem halbvollen Glas Wasser in der Hand in seinem Korbstuhl und lächelt sie an. Er hebt das Glas zu einem lautlosen Willkommensgruß und sie hört ihn fragen: »Und, wie kann ich dir helfen?« Rosa nimmt die unerwartet schnelle Einladung dankend an und setzt sich auf den Platz neben ihm. »Darf ich dich duzen?« – »Selbstverständlich, ein *Du* lässt die Distanz zwischen zwei Menschen kleiner werden, macht aber auch verletzlicher.« Er schaut auf ihr Namensschild. »Ah, eine Rosa haben wir dabei. Eine Rose. Knospe oder schon aufgeblüht?«

Er drückt sein rechtes Auge bübisch zusammen. Rosa stutzt. Wieder ein Hellseher? Oder steht ihr diese Frage auf die Stirn geschrieben? »Weißt du Carlos, mich treibt eine Sache besonders um. Schon zweimal, wenn ich erzählt habe, dass ich auf der Suche bin, habe ich den Satz gehört *Ohne Jesus schaffen Sie es nicht*. Und nun finde ich so etwas Ähnliches auch auf deinen Postkarten. Ich glaube aber nicht an Gott.« Er schaut sie ein klein wenig mitleidig an. »Glaubst du an die Liebe?« – »Ja, klar glaub ich an die Liebe.« So 'ne blöde Frage, hätte sie beinah noch angehängt. »Siehst du«, spricht er weiter, »und Jesus ist der Inbegriff der Liebe. Jesus liebt dich. Bedingungslos!

Durch seine Liebe lernst auch du, bedingungslos zu lieben.«

Rosa versucht, eine neue Datei in ihrem Kopf anzulegen. »Da gibt es wohl etwas, was ich noch nicht verstehe. Der Jesus, den du meinst, hat anscheinend nichts mit der Kirche zu tun?« Carlos freut sich sichtlich über seine gelehrige Schülerin. »Richtig. Das wahre Wesen Gottes und des Gottessohns ist die Liebe, der Rest sind nur Geschichten.« – »Mehr hast du mir dazu nicht zu sagen?« – »Nein«, sagt er und lächelt dabei freundlich. Rosa drückt ihm lange die Hand. – »Ich denke, alles, was ich heute gehört hab, muss ich erst mal sacken lassen.« Im Gehen winkt sie ihm nochmal zu.

Obwohl die dicken Vorhänge an den Fenstern zugezogen sind und es eigentlich stockdunkel im Zimmer ist, kann Rosa einfach nicht einschlafen. Vollmondzeiten eben! Sie wälzt sich gefühlt seit Stunden im Bett hin und her, schaut aufs Handy. Schon halb zwei. Na toll! Um sieben ist Aufstehen für alle, die die Meditation halb acht mitmachen wollen, danach ist erst um 9.30 Uhr Frühstück. Sie fragt sich, warum man zu einer Meditation in Sportsachen kommen soll und vorher nichts zu essen bekommt, da sitzt man doch still in sich versunken auf dem Boden rum. Na ja, sie wird zu früher Stunde dabei sein und die Gründe dafür erfahren.

Es bleibt nicht mehr viel Zeit für einen erholsamen Nachtschlaf, der bei ihr eigentlich nach acht Stunden erst erreicht ist. Je mehr Rosa denkt, umso wacher wird sie. Das Seminar und die Gespräche gestern mit Ole und Carlos haben ihr Weltbild, das sie sich in über fünfzig Jahren zusammengebastelt hat, mächtig ins Wanken gebracht und gerade droht es einzustürzen wie ein Kartenhaus. Sie ist sich noch nicht ganz schlüssig, ob dieser Tatbestand furchtbar traurig ist und sie gleich Sturzbäche von Tränen vergießen wird, oder ob sie endlich Grund genug hat, »Heureka« schreiend durch das Seminarzentrum zu rennen. *Jesus liebt mich.* Dieser Satz läuft wie das Banner der DAX-Kurse während der Nachrichten unaufhörlich, immer wieder mit drei Pluszeichen voneinander getrennt, unterhalb des Films, den sie grad in ihrem Kopf produziert.

Hellwach setzt sich Rosa auf den Bettrand, legt sich die Bettdecke um die Schultern, stützt die Arme neben sich auf, starrt in die Dunkelheit des Zimmers und lässt die Beine baumeln. Nein, unmöglich, dass er, dieser Jesus, so eine wie mich wirklich lieben kann. Dafür bin ich doch zu laut, zu konfrontierend, zu ehrlich und unsensibel. Das höre ich immer wieder. Doch wenn es stimmen sollte, dass er mich liebt? Mega! Es wäre wunderbar. Endlich liebt mich mal jemand bedingungslos! *Jesus liebt mich.* Ein Schauer fährt ihr über den Rücken und diese Sinneswahrnehmung verteilt sich im ganzen Körper. Plötzlich hat sie das Gefühl, dass eine kleine Tür in ihrem Herzen aufgeht und irgendetwas ihm entströmt, was den Druck darin vermindert. Oder könnte es sein, dass eines der Eisenbänder, die sich vor langer Zeit um ihr Herz gelegt hatten, zersprungen ist? Doch es hat gar nicht gekracht?! Dafür hört sie eine Stimme: »Du bist genau so, wie Gott dich gedacht hat, und du bist richtig so!« Rosa hört es ganz deutlich, obwohl niemand im Raum ist.

Werde ich grad verrückt? Höre ich Gespenster? Sie kann nicht mehr denken und fühlt nur noch eine unbekannte, immer schöner werdende Leichtigkeit in sich, gepaart mit absoluter Klarheit, dass in der Liebe zu leben das Einzige ist, was es zu leben lohnt. Sie fühlt, wie die Knospe, die sie zu sein glaubt, anschwillt und bereit ist, genau jetzt aufzublühen. Ja, dass ist es, was ihr fehlt, die bedingungslose Liebe. Wie hat es Carlos heute Vormittag erklärt: »Wenn ich aufhöre, mich selbst zu bewerten, kann ich damit aufhören, die anderen zu bewerten und zu beurteilen. Ich darf so sein wie ich bin und alle dürfen das auch. Nur so ist es möglich, sich der Liebe zu öffnen.«

Rosa tritt barfuß durch die Tür in den Garten hinaus und fühlt das feuchte, kalte Gras unter ihren Füßen, das im Mondlicht perlmuttfarben leuchtet. Der Vollmond taucht das vor ihr liegende Anwesen in ein märchenhaftes Licht, unsichtbare Luftgeister scheinen leise kichernd durch die milde Nachtluft über die Stauden der bunten Rabatten zu schweben. Rosa merkt, wie eine unbändige Freude in ihr aufsteigt und es fühlt sich an, als würde auch sie schweben.

18 | OLE

Im Seminarraum stehen keine Stuhlreihen mehr, Carlos'
großer Plexiglas-Tisch wurde in eine Ecke gerückt. Die
Frauen und Männer trudeln einzeln oder in kleinen Grup-
pen ein und ziehen an der Tür ihre Schuhe und Strümpfe
aus. Obwohl es noch recht frisch ist an diesem Septem-
bermorgen, tut Rosa es ihnen gleich. Von Julia keine
Spur, obwohl die Uhr halb acht zeigt. Dafür winkt Ole ihr
freundlich zu, um gleich danach mit geschlossenen Augen
seinen Körper hin und her zu wiegen, als wollte er nach-
spüren, ob er richtig ist an der Stelle, wo er steht.

Rosa hat ihre orientalische, rot-grün gemusterte Ha-
remshose angezogen, dazu das weiße T-Shirt mit dem
Aufdruck *Love is all* und passt damit optisch bestens zu
den Paradiesvögeln hier im Raum. Sie schaut sich um, wo
sie sich postieren kann, und entscheidet sich spontan für
einen Platz neben der Tür – falls ihr die Meditation zu
langweilig wird, kann sie vielleicht unbemerkt verschwinden.

Niemand hat ein Sitzkissen dabei, alle stehen schweigend und warten auf Carlos, gespannt darauf, wie er die
Meditation anleiten wird. Endlich betritt er den Raum, im
selben Outfit wie gestern, und beginnt ohne eine Begrüßung. »Sicher ist sie den meisten von euch bekannt, die
dynamische Meditation von Osho.« Einige nicken, die
meisten haben Fragezeichen im Gesicht, so wie Rosa. Er
erklärt: »Sie besteht aus fünf Phasen, deren Länge ihr an
der Musik erkennt, und dauert insgesamt eine Stunde. Ich
sage euch, was ihr in jeder der einzelnen Phasen machen
sollt. Habt ihr alle eure Augenbinden dabei?« Rosa sieht

Julia leise in den Raum huschen, sich neben sie stellen und sie zieht ihre Schultern ebenso fragend nach oben wie sie selbst. »Wer keine hat, bekommt ein Tuch von Tina, meiner Assistentin. Verbindet euch einfach die Augen mit den Tüchern.« Jetzt rennen fast alle in die linke Raumecke zu Tina. »Hast du 'ne Ahnung, was das hier wird?«, flüstert Rosa Julia zu. »Keinen blassen Schimmer, einfach mitmachen«, antwortet sie leise.

Carlos erklärt weiter: »Seid wachsam und bewusst und beobachtet euch bei dem, was gleich passiert. Seid euer eigener Zuschauer, so, als ob das Ganze jemand anderem passiert.« Er demonstriert mit Worten und gleichzeitig mit Händen und Füßen die einzelnen Phasen der *Dynamischen.* »Zuerst heißt es aktiv atmen, mit aller Kraft durch die Nase unregelmäßig ein und aus, dabei den ganzen Körper mitnehmen. So.« Er schnauft wie ein Walross, Rosa muss sich ein Lachen verkneifen. »In der zweiten Phase verleiht ihr eurer ganzen Lebensenergie Ausdruck, alles, was kommt – lasst es raus. Im dritten Teil springt ihr mit erhobenen Armen vom Boden auf und ab und ruft währenddessen laut *Hu, Hu.* Nach dieser Phase endet die Musik abrupt, ihr bleibt so stehen, wie ihr in diesem Moment steht, und beobachtet, was in eurem Inneren vor sich geht. Zuletzt setzt die Musik wieder ein und ihr bewegt euch so, wie es euch am angenehmsten ist, tanzt oder schwingt mit dem Körper, genießt die Energie, die euch durchströmt.«

Rosa hat Mühe sich alles zu merken, doch Carlos beruhigt, er werde auch während der Musik darauf achten, dass alle mitkommen.

Rosa bindet ihr Tuch hinter dem Kopf zusammen und schon schnauft und prustet alles um sie herum los zu einer martialisch anmutenden Musik. Sie steigt voll mit ein und muss aufpassen, dass sie nicht ohnmächtig wird, versucht aber, die zehn Minuten dabei zu bleiben. Carlos erklärt, dieses chaotische Atmen weckte das *Chi,* die Lebensenergie des Körpers. Aber auf das, was nun abgeht, ist Rosa nicht vorbereitet. Es ertönt ein lauter Gong, die Musik wird noch kraftvoller und es bricht plötzlich ein heulendes, kreischendes, tobendes Chaos um sie herum aus, alle schreien, als ginge es um ihr Leben. Was ist denn nun los? Was soll ich jetzt machen?

Sie lauscht nach innen und auf einmal fangen ihre Beine an zu trampeln, sie fühlt ein Feuer um sich herum, aus dem tausend Teufel aufsteigen, die sie abschütteln muss. Sie schreit und trampelt wie besessen und fühlt sich stark und als Siegerin über die Dämonen. Bin ich das? Ist es mein anderes *Ich?* Sie fühlt die Wut, die Angst, die Verzweiflung, aber auch ihre Kraft und ihren Willen, die Angreifer zu besiegen. Es fühlt sich an, als würden schwere Teilen des Unbewussten von ihr abfallen.

Davon befreit, geht Rosa in die nächste Phase, die laut Carlos dazu dient, die gefangene Energie aus dem Körperinneren zu lösen, vor allem aus dem Sexual-Chakra. Sie streckt ihre Arme zum Himmel, springt auf und ab und ruft immer wieder das *Hu* dazu.

Nach zehnmal Springen ist sie total erschöpft und macht keuchend eine Pause. Das halt ich nicht durch, ich kann nicht mehr. Doch sie springt weiter, es kommt ihr vor wie eine Ewigkeit, bis die Musik verstummt. Endlich! Sie steht wie zu einer Eissäule erstarrt und hat ihren Körper noch nie so vibrieren gefühlt. Ihr ist, als spürte sie jedes einzelne Blutkörperchen durch die Adern schwimmen, alles pulsiert, jede Nervenfaser funkt ihr eigenes Lebenszeichen. Das könnte jetzt gerne noch ewig dauern. Es ist einfach nur wunderbar. Die Musik setzt wieder ein und Carlos klatscht anfeuernd in die Hände. »Jetzt tanzt, feiert das Leben, euer Leben, spürt die Lebendigkeit in euch. Tanzt, als gäbe es kein Morgen!« Rosa schwebt, klatschnass geschwitzt, durch den Saal wie ein Tagpfauenauge über den Sonnenhut auf dem Blumenbeet an ihrem Haus. Alles fühlt sich so leicht an. Funkstille in der linken Gehirnhälfte, hundert Prozent Applaus aus der rechten. Einatmen – Ausatmen. Glückseligkeit.

Frisch geduscht, satt vom Frühstück und zufrieden nach der Meditation versammeln sich alle im wieder mit Stuhlreihen bestückten Seminarraum. Alle strahlen. Auch Carlos grinst wie ein Honigkuchenpferd: »Ja, ihr Lieben, heutzutage wird ja oft die Meditation als die Königsdisziplin beschrieben, um sich aus dem Hamsterrad des Alltags zu befreien. Doch Osho hat erkannt, dass der moderne Mensch so sehr mit den Schrecken der Vergangenheit und seinen Ängsten vor der Zukunft belastet ist, dass er erst einen tiefen Reinigungsprozess durchlaufen muss, bevor er beginnen kann, den gedankenfreien, entspannten Zustand der Meditation zu entdecken. Darum war Oshos Technik revolutionär. Seine Worte waren: *Stille wird erst bedeutungsvoll, wenn es eine lebendige Stille ist. Es wird eine Stille sein, die sowohl in den Bergen als auch auf dem Marktplatz herrschen kann. Dann kannst du in der Welt leben, ohne dass die Welt in dir lebt.*«

In der Welt leben, ohne dass die Welt in dir lebt, wiederholt Rosa das Gehörte im Kopf. Schöne Vorstellung.

Dieser Osho ist wohl nicht umsonst eine Ikone in spirituellen Kreisen.

Sie muss an das Klassentreffen denken. Olaf wusste also damals in der Schule schon von Osho, vielleicht auch schon von der Stille und von den aufgestauten, nicht eingestandenen Emotionen, die uns daran hindern, die Wahrheit zu erkennen. Die Welt, die uns erzählt, wie alles zu sein hat, die Welt, die urteilt und bewertet, in Gut und Böse einteilt – diese Welt soll niemals mehr meine Welt sein … Rosa versinkt in Erinnerung: Hatte sie sich nicht geschworen, nie ihre Träume zu vergessen und irgendwann ihr eigenes Universum zu beziehen? Das Universum mit der Freude und den Farben, nicht das mit dem Ärger und dem Grau? Alle machen es sich wirklich nur selbst schwer. Wenn jeder das lebt, was er liebt, weil er weiß, was er liebt, gibt es nur noch Liebende auf der Welt. Auf einmal versteht sie, warum Olaf über die Drama-Queen Rosa nur kopfschüttelnd lächeln kann.

Carlos setzt sich wieder hinter seinen Tisch und offeriert das Vormittagsthema. *Gedankenenergie im Vergleich zur Liebesenergie.* »Euch allen sind schon zuhauf diese Begriffe begegnet: Ego, Seele, männliches und weibliches Prinzip. Ich möchte heute etwas näher darauf eingehen, da es da noch viel Verwechslung gibt. Für mich ist das männliche Prinzip gleichzusetzen mit dem Ego. Das Ego plant, fragt: Was und wie soll ich es machen? Das Ego handelt aus den Erfahrungen der Vergangenheit und projiziert in die Zukunft. Im Egobewusstsein sind wir fokussiert nach außen und der Moment existiert nicht. Es beurteilt und bewertet und dadurch ist es ständig in der Angst. Sein Sitz ist im Verstand, mit ihm lernen wir logisch zu denken. Das weibliche Prinzip setze ich mit der Seele gleich. Es fühlt, fragt, wo fühle ich mich hingezogen, wo nicht? Es ist zentriert nach innen und nur im Moment. Es urteilt nicht und darum kann es lieben. Sein Sitz ist im Herzen, mit ihm fühlen wir. Diese beiden Prinzipien sind in jedem von uns angelegt und Mann und Frau sind immerzu verstrickt in das Spiel von Angst oder Liebe in sich selbst, das Spiel der Polarität.«

Rosa ist komplett beeindruckt von Carlos. Wie kann man sich nur so viel merken und davon ununterbrochen reden? Für den Lesesalon hat sie sich immer alles aufgeschrieben, worüber sie mit den Teilnehmern reden wollte, und sie war froh, wenn sich in der Runde eine rege Diskussion entspann.

Wie lange wird wohl Carlos gebraucht haben, bis er seine destruktiven Programme aus der Kindheit erkannt hatte und nun den Weg des Herzens gehen kann? Der Volksmund sagt: *Was Hänschen nicht lernt, lernt Hans nimmer mehr.* Aber dann wäre ja so ein Seminar vergebliche Liebesmüh? Vielleicht muss ich gar nicht was Neues lernen, sondern mein Gelerntes vergessen? Vergessen, was richtig und falsch sein soll, denn damit kommt man immer nur bis zum nächsten Konflikt?

Während sie ihren eigenen Gedanken nachhängt, merkt sie, wie sie Carlos nicht mehr zuhört. Sie schreibt ins große Notizbuch auf den Knien mit ihrer legendären, für keinen anderen lesbaren Schnellschrift ihre eigenen, sie selbst überraschenden Interpretationen.

Für den Nachmittag ist eine Partner-Übung angesetzt. Der Raum ist wieder leer und die Stühle stehen übereinander gestapelt an der Wand. Carlos erklärt das Setting.

»Ihr schließt jetzt die Augen und bewegt euch zur Musik, die gleich einsetzt, langsam im Raum. Wenn sie endet, öffnet ihr die Augen und der, der vor euch steht, ist eurer Partner für das Berührungsritual. Es ist egal, ob Mann oder Frau.« Rosa will sich unvoreingenommen darauf einlassen und ist gespannt darauf, wer nun für die nächste Stunde ihr Gegenüber sein wird.

Die Klänge, die sie hört, sind eigenartig und gleichzeitig wunderbar. Rosa setzt behutsam einen Schritt vor den anderen. Plötzlich ist es wieder still, sie öffnet die Augen und *er* steht vor ihr. Ole. Seinen Haarknoten hat er gelöst, die glänzend braunen Strähnen umrahmen sein schönes, weiches Gesicht und sie muss bei diesem Anblick unwillkürlich an Jesus denken. So muss er ausgesehen haben, kein Zweifel. Barfuß, langes beiges Baumwollhemd über einer hellen Stoffhose und ein Medaillon mit der Blume des Lebens um den Hals. Ole als Inkarnation des Erlösers! Extra für mich! Rosa glaubt sich in einer Inszenierung fürs Improvisationstheater.

Carlos erklärt, dass wir verlernt hätten, uns zu berühren, und nicht mehr fühlen könnten, wie unsere Körper darauf reagieren. Er demonstriert, wie die Pärchen nun im wahrsten Sinne des Wortes auf Tuchfühlung gehen sollen. Ziel ist, dass jeder sich selbst ganz tief im Innersten seines Körpers wahrnimmt. Egal, was jetzt kommt, ich werde mich nicht dagegen wehren, versucht Rosa die einsetzende Abwehr ihres Verstandes in die Schranken zu weisen. Ole steht vor ihr, hat die Arme vor seinem Körper verschränkt und zieht beide Augenbrauen nach oben. »Na, Rosa?! Der Zufall hat uns für dieses Erlebnis ausgesucht. Bist du bereit?«

270

Dieser Schönling, zwanzig Jahre jünger als du, bringt dich ganz schön aus der Fassung. Warum bleibt ausgerechnet er vor dir stehen? Das soll doch keine erotische Übung werden?! Die linke Gehirnhälfte hat noch nicht ganz abgeschaltet. Einatmen – Ausatmen. Carlos weist an: Zuerst im Stehen die Hände gegenseitig auf den Körper legen, sich dabei wohlwollend in die Augen schauen, danach sollen sich alle zehn Minuten lang umarmen. Oles Handflächen auf ihren Schultern sind warm und Rosa bemerkt, wie sich ein leichtes Kribbeln unter ihnen einstellt. Sie wiederum fühlt unter ihren Händen seine straffe Brustmuskulatur und wie sich seine Rippen langsam anheben und wieder senken. Schön ist das, völlig absichtslos einem fremden Menschen so nah zu kommen.

Nun die Umarmung. Er legt seine Arme um ihre Schulter, sie ihre um seine Taille und sie umschließen sich gegenseitig ganz fest. Wie war das, sie hatte da mal was gelesen: Wissenschaftler haben herausgefunden, dass das Hormon Oxytocin dafür verantwortlich ist, wenn wir uns verbunden und vertraut mit einem Partner fühlen. Verliebte haben einen hohen Dauerspiegel des Kuschelhormons, dadurch ziehen sie sich immerzu wie magisch an, dann ebbt der Spiegel nach und nach ab und spätestens nach drei Jahren ist er auf null. Darum fehlt die viel gepriesene Leidenschaft in längeren Beziehungen irgendwann, immer muss erst wieder Oxytocin neu gebildet werden und das dauert. Anscheinend mindestens zehn Minuten, denn die Umarmung mit Ole fühlt sich jetzt ganz wohlig an und bringt ihr Blut langsam in Wallung. Rosa kann sich nicht daran erinnern, mit Stefan jemals so lange eng umschlugen irgendwo gestanden zu haben. Das war ein Fehler! Diese zehn Minuten kommen ihr vor wie eine Stunde. Sie liegt in Oles Armen und fragt sich, wohin mit der ganzen Kuschelenergie, wenn sie sich gleich loslassen müssen. Carlos hat die Antwort und diese lautet: Auf den Boden mit dem Rücken aneinandersetzen und in den Körper hinein spüren.

»Entspannt euch, lasst alles Negative los und ruht in euch. Achtet nur darauf, was euer Körper sagt.« Rosa lehnt sich an Oles Rücken und genießt seine Gegenwart. Ganz langsam wird sie von einer Energie durchströmt, die sich pulsierend in ihr überall hin ausdehnt. Was passiert mit mir? Sie fühlt sich beschenkt und glücklich und merkt aber, es hat nichts mit Ole zutun. Ihr Herz wird weit und es ist, als ob Liebe aus ihrem eigenen Innern herausfließt und sie mit einer großen Freude erfüllt. Die Zeit scheint still zu stehen.

Nach einer gefühlten Ewigkeit beendet ein langanhaltender Gong das eindrucksvolle Ereignis. Rosa schüttelt sich, um wieder in die Gegenwart zurückzukommen und Ole hilft ihr dabei, vom Boden aufzustehen. Er nimmt sie nochmal kurz in den Arm und flüstert: »Wie war es für dich?« Rosa überlegt, wie sie das Erlebte in Worte fassen soll. »Ich glaub, das ist gemeint, wenn von Ekstase gesprochen wird.« – »Freut mich für dich, denn so etwas zu fühlen ist im alltäglichen Leben wirklich die Ausnahme.« Wenigstens geht es in diesem Fall dem lebensklugen Jüngling wie ihr. »Es war eine echt tolle Erfahrung mit dir zusammen Ole, ich danke dir!«

Gemeinsam gehen sie durch die große Glastür in den Garten hinaus, Dahlien und Astern posieren in den schönsten Farben und mit den ausgefallensten Blüten, dazwischen wiegen sich große Ziergräser sanft im Wind. Ein weit ausschweifender Essigbaum hat bereits sein Herbstlaub angelegt und die Rottöne leuchten, alle Blicke auf sich ziehend, malerisch in der Sonne. »Liebe Rosa, ich möchte dir etwas sagen.« Ole bleibt stehen und wendet ihr sein Gesicht zu. »Du hast so was Anziehendes und gleichzeitig Widerspenstiges an dir, das ist mir bei einer Frau noch nicht begegnet. Dein taffes Auftreten und deine Ehrlichkeit lassen einen Mann zurückschrecken. Doch deine Herzensenergie ist genauso stark zu spüren. Männer fürchten sich vor so starker Seelenkraft, aber wenn sie erkennen, dass sie davongetragen werden, lieben sie diese Frau für immer.«

Rosa glaubt sich verhört zu haben und weiß nicht, was sie sagen soll. »Du kennst mich doch gar nicht?« Ole lächelt: »Das stimmt, ich kenne dich nicht, doch ich fühle es. Du bist voller Liebe!« Jetzt ist Rosa völlig durcheinander. Wie alt ist er? Woher hat er solche Worte? Wenn er jetzt noch Zimmermann ist, wäre das der Beweis für ihre Jesus-Theorie.

Sie fragt ihn nicht danach und verabschiedet sich lieber, denn das wird ihr jetzt zu heiß. Offenbar ist sein Oxytocin-Spiegel noch nicht auf das Normalmaß abgesunken und vielleicht sie wird dadurch aufs Neue in Versuchung geführt. Nur so zum Vergleich. Nein, nein, nein! Das ist nicht ihr Weg. Wenn es sein muss, bete ich gleich ein Vaterunser. ... *und führe uns nicht in Versuchung.*

Rosa schmunzelt über ihren Gedankensalat im Kopf. Sie geht nach Julia suchen, seit dem Mittagessen hat sie sie nicht mehr gesehen. In der Kaminecke entdeckt sie sie mit zwei Frauen im angeregten Gespräch und winkt ihr darum nur kurz zu. Doch Julia schwenkt einladend den rechten Arm, Rosa soll sich zu ihnen gesellen. Auf der Tagung wäre jetzt Bar-Zeit und ein Sektchen genau das Richtige, doch hier gibt es geistige Getränke erst zum Abendessen. Schade, das würde ihre Emotionen etwas glätten.

Sie holt sich ihre Wasserflasche vom Fensterbrett an ihrem Platz im Seminarraum, nimmt einen kräftigen Schluck und setzt sich zu ihrer Freundin in die kleine Frauenrunde. »Das war ja abgefahren, was ich grad erlebt hab. Eine Stunde lang am Stück so aneinander geschmiegt war ich mit meinem eigenen Mann noch nicht«, staunt gerade Sabine. »Was ich dabei gefühlt habe, kenne ich nicht mal von den Abenteuern mit meinem Liebhaber«, setzt Anita noch einen drauf. Julia lächelt. »Ich hab da wirklich Glück mit meinem neuen Freund. Eine Stunde ist das Minimum, wenn wir uns zum *Liebe machen* begegnen und was ich dabei fühle, ist unbeschreiblich«, entgegnet sie zu aller Verblüffung.

Rosa fällt auf, dass sie Julia immer wieder von ihren neuen Bettgeschichten hat reden hören, doch bis jetzt ist ihr eigentlich nichts Genaues bekannt. Obwohl sie nicht weiß, ob das hier der richtige Moment ist, stellt sie die Frage einfach in den Raum »Julia, was macht man eine Stunde lang mit einem Mann im Bett? Das strengt mich schon an, wenn ich mir das nur vorstelle.« Sabine und Anita halten die Luft an und blicken genau wie Rosa erwartungsvoll zu Julia. Sie antwortet: »Es ist ein Mysterium, wir baden in der Liebe, die aus uns herausströmt.« Rosa ist enttäuscht. »Ach so. Klar soweit. Das mach ich ab übermorgen mit Stefan auch.« Die Ironie ist nicht zu überhören und sie stochert nach: »Was genau macht ihr denn nun?« – »Nichts«, sagt Julia. »Nichts. So wie bei dieser Übung. Du umschlingst deinen Mann und wartest darauf, bis dein Körper aus deiner Seele die Liebe emporsteigen lässt, sie dich durchströmt und du nur noch geben willst. Du öffnest dich und erfährst, geliebt und angenommen zu sein.«

Rosa muss zugeben, dass das gerade Gesagte jetzt schon etwas detaillierter war. Sabine und Anita sitzen mit roten Bäckchen im Gesicht in ihren Sesseln und ihre Augen leuchten so, als würden sie das erste Mal die letzte Szene aus dem Film *Drei Haselnüsse für Aschenbrödel* ansehen. Das macht Lust auf mehr, steht in drei Frauengesichter geschrieben.

Rosa verzieht ihren Mund zu einem breiten Lächeln: »Mädels, was meint ihr, das riecht doch verdammt nach Sahnetorte statt Keksen im Bett?« Jetzt schauen sechs Augen zu Rosa. Rosa legt nach: »Ich glaube, ich hab es verstanden. Es wartet noch was auf uns Frauen, was es zu erleben gibt, was ganz Neues, was Leckeres. Etwas, was uns aufblühen lassen wird!« Sie steht von ihrem Sessel auf, erhebt theatralisch mangels Sektglas ihre Wasserflasche in die Höhe und ahnt, dass sie jetzt ein bisschen an die Freiheitsstatue in New York erinnert. »Ich schlage darum vor: Begegnungen mit Männern jenseits der Ekstase haben ab heute ausgedient!« Sabine, Anita und Julia schauen Rosa an, als hätte sie gerade das neue Evangelium verkündet und spenden ihr kräftig Beifall.

Rosa geht früh auf ihr Zimmer an diesem Abend. Und sie findet es schade, dass sie die beiden Bücher von Diana Richardson nicht mitgenommen hat. Darin könnte sie jetzt Genaueres nachlesen. Rosa hatte die Bücher in der vergangenen Woche endlich gekauft, nur kurz hineingesehen und sie auf dem Couchtisch in der Wohnstube liegenlassen. Aber wahrscheinlich würde sie beim Lesen ohnehin einschlafen – voller Mond hin oder her, der Tag hat sie richtig müde gemacht.

Die letzten zwei Tage im Zentrum sind ausgefüllt von den drei Fragen: *Wie fühlt sich Lebensfreude an? Wie komme ich ins Urvertrauen? Wie finde ich zur Liebe?* Heute erklärt Carlos den Teilnehmern die abschließende Aufgabe. »Wir tragen unsere verletzten Kinder immer noch in uns und darum laufen auch die Schutz- und Verteidigungsprogramme auf Autopilot. Wie kannst du das ändern? Indem du dir bewusst machst, dass alles, was dich triggert, ein verletzter Anteil in dir ist. Wenn du das fühlen kannst, bist du befreit vom Drama.«

Nun bekommen alle einen Zettel in die Hand. »Schreibt zum Abschluss des Seminars eurem *Inneren Kind* einen Brief. Schreibt ihm, dass ihr es versteht, ihm verzeiht, wenn es seine Gefühle zeigt, und ihm ab jetzt beisteht, wenn es sich fürchtet.«

Rosa ist den Tränen nah, sie sieht die kleine Rosalie vor ihrem geistigen Auge, sie sieht, wie sie sich all ihren Kränkungen zum Trotz immer tapfer zur Wehr gesetzt hat und schreibt mit einem Füllhalter in Schönschrift auf das Papier:

Liebes Rosinchen! Ich bin so froh, dass du damals so eine Kämpferin warst. Heute treten wir beide souverän auf, genau wie es unserer eigenen Wahrheit entspricht, und die Anderen sehen uns beide in unserer Kraft und denken nicht, dass wir anders sein müssten. Im Gegenteil! Sie freuen sich, solch authentischen Menschen zu begegnen. Liebes Rosinchen, du warst nicht schuld und konntest nichts dafür, wenn du bestraft wurdest. Heute sieht die Welt viel besser aus. Jetzt sind wir erwachsen und frei. Lass uns das Leben genießen, so wie wir sind. Deine Rosa.

Auf der Rückfahrt sitzt Julia am Steuer und Rosa macht es sich auf dem Beifahrersitz bequem. Sie merkt, wie ihr die Augen zufallen wollen und sie im Halbschlaf die Fahrt kaum wahrnimmt. Gleichzeitig summt der Bienenschwarm der Gedanken unentwegt durch ihre Gehirnwindungen. Kurz vor Erfurt hört sie Julia fragen: »Wenn du in einem Satz sagen müsstest, was dir das Seminar gebracht hat, wie wäre der?«

Rosa muss nicht lange überlegen und antwortet: »Jesus liebt mich.«

Stefan steht erwartungsvoll an der Haustür und hält nach ihr Ausschau, als Rosa mit dem Wagen rasant aus der Kurve zum Grundstück einbiegt. Sie parkt direkt vorm Haus, steigt aus, umarmt Stefan in der Tür und schnattert gleich drauflos. »Es war großartig, was ich erlebt habe. Carlos versteht es, die Menschen in seinen Bann zu ziehen, er hat mich auch echt beeindruckt.« – »Komm erst mal richtig zu Hause an. Luft holen! Du bist ja ganz durch den Wind.«

Er nimmt ihren Koffer, trägt ihn ins Haus, Rosa hängt die Jacke auf den Kleiderbügel an der Garderobe. Auf dem Küchentisch steht zum Abendessen ein Teller mit Käse und Salami, dazu Brötchen, frische Oliven mit Knoblauchfüllung und Spreewälder Gewürzgurken. Wie schön, denkt Rosa gerührt. Jemand, der mich erwartet, wenn ich nach Hause komme! Sie muss kurz an die Geschichten der vielen Singles im Seminar denken, denen heute beim nach Hause kommen von niemandem die Koffer in die Wohnung getragen werden und denen auch kein Abendessen vom Gefährten kredenzt wird.

»Danke Schatz!«, sagt sie und findet die Anrede dieses Mal mehr als passend. Das Käsebrötchen schmeckt hervorragend, nach vier Tagen Pflanzennahrung ist echter Käse ein Gedicht. Rosa schenkt sich ein Glas Apfelschorle ein, da bleibt sie gerne vegan, und stopft sich gierig ein Stück Salami in den Mund. Sie kann kaum so schnell kauen, wie sie gern weiterreden möchte. »Und ich finde, Carlos ist ein wahrer Weiser, er hat auf alles eine Antwort. Er redet so einleuchtend über das Ego, die Seele und die

Verletzungen aus der Kindheit, die wir nur erkennen müssen, um aus dem ganzen Kampf auszusteigen, dass ich mich frage, warum ich da nicht selbst draufgekommen bin.«

Blumig beschreibt sie ihre gemachten Erfahrungen im Seminar, erzählt auch von Ole, der als Jesus-Double durchgehen könnte, und von der eigenartigen, schweißtreibenden Meditation.

Stefan nutzt eine ihrer Sprechpausen: »Soll ich dir sagen, wie's mir am ersten Tag bei ihm ging? Ich habe natürlich sofort gedacht, hier bin ich falsch, als Carlos behauptet hat, alle Probleme kommen aus der Kindheit. Ich wollte schließlich meine verfahrene Beziehung zu dir verstehen, was hat das mit der Kindheit zu tun? Um ein Haar wäre ich am selben Abend wieder abgefahren.« – »Ist klar!«, lacht Rosa, »und warum bist du geblieben?« – »Weil ich partout keinen Plan hatte, wie ich dich behalten kann. Darum bin ich geblieben und hab versucht, mir anzuschauen, wovor ich anscheinend bis dahin die Augen verschlossen hatte.«

Er räumt den Tisch ab, das Geschirr in den Spüler, holt eine Flasche Rivaner aus dem Kühlschrank und winkt fragend damit. Rosa nickt ihm ihr Einverständnis zu und holt zwei Weißweingläser aus dem Küchenschrank. Stefan schlägt vor: »Komm mit in die Stube, es ist kühl geworden, ich lege ein paar Scheite in den Kamin, dann wird es hübsch warm, wir trinken auf deine Seminar-Erleuchtungen und kuscheln ein bisschen.«

Kuscheln? Rosa weiß nicht, wann sie das zum letzten Mal abends auf der Couch gemacht haben. Sie verbirgt ihre leichte Verwunderung über den unerwarteten

Vorschlag, bringt den Koffer nach oben, zieht sich die bequeme Yoga-Hose an, macht es sich auf die Couch bequem und wickelt sich neben ihm in die Sofadecke.

Die Flammen züngeln um die Holzscheite und langsam durchzieht eine angenehme Wärme das herbstlich kühle Zimmer. Sie nimmt einen Schluck aus ihrem Glas und erzählt begeistert von ihrer Freundin. »Ganz besonders war, dass Julia mit war. Wir hatten so viel Spaß. Bei uns beiden stimmt einfach die Chemie. Vor allem imponiert mir, wie sie von ihrem neuen Freund Maik schwärmt.« Sie erzählt Stefan, wie Julia Maik kennengelernt hat, dass er auch Fußballer ist, sogar zufällig der Stürmer der Alten Herren in Stefans Verein, und sie erzählt auch, dass Maik laut Julia so einen tollen Liebhaber abgibt. Sie versucht zu beschreiben, dass Julia und Maik sich ganz neu lieben, auf eine andere Art, und das darüber wohl in den Büchern, die hier auf dem Tisch liegen, Genaueres geschrieben steht.

Stefan hört mit echtem Interesse zu, fragt aber nicht weiter nach und trinkt schmunzelnd sein Glas aus. Rosa möchte nun von ihm wissen: »Wie waren denn deine Tage ohne mich?« Stefan dreht sich zu ihr und sieht sie etwas melancholisch an. »Ich hab dich vermisst.« Sie betrachtet ihn erstaunt. »Vier Tage war ich nur weg.« – »Trotzdem, wenn du nicht da bist, ist das Haus so leblos. Es fehlt deine Lebendigkeit, deine Energie, dein Lachen und deine Freude.« Rosa glaubt sich verhört zu haben. Keine Rede davon, dass er gut auf ihr Gesinge, ihre Widerworte und ihre Lesesalon-Hirni-Sprüche verzichten konnte. »So was hast du noch nie zu mir gesagt.« – »Tja, wie heißt ein Spruch von den zahllosen Karten an deiner Pinnwand:

Manchmal, wenn du es am wenigsten erwartest, passiert ein Wunder und alles ändert sich«, erwidert er mit vielsagendem Blick.

Jetzt kommt so was wie Spannung in Rosa auf und sie schenkt sich noch einen Schluck vom Wein ins Glas. »Ein Wunder ist geschehen? Da bin ich aber gespannt wie ein Flitzebogen.« Er nimmt das eine der kleinen Bücher vom Tisch in die Hand, das mit dem schwarzen Paperback-Cover, hält es hoch und schaut sie fast triumphierend an: »Darin hab ich gelesen.« Stefan macht eine Pause und redet leise weiter: »*Zeit für Männlichkeit.* Ich bin jetzt neugierig. Was ich da gelesen hab, darüber wie *Mann* anders lieben kann, das will ich auch gerne erleben. Zusammen mit dir!«

Jetzt macht Rosas Gesicht aus ihrer Verblüffung keinen Hehl. *Mein Mann hat ein Buch über das neue Lieben gelesen, ich selbst hab nur eine vage Vorstellung davon, nun weiß er mehr als ich und will mit mir neu lieben?* Mit allem hat sie gerechnet, doch damit nicht. Es ist wirklich ein kleines Wunder. Gut, dass sie die Bücher vergessen hat. Sie weiß nicht, was sie sagen soll.

Stefan legt noch einen Holzscheit nach, die Zeiger der Uhr zeigen auf elf und zwölf. Er setzt sich ganz nah zu ihr und legt seinen Arm um ihre Schultern. Sie lehnt ihren Kopf an seinen. Stefan flüstert ihr ins Ohr: »Früher hätte ich gesagt, ich hab noch Lust auf einen Quicky. Doch nach dem, was ich nun weiß, möchte ich dir nur nah sein und dich umarmen.« Rosa hofft, dass sie alles, was sie von Stefan gerade hört, nicht nur träumt, und beginnt ganz vorsichtig, die lang vermisste Nähe ein kleines bisschen zu genießen.

Am Morgen packt sich Rosa das Buch mit dem schwarzen Cover in ihre Arbeitstasche, sie wird heute in den Wartezimmern viel Zeit haben, darin zu lesen, um endlich auch zu erfahren, was Stefan schon weiß. Gleich in der ersten Praxis darf sie an diesem Montag auf ein Arztgespräch warten, findet auch einen Platz auf den harten Stühlen zwischen schniefenden und depressiv dreinschauenden Patienten, beste Voraussetzungen etwas Neues über Sex zu lesen.

Das Vorwort verspricht, dass es auf keinen Fall langweilig wird. *Sex ist nicht das, was er zu sein scheint, unsere Vorurteile und Vorstellungen über Sex haben wir alle übernommen.* Rosa liest in dem ihr angeborenen Tempo eine Seite nach der anderen und hört nicht, wie ihr Name dreimal durch die Sprechanlage tönt. Jemand schüttelt sie am Arm. »Sind Sie Frau Kunert? Sie sind schon dreimal aufgerufen worden. Sprechzimmer drei.«

Sie erschrickt, klappt das Buch zusammen und versucht in den verbleibenden Sekunden auf dem Weg zum Doktor herauszufinden, was sie ihm erzählen soll. Ach ja, Blutzucker-Messgeräte hab ich in meiner Tasche. Und ein zukunftsweisendes Buch. Das wird wohl dauern, bis dieses Thema in Arztpraxen besprochen wird. Schade eigentlich, denkt sie sich, vielleicht würde es dadurch viel weniger Menschen mit Depressionen geben.

Im Laufe der Woche, während des Lesens in den beiden Büchern mit dem prickelnden Inhalt, keimt in Rosa eine Idee, die sie Freitag Stefan verrät, in dem Moment, als er neugierig den Kopf durch die angelehnte Küchentür steckt, um nachzuschauen, ob schon mit einem Abendessen zu rechnen ist. »Lass uns verreisen Stefan. An die

See!«, strahlt sie ihn am Herd stehend hoffnungsvoll an. Er zieht überrascht die Augenbrauen nach oben. »Nanu, plötzliche Urlaubsgelüste, war doch gar nichts geplant?« Rosa ist beim Studium *ihres* ultimativen Liebesratgebers zu der Überzeugung gekommen, dass der Zeitpunkt da ist, das Gelesene auf Praxistauglichkeit zu überprüfen. Und dafür braucht es auf jeden Fall zwei Dinge: Gelegenheit und Muße.

Sie drapiert Teller, Servietten und Besteck auf dem Tisch, holt das Backblech mit dem herrlich duftenden Ofengemüse aus dem Herd und der Geruch steigt beiden verführerisch in die Nase. Er tut sich eine große Portion auf und murmelt: »Hmm, lecker.« Beim Essen konkretisiert sie ihren Vorschlag. »Ich bin total angespornt, das Gelesene endlich selbst zu erleben. Und du wünschst dir doch auch die neue Männlichkeit, da dachte ich, es wird Zeit, das endlich mal auszuprobieren.« – »So, so, denkst du«, gibt er beim Kauen von sich. Sie schiebt sich eine Gabel des Kürbis-Kartoffel-Gratins in den Mund und redet weiter. »Ja, ich wünsche mir, wir fahren nach Rügen, auf unsere Insel, und machen zum ersten Mal – *Liebesurlaub.*«

Jetzt wird er hellhörig und grinst breit. »Hört sich gut an. Liebesurlaub. Da krieg ich doch gleich Bilder.« Rosa lacht: »Hoffentlich die richtigen?! Die neuen?!«

Wie lange ist es her, dass sie mit ihm in so trauter Eintracht am Tisch saß? Es fühlt sich leicht an zwischen ihnen, die bekannte, allgegenwärtige Schwere ist wie schlechte Luft durchs offene Fenster abgezogen. Er lehnt sich mit verschränkten Armen zurück an die Stuhllehne und streckt seine Beine lang unter dem Tisch aus. »Wie ich dich kenne, hast du schon was Konkretes im Auge.«

Rosa freut sich über die indirekte Zustimmung und kommt in Fahrt. »Kannst du dich an das kleine weiße Ferienhäuschen am Ende der Promenade in Thiessow erinnern?« – »Haben wir davon ein Foto gemacht?« – »Glaub nicht. Aber es liegt ganz einsam und wunderschön gleich hinter der Düne am Waldrand unter Buchen und Kiefern, mit Blick aufs Meer. Ende Oktober könnten wir eine Woche dort einziehen.« Er überlegt. »Thiessow, der Ort am Arsch der Welt? Da liegt doch der Hund begraben«, und er macht einen Gegenvorschlag. »Warum nicht nach Binz? Dort kann man viel mehr unternehmen und lecker Bierchen schlürfen an *Willis Strandbar.*« Das stimmt, denkt sich Rosa. Doch es geht nicht um Ablenkungen und Bierchen schlürfen, sondern um die Neubelebung ihrer Beziehung. »Wenn Thiessow unsere Ehe vor einem vorzeitigen Ablaufdatum bewahren könnte, bist du dann einverstanden?«. Stefan schaut plötzlich zur Uhr und als hätte er die Frage nicht mehr gehört, stellt er fest: »Schon nach acht, ich geh jetzt in die Stube fernsehen, gleich läuft das Topspiel im DFB-Pokal, Hertha gegen Schalke in der zweiten Runde, das will ich nicht verpassen.«

Rosa schmunzelt kopfschüttelnd. Das wird wohl noch lange das Wichtigste in Stefans Leben bleiben. »Nee, nee, hiergeblieben. Fahren wir nach Thiessow? Ja oder Nein?« Sie hält ihn am Arm fest und schaut ihn bittend an. Ihr Blick sagt, komm gib dir einen Ruck! »Okay, wir fahren in die Einöde. Soll ja zu unserem Schaden nicht sein.« Er zwinkert ihr im Gehen zu. Rosa fühlt, wie sich sofort Vorfreude in ihr breitmacht, gleich morgen wird sie das Ferienhaus buchen.

Einatmen – Ausatmen!

»Haben wir alles?« Stefan wartet im Auto und will endlich starten. Es sind fast sechs Stunden Fahrt bis nach Thiessow, er möchte gern im Hellen ankommen. Wer weiß, was auf der Autobahn los ist? Rosa geht nochmal die Reiseliste durch und steigt ein.

Sie ist in bester Laune. Der Wagen biegt auf die leere Landstraße ein, durchquert die kleinen Dörfer bis zum Autobahnzubringer. Das Radio dudelt, der Wetterbericht der 9-Uhr-Nachrichten ist vielversprechend. Zweistellige Temperaturen und Sonne in ganz Deutschland. Plötzlich schreit Rosa: »Halt! Wir müssen umdrehen!« – »Bist du verrückt, mich so zu erschrecken. Ich dreh doch jetzt nicht nochmal um, wann wollen wir denn ankommen. Was fehlt denn deiner Meinung nach?« – »Die Bücher! Sie liegen noch auf dem Schreibtisch.«

»Bücher? Kauf dir dort eins und lies es.«

Rosa verdreht die Augen. »Mensch, ich meine nicht einfach Bücher, ich meine *die* Bücher, *unsere* Bücher, sozusagen die Anleitung für unsere Reise ins Liebesglück, die gibt es bestimmt nicht dort im Buchladen.«

Stefan zieht mürrisch die Mundwinkel nach unten und wendet an einem Feldweg. Rosa hat bereits vor ein paar Tagen bemerkt, dass ihm die Sache mittlerweile nicht mehr ganz geheuer ist und er sich beim Thema *Liebesurlaub* ein bisschen unter Druck gesetzt fühlt. Sie zweifelt: Ich bin so euphorisch, möglicherweise denkt er, hoffentlich enttäusche ich sie nicht?

Als sie ihm von Julias Freund mit den ungeahnten Qualitäten erzählte, konnte er kaum glauben, dass dieser Maik der Top-Stürmer bei den Alten Herren aus seinem Verein ist. »Den hätte ich ganz anders eingeschätzt, eher so als Macho. Der kennt sich mit so einem esoterischen Kram aus und soll eine Granate im Bett sein?«, war seine erste Reaktion. Danach hatte er sogar vor, Maik vor dem Urlaub darauf anzusprechen, um ein paar Tipps von ihm zu bekommen, doch dann hat er sich doch nicht getraut. Klar! Tabuthema, auch bei den Männern.

Zehn Minuten später hält Stefan vorm Haus, schnell kommt Rosa freudestrahlend mit den beiden Büchern in der Hand zurück. »Jetzt haben wir alles, was wir brauchen, nun fehlen noch Sonne, Strand und Zweisamkeit. Gib Gas!«

Die Fahrt ist entspannt. Als der Pylon des Rügendamms sichtbar wird, macht sich bereits das Gefühl des Angekommenseins breit. Sie biegen in die Alleenstraße Richtung Garz ab, die alten Kastanien rechts und links am Straßenrand verschränken ihre Kronen wie zu einem langen Torbogen, der sie willkommen heißt. »Riechst du das auch?«, fragt Stefan. »Es schnuppert nach Fischbrötchen. Komm, wir biegen in Putbus ab nach Lauterbach. Dort ist ein Kiosk am Hafen, da gibt es die leckersten Fischbrötchen von Rügen.«

Der Kiosk hat geöffnet und die Bismarckheringe in knusprigen Brötchen sind der perfekte Einstieg in ihren Urlaub. Stefan beißt genüsslich ab und lachend gibt er seinen Kalauer zum Besten: »*Fisch! Das gibt Tinte auf den Füller*, passt doch zu unserem Vorhaben.«

Rosa merkt, wie sie etwas rot wird. Sie kann diesen frivolen Spruch nicht wirklich leiden, aber sie lacht trotzdem. »Iss am besten gleich zwei!« – »Mach ich! Dann kann ich gut vorbereitet ins große Doppelbett unter deine Decke schlüpfen.«

Sie freut sich, dass Stefan gute Laune hat und findet seinen Joke nun passend. Wenn mit Humor alles besser geht, dann sicher auch in Liebesdingen. Vielleicht ist sogar was dran, dass Fisch die Manneskraft stärkt? Das Eiweiß im Fisch soll die Fähigkeit des Körpers, die Gefäße zu erweitern, deutlich unterstützen, hat sie mal gehört. Bestimmt wurde eine umfangreiche Studie gemacht und an männlichen Probanden hat es dafür sicher nicht gemangelt.

Die Fahrt zur Halbinsel Mönchsgut geht durch das große Tor hinter Sellin weiter nach Thiessow. »Hast du das Navi richtig eingestellt, hier kommt nichts mehr und es zeigt noch fünfhundert Meter an?«, fragt Stefan jetzt ungeduldig. »Ja, gleich kommt ein Parkplatz, da stellen wir den Wagen ab und dann sind es noch wenige Meter zur Düne.« – »Alles noch zum Haus schleppen? Mann, es fängt bald an zu dämmern.«

Jetzt bloß die Nerven behalten, nicht aufregen, ruhig bleiben, denkt Rosa und sagt nichts dazu. Der Parkplatz ist fast leer und die Ausschilderung eindeutig. Sie hieven zusammen den Koffer und die vielen Taschen hinauf zum Ferienhäuschen, finden den Schlüssel in der beschriebenen Ablage und treten ein. Wow! Ein schönes großes Zimmer mit Küche und Bett darin, davor eine verglaste Terrasse mit plüschiger Sitzecke, Sesseln und einer Couch. Alles ist in weiß-blau gehalten, kleine Leuchttürme und Muscheln zieren die Fensterbänke und Schränke. Sehr geschmackvoll, findet Rosa. Stefan zieht die Vorhänge zur Terrasse zurück. »Meine Kumpels, die bei der Armee hier oben waren, würden sagen: Waldmeer, Sandmeer, nichts mehr.« Er dreht sich zu ihr um und lacht. »Nein, alles gut!

Sandstrand und Dünenheide genau vor der Tür, Blick aufs Meer, wir ganz alleine und dieses riesige Bett.« Er wirft sich darauf, streckt alle viere von sich: »Das passt. Es gefällt mir gut. Gibt's ein Bierchen im Kühlschrank?« Rosa schaut nach und traut ihren Augen nicht. Alles leer, nur zwei Flaschen *Störtebeker* und ein Schild dazu: *Herzlich willkommen liebe Gäste!* »Stefan, die kennen uns!« – »Jetzt gefällt es mir noch besser.«

Rosa legt sich zu ihm aufs Bett und sie schauen beide zur Decke. »Haben wir einen Plan für die nächsten vier Tage?« – »Ich schlage vor, heute ist Ankommen. Morgen Theorie und übermorgen Praxis in Sachen *Neu Lieben*.« Er dreht sich zu ihr, fängt an sie zu knuddeln und brummt: »Aaach, ich könnte dich auf der Stelle vernaschen.« Rosa kichert. »Wirklich jetzt gleich?« – »Klar.« –»So wie immer?« – »Ja, nur mal so zum Vergleich, wenn wir ab jetzt alles anders machen.«

Die Bücher für den Neuanfang liegen auf dem Frühstückstisch neben dem Korb mit den aufgebackenen Brötchen, deren Duft Rosa langsam in die Nase steigt. Gestern, nach dem Quicky, haben sie sich im schnieken Häuschen hübsch eingerichtet, es ist warm und gemütlich, dem Plan steht aus Rosas Sicht nichts im Wege Heute will sie gemeinsam mit Stefan erkunden, was es ganz praktisch mit diesem *Slow Sex* auf sich hat. Ab jetzt geht es ans Eingemachte, keine Ausreden mehr, kein Wenn und Aber.

Stefan greift zu *seinem* Buch und beginnt zu lesen. Schon nach ein paar Minuten unterbricht er. »Rosa, das hier im Vorwort hat mir beim ersten Lesen gleich zu denken gegeben. Das muss ich dir vorlesen.« Oha, sie spitzt die Ohren. Er beginnt mit den Textstellen, die auch ihr sofort ins Auge gesprungen waren. »*Sex ist nicht das, was es scheint. Unsere Vorstellung von Sex haben wir alle übernommen und sie wirken wie Filter voller Missverständnisse.*« Er legt das Buch zur Seite und überlegt. »Eigentlich hab ich nie von irgendjemandem erklärt bekommen, wie man als Mann Sex richtig macht. Alles war nur vage. Die Mädels dachten, ich wüsste, wie es geht und ich dachte, die Mädels sagen mir, was ich machen soll.« Er lacht und liest weiter vor. »*Denn was will ein Mann, wenn er Liebe macht? Es geht ihm nicht um die Ejakulation, es geht ihm darum, von der Frau geliebt zu werden.*«

Rosa unterbricht ihn. »Warte mal. Das höre ich aber zum ersten Mal. Dem Mann geht es nicht darum zu *kommen*?« Stefan ringt sichtlich um eine ehrliche Antwort. »Na ja, abzuspritzen ist schon das Ziel der Aktion, doch es stimmt andererseits auch, ich möchte geliebt werden von der Frau, mit der ich zusammen bin.« – »Lies mal weiter.« – »*Die Frau ist die Quelle der Liebe, die Mutter der Liebe. Als Mann habe ich die Möglichkeit, mich mit dieser Liebe zu verbinden. Und dann kann ich in diesen Garten der Liebe hineingleiten und nichts ist befriedigender als eine Frau zu erleben, die in Liebe erstrahlt und aufblüht.*«

Stefan dreht den Kopf zur Seite und schaut Rosa mit einer Mischung aus Zweifel und Verstehen wollen lange an. Sie lächelt glücklich. »Das klingt ja sehr vielversprechend: eine Frau erleben, die in Liebe erstrahlt und aufblüht?!« Sie macht eine Daumen-hoch-Bewegung dazu. Solche Worte hören sich für sie an wie aus einer anderen

Welt, doch diese gibt es anscheinend wirklich und jetzt bekommt sie Lust darauf, durch das geöffnete Tor in sie einzutreten. Stefan aber schüttelt den Kopf. »Ich weiß nicht, ob ich das schaffe, alle bisherigen Vorstellungen abzulegen, und ich weiß vor allem nicht, ob *er* das schafft.« Er zeigt mit dem Zeigefinger in Richtung Hose. »*Er* hat nichts anderes gelernt.« Nun lächelt Stefan, doch recht gequält. »Mensch Stefan, wenn andere das hingekriegt haben, dann kannst du das auch. Ich glaub an dich und wenn wir uns ohne Erwartung darauf einlassen, ohne Druck, uns was beweisen zu wollen, schaffen wir das.«

Sie streicht ihm übers Haar, steht auf und schenkt vom Tee nach. Die Sonne strahlt ins Zimmer direkt auf Stefan und es wirkt, als ob der Lichtkegel eines Scheinwerfers den Hauptdarsteller auf der Bühne in Szene setzen will, den tragischen Helden, der nur noch eine Chance hat, sich aus seiner misslichen Situation zu befreien: den Weg durch den dunklen Wald ins unbekannte Land zu gehen, sämtliche Gefahren auf sich zu nehmen, um entweder gerettet zu werden oder auf ewig verdammt zu sein. Diese Vorstellung findet Rosa lustig, weil sie so zutrifft.

Sie nimmt *ihr* Buch in die Hand und zeigt auf das weinrote Cover mit der kleinen weiblichen Brust. »Ich kann dich trösten, ich muss auch fast alles infrage stellen, was ich bis jetzt dachte, was *Sex haben* bedeutet. Doch anscheinend bin ich in guter Gesellschaft. Hier im Buch steht, dass es vielen Frauen am Anfang Spaß gemacht hat im Bett, doch dann werden sie unzufrieden. Dadurch verschließt sich der Körper und Enttäuschung und Desinteresse am Sex bleiben übrig.« Stefan schaut sie mitleidig an. »So schlimm?« Rosa überlegt. »Nein, schlimm vielleicht nicht, sondern traurig. Ich bin oft mit Begehren, mit Sehnsucht zu dir gekommen, doch es war mir nicht vergönnt, das beglückende Gefühl unserer Anfangszeit wieder zu erleben. Später war es dann genauso wie es hier steht.«

Sie blättert im Buch, wo schon etliche Seiten mit kleinen bunten Klebchen gekennzeichnet sind. »Ich würde es mit meinen Worten so zusammenfassen: Das Entscheidende ist, dass die meisten Frauen nur eingeschränkte Erfahrungen machen, weil sie nicht wissen, wie sie ihren inneren Körper bei der Vereinigung spüren können. Ihre weibliche Energie kann sich darum nicht ausdehnen.«

Rosa fragt sich, wie es möglich ist, so schnell so ehrlich miteinander zu sein, sich dem Unausgesprochenen, Schambehafteten anzunähern ohne Schuldzuweisungen, wie es vorher war. An diesem Herbstmorgen darf sich jeder an seine Nase fassen. Sie lehnt sich auf dem Sofa in die weichen Kissen und zieht die Knie mit den Händen an sich heran. »Stefan, kannst du dich erinnern an die schreckliche Szene, die ich dir im Hotelzimmer in Binz im letzten Jahr gemacht hab? Ich bin total ausgeflippt, weil der Abend so ernüchtern endete, obwohl er so verheißungsvoll begann.« Stefan winkt ab, er möchte nicht daran erinnert werden, doch sie bleibt dran. Wann wenn nicht jetzt?! Sie fragt und schaut ihm eindringlich ins Gesicht. »Was war an dem Abend passiert? Bitte, sag es mir! Irgendwas hat da nicht zusammengepasst.« Er schweigt. »Erinnere dich. Was war los? Ganz ehrlich! Es hatte mit mir nichts zu tun. Stimmt's?« Rosa schaut ihn erwartungsvoll an. Komm Stefan, gib deinem Herzen einen Ruck. Er spricht leise. »Nein, es lag nicht an dir. Ich hab schon den ganzen Abend gespürt, wie du in Stimmung kommst, wie fröhlich du warst und ich hab mich ja auch aufs Bett gefreut und was darin passieren wird. Doch oben dann im Zimmer war mir plötzlich klar: Ich bin so erregt, das dauert wieder höchstens zwei Minuten. Du warst so gut drauf und ... ja, so geil wie lange nicht mehr, da wusste ich, ich kann dir nicht genügen. Ich hab mich so scheiße gefühlt, als Versager. Obwohl ich dich so gerne in den Arm genommen hätte, dich mit Haut und Haaren vernaschen wollte, hab ich das Gegenteil getan.«

Er wendet sich ab, verschwindet im Bad. Wow! Dieser Ehrlichkeits-Tsunami, der gerade durch Zimmer getobt ist, war unerwartet und stark! Und er hat die alte Lebenslüge mitgerissen, dass Stefan mit dem Sex zufrieden ist, den er bis jetzt kannte. Rosa fällt nicht nur *ein* Stein vom Herzen. Erst nach einem ganzen Jahr erfährt sie, dass er gelitten hat wie ein Hund, sich nicht getraut hat, die Wahrheit auszusprechen, da die Schmach für ihn als Mann zu groß gewesen wär. Was für ein Wahnsinn! Was läuft hier für ein bescheuertes Spiel, in dem ein Paar, was sich über dreißig Jahre kennt, darüber nicht zu sprechen wagt, was in jedem von beiden wirklich vorgeht?

Rosas Puls hat Werte, die er sonst nur beim Joggen erreicht. Es tut ihr so leid, er tut ihr leid, ihr Stefan, der gerade seelisch nackt vor ihr gestanden hat. Er stand auf der Zugbrücke seiner Trutzburg, ohne Schutz und ohne Abwehr, ganz der Mann, der er wirklich ist, verletzlich und unsicher, immer Gefahr laufend, nicht gut genug zu sein.

Stefan kommt zurück aus dem Bad, sie möchte ihn umarmen, ihn trösten, doch ihr Herz verkrampft sich. Von den vielen Eisenbändern, die sie sich in all den Jahren darumgelegt hat, um nicht verletzt zu werden, sind noch lange nicht alle zersprungen. Stefan steht am Fenster, starrt auf das Meer, das heute glatt und ruhig liegt, so dass die Sonne ein feines Glitzern darauf zaubert. Rosa geht zu ihm, legt ihren Arm um seine Hüfte und ihren Kopf an seine Schulter. Am Horizont liegt ein Frachter auf Rede, er bewegt sich nicht. Rosa bricht das lange Schweigen. »Sind wir bereit, alles hinter uns zu lassen, uns zu verzeihen und wirklich neu zu beginnen, neu zu lieben?«

Rosa stellt die Frage eher sich selbst als Stefan. Was haben sie sich für Schlachten geliefert, sich verletzt, sich vergeben, den Alltag gewuppt, ihre Kinder Tim und Karo ins Leben begleitet. Sie haben gefeiert und getanzt, gehasst und gestritten. Und jetzt? Sie haben eine Krise, eine Dauerkrise im Bett und genau dort wollen sie sich neu finden, weil das, was sie verbindet, immer noch Liebe ist. *I'm in love with you,* heißt es im Englischen, *in der Liebe sein mit dir.* Das trifft es besser als das deutsche *Ich liebe dich.* Darum will sich Rosa morgen nicht nur in die große Bettstatt hier fallenlassen, sondern endlich wieder mit Haut und Haaren in diese Liebe hinein.

20 | Slow Sex

Vergiss alles, was du über Sex zu wissen glaubst. Das ist die Losung, die wie ein unsichtbares Banner über dem Bett anbracht ist. Schon gleich nach dem Aufwachen bekommt Rosa Herzklopfen. Heute wird es ihr erstes Mal sein, so ist es abgemacht. Das erste Mal *neu zu lieben*, nicht stürmisch, nicht lustvoll, sondern leidenschaftslos, ohne Wollen. Die ersten drei Bedingungen sind kein Problem, die bestimmen schon lange ihr Sexleben, die vierte Voraussetzung wird schon schwieriger: *ohne Wollen!* Holla! Für Stefan ist das der größte Switch im Kopf. »Wie soll ich denn da einen hoch kriegen?«, hat er gefragt. »Warte doch mal ab!«, beschwichtigte Rosa.

Sie merkt, wie die Vorfreude bei ihr einzieht und witzelt schon beim Frühstück herum: »Wir hätten besser Fischbrötchen kaufen sollen?« Stefan gähnt verschlafen. »Nee, zum Frühstück noch nicht.« Sie strahlt ihn an. »Wäre besser für die Manneskraft. Ist das nicht dein Spruch?« – »Die Pointe heißt: Das gibt Tinte auf den Füller.« Rosa gluckst belustigt und gesteht: »Ich kann es kaum erwarten, dass für uns wahr wird, was in diesen Büchern steht.« Bedächtig bestreicht sie die zweite Hälfte ihres Brötchens mit Honig und während sie kaut, schaut sie versonnen aus dem großen Fenster auf das still vor ihr liegende, graue Meer. Der Himmel ist bewölkt, die Sonne schafft es nicht, die Wolkenlücken zu durchdringen. »Wenn du mich heute Abend aus dem erotischen Dornröschenschlaf erweckst, will ich gerne für dich, mein Prinz, da sein.« Stefan legt den Zeigefinger über seine Lippen: »Schhhh! Besser wär, du würdest nicht so viel reden.«

Wo er recht hat, hat er recht, es soll schließlich heute ums Fühlen gehen.

Rosa möchte die Vorfreude auf den Abend richtig genießen und schlägt vor, mit dem Fahrrad über den Deich nach Middelhagen zu fahren. Stefan bugsiert die Räder aus dem kleinen Schuppen, pumpt noch mal Luft auf und hängt eine Wasserflasche in die Halterung am Rahmen. Rad fahren hat in dieser Gegend fast schon etwas Meditatives. Will man dem Alltag entfliehen, zu sich selbst finden und vielleicht auch noch zum eigenen Mann zurück, bietet Mönchsgut, dieses Kleinod von Rügen zwischen Bodden und Meer, wirklich die besten Voraussetzungen, stellt Rosa zufrieden fest. Die frische Seeluft füllt ihre Lunge und die Feuchte legt sich wie ein zarter Film auf Gesicht und Hände.

»Wir können in der *Linde* zu Mittag essen«, schlägt Stefan neben ihr fahrend vor. »Es geht auf zwölf und es wird mir auch langsam kalt.« Rosa nickt ihm zustimmend zu, schüttelt aber unmerklich den Kopf darüber, dass er nach wie vor Uhrzeiten mit entsprechenden Mahlzeiten direkt in Verbindung bringt.

Der niedrige, rote Klinkerbau mit den grünen Fensterläden macht den Eindruck, als würde dieser älteste Gasthof Rügens immer noch von den Mönchen bewirtschaftet, die ihn einst erbaut haben sollen. Stefan stellt sein Rad an den Zaun des Biergartens und geht schnurstracks die Stufen hinauf. »Ich schau mal nach, ob schon offen ist.«

Die schwere Eisenklinke klackt nach unten und knarrend öffnet sich die Holztür. Rosa folgt ihm. »Das ist aber gemütlich hier und vor allem schön warm.« Der Wind, der heute Morgen noch angenehm frisch erschien, war ihr mit der Zeit kalt in alle Poren gekrochen auch Ostseefrische hat ihre Wohlfühlgrenzen. Rosa setzt sich und schaut sich um. An der Stirnseite des Raumes hat ein einfallsreicher Maler ein buntes mittelalterliches Festgelage entsprechend seiner Vorstellung verewigt und den Sinnspruch darüber gestellt: *Wer nicht liebt Wein, Weib und Gesang, der bleibt ein Narr ein Leben lang.* Wie treffend, denkt sie sich, der Spruch passt zu meinen Lebensthemen – genauso wie zu den Aussichten für den heutigen Abend. Stefan fragt den Kellner, ob sie einen Grog bekommen können. »Klar, min Jung, wat mutt, dat mutt.« Das Tagesangebot auf der Karte lässt keine Wünsche offen, Rosa entscheidet sich für frischen Brathering und Stefan für geräucherten Aal, beides aus dem anrainenden Gewässer.

Sie grinst, als er die Bestellung aufgibt. »Was grinst du so?« – »Ich freu mich, dass es hier so guten Fisch gibt. Aphrodisiaka für den Mann!« – »Kannst du auch mal an etwas anderes denken?« – »Wenn ich ehrlich bin – heute nicht«, antwortet Rosa und himmelt Stefan augenzwinkernd an.

Am Nachbartisch nimmt ein Pärchen in ihrem Alter Platz. Mann und Frau wechseln während des Essens kein einziges Wort miteinander. Kein Lächeln, nur Schweigen, fast Apathie. Rosa macht eine leichte Kopfbewegung nach rechts. »Schau mal, dort drüben.«

Stefan schielt unauffällig hinüber. »Genau davor habe ich Angst, Stefan, dass wir uns einmal abhandenkommen.« Er sieht sie an und fragt: »Sind wir davor gefeit?« Rosa antwortet: »Wir werden sehen, wenn Bibi recht hat, ja.« Sie legt ihre Hand auf seine und lächelt ihn zuversichtlich an.

Auf dem Rückweg hat sich der leichte Nebel zum Nieselregen gesteigert. Trotzdem pflückt Rosa am Waldrand hinterm Ferienhaus noch schnell die letzten Wiesenblumen, denn der besondere Anlass bedarf eines besonderen Ambientes. Frierend betritt sie das Häuschen, in dem es schon kuschlig warm geworden ist, Stefan hat die Heizung offenbar auf Vollgas gedreht. Rosa drapiert den Strauß kunstvoll in der dicken Vase auf dem Tisch, kocht Tee und bringt die Räucherstäbchen zum Glimmen, die ihren betörenden Duft nun im ganzen Haus verbreiten.

Die Teelichter, die Stefan angezündet hat, flackern wie wild auf den beiden Fensterbänken, als wollten sie zum Vorhaben des Urlauber-Paars applaudieren. Bald steht auf dem Küchenbord der dekantierte Bordeaux für *Danach*, er schimmert in tiefem Weinrot und darf nun sein Bouquet entfalten.

Das Wolkenmuster der Bettwäsche im französischen Doppelbett komplettiert perfekt das Arrangement, denn auf Wolken schwebend, ja, so würde sich Rosa beim Liebesspiel gern wieder mal fühlen. Nach über dreißig Jahren auf ganz neuen Wegen gehen und wirklich neu lieben, bei diesem Gedanken bubbert Rosa gehörig das Herz. Sie sucht aus den mitgebrachten CDs eine mit Spa-Musik aus, legt sie in den Abspieler und drückt auf *Play*. Der Klang der sphärischen rhythmuslosen Musik energetisiert den ganzen Raum, Körper und Seele scheinen dadurch unmerklich aufzuleben.

Wann und wie soll es losgehen? Rosa hat sich gedacht, dass ein klares Zeichen gut wäre. Verschmitzt lächelt sie Stefan an und nimmt die kleine tibetische Zindel in die Hand. *Kling* – Rosa lässt die beiden Klangscheiben der

Zimbel aneinanderschlagen, das feine *Kling* gibt den ersehnten Startschuss.

Ganz langsam beginnt sich Rosa neben dem Bett auszuziehen, lässt Hose, T-Shirt, Slip und BH wie bei einem Striptease lasziv zu Boden fallen, blinzelt Stefan an und sieht dabei zu, wie auch er Hose, Hemd und Slip lässig über der Stuhllehne ablegt. Mein nackter Mann in seiner ganzen Pracht! Wann hab ich ihn mir so erwartungsvoll das letzte Mal angesehen? Vor Ewigkeiten. Und richtig gut sieht er aus, muss sie anerkennend feststellen.

Wie zwei kleine Kinder krabbeln sie auf das Laken und umschlingen sich mit beiden Armen so nah, dass sie sich in die Augen sehen können und er ihren Mund findet. Kein Zungenkuss, nur die Lippen berühren sich sanft und bleiben aufeinander liegen. Wie schön das ist! Wunderschön, so kindlich und unschuldig ohne Erwartung beieinander zu liegen und … zu warten.

Sie werden jetzt warten, egal wie lange, gespannt darauf zu erfahren, was ihre Körper sagen werden.

Rosa nimmt nach einer ganzen Weile ein leichtes Kribbeln wahr, erst im Becken, dann dehnt es sich aus vom Herz bis in ihre Vagina. Nicht denken – nur atmen! Ganz langsam.

Einatmen – Ausatmen! Sie spürt, wie sich auch Stefans Bauchdecke hebt und wieder senkt, genau im selben Rhythmus wie ihre, es fühlt sich an wie kleine Wellen, die sie ins Meer hinaustragen werden. Gestern erst hatte er ihr gestanden, dass das Entspannen beim Sex für ihn als Mann alles andere als einfach ist. Nicht geil werden, cool bleiben trotz Erektion, das erinnere ihn an einen Feuerwehrmann, der nicht löschen darf, obwohl es brennt. »Im

Herzen heiß, im Kopf kalt, das ist wie ein neues Schulfach für mich!«, schüttelte er immer wieder ungläubig den Kopf. Rosa lächelte ihn an und flüsterte ihm ins Ohr: »Ich glaube, ich kann nicht genug von dir bekommen, wenn du nichts von mir haben willst, sondern als Besucher mit einem Geschenk zu mir kommen wirst!« – »Rosa, glaub mir, ich kann das selber nicht mehr leiden, kaum ist *er* drin und schon ist *er* fertig. Das ist deprimierend für mich und ich habe echt keinen Bock mehr darauf. Wirklich!« – »Ich weiß«, hatte sie geantwortet, »sonst wärst du nicht mit nach Thiessow gekommen.«

Stefan löst sich aus der innigen Umarmung und streichelt Rosa zärtlich über ihr Gesicht, die Arme, den Rücken, über ihre Brüste, bedeckt ihre Haut mit seinen Küssen und wandert mit den Lippen bis zu ihrer Vulva und wieder zurück zu ihrem Hals. Dabei haucht er: »Wie schön du bist! Wie oft hab ich mir das vorgestellt, dass mich meine Frau so wonnig zu sich einlädt.«

Rosa schnurrt, schmiegt sich wieder stärker an ihn, genießt seine Wärme, spürt gleichzeitig in ihrem Körper die neuen Gefühle von *Wohllust* aufsteigen, die sie so nicht kennt und freudig willkommen heißt. Sie merkt, wie sie langsam warm und weich wird, dreht sich auf den Rücken und breitet einladend ihre Beine vor ihm aus: »Du darfst jetzt eintreten.«

Er legt sich auf sie, sie öffnet mit den Fingern ihre Schamlippen und führt seine Eichel an den feuchten Eingang. Es ist, als hätte der Liebhaber an der Haustür geklingelt, die Herzensdame öffnet die Tür einen Spalt, damit er nur den Kopf hineinstecken kann, um *Guten Tag* zu sagen. *Ich hab ein Geschenk für Sie Madame. – Oh,*

*was für eine Überraschung, der Herr hat ein Geschenk da-
bei. Treten Sie näher!«* Nun betritt der Herr feierlich die
Wohnung. Stefan lässt seinen Penis langsam in sie hineingleiten, so wie man sich ein Eis am Stiel ganz langsam
in den Mund schiebt, um es dort genüsslich vor sich hin-
schmelzen zu lassen. Rosa hofft, dass sein altes Programm
im Kopf nicht anspringt. Jetzt nur nicht bewegen, bloß
ein gefühlvolles Wiegen, das reicht. Mit viel Rubbeln ist
jetzt Schluss!

Sie merkt, es ist ein Spagat für ihn, den Vulkanaus-
bruch zu vermeiden. Doch es geht! Es geht! »Atmen!«,
raunt Rosa ihm zu, »der Atem führt dich in deinen Körper.« Sie entspannt sich immer mehr und ist so empfäng-
lich wie seit Ewigkeiten nicht mehr. Ein unbekanntes,
wohliges Kribbeln bemächtigt sich ihres ganzen Körpers.
Obwohl sie nichts machen, passiert viel mehr als sonst, es
ist pure Energie von innen heraus, ein neues köstliches
Erleben. Alles ist so wahrhaftig, so echt, keine Perfor-
mance, nur Hingabe.

»Mist.«

»Was ist?«

»Jetzt ist *er* doch gekommen.«

»Bleib in mir!«

Rosa umklammert Stefan mit beiden Armen, möchte
den *Siebten Himmel* noch lange auskosten, in der Sche-
renstellung Stefan in sich spüren und nur ganz, ganz
langsam zurückkommen aus der Verschmelzung. Sie
streichelt ihm über das Gesicht und lächelt ihn an. Erleichtert flüstert er: »Das ist der Hammer, ich hätte das
echt nicht für möglich gehalten. Kneif mich mal.« Sie
schmunzelt: »Ich wusste, dass du das kannst und vielleicht

ist es für uns so vorgesehen: Das Beste kommt nach der Fünfzig!« Wie in Zeitlupe lösen sie sich voneinander. Stefan zieht sich seinen Bademantel über, holt den Rotwein und schenkt die Gläser ein. Die Teelichter flackern immer noch freudig auf der Fensterbank, draußen ist es stürmisch geworden, die See brandet kräftig an. Rosa sitzt beglückt, nur das Hemd übergestreift, in die Kissen gelehnt auf dem Bett und es entfährt ihr ein langes »Hhhhaaaa!« Stefan überreicht ihr fast feierlich das Glas, sie stoßen an, ein feines Klingen ertönt und er findet als erster passende Worte: »Schatz, ich möchte mich bei dir bedanken, dafür bedanken, dass du immer an uns geglaubt hast, nicht aufgegeben hast. Ich wollte oft mehr Sex, weil mir was gefehlt hat, und du wolltest weniger davon, weil es für dich unbefriedigend war. Danke, dass du einen Weg aus der Misere gesucht hast.« Er setzt sich zu ihr aufs Bett und gibt ihr ein Küsschen auf die Wange. »Was genau hat dir denn gefehlt?«, fragt sie.

»Ich hatte so eine Sehnsucht nach körperlicher Nähe, nach Gehaltenwerden, danach, dich und mich wirklich zu spüren.«

Für Rosa ist es immer noch ein Wunder: Es ist Stefan möglich geworden, in den entscheidenden Augenblicken seine Gefühle genau zu benennen, und sie liebt diese neue Eigenschaft. »Das hast du aber schön gesagt. Und ich denke, das war heute erst der Anfang.« Sie hebt ihr Glas ihm entgegen, setzt es an und lässt den Wein durch die Lippen fließen.

»Stefan, wie war es denn für dich, fast eine Stunde lang zu lieben?« Er schaut sie dankbar an. »Du warst wieder völlig offen für mich und lebendig bei der Sache, es war einfach herrlich!« Er atmet tief ein, lässt die Luft lange genüsslich durch die Nase ausströmen und nimmt einen Schluck aus seinem Glas. »Erst war ich bei mir und dann in dir«, lacht er, stellt das Glas ab, legt sich aufs Bett und kuschelt seinen Kopf in ihren Schoß. Beseelt schaut er sie von unten an und lässt ein genüssliches Stöhnen hören. »Hier bin ich Mensch, hier darf ich sein!« Sie wuschelt seinen grau melierten Haarschopf: »Ich merke sofort, ob du etwas willst oder etwas geben möchtest. Das ist echt spannend. Das nächste Mal mach ich gleich 'ne rote Schleife um dein bestes Stück, damit du dran denkst, dass ich ein Geschenk haben möchte.« Diese groteske Vorstellung finden beide zum Kaputtlachen, er steht auf, schnappt sich ein Kissen und wirft es zu ihr. Sie ruft: »Pass auf dein Glas auf!« Er stellt die Gläser weiter weg auf den Tisch, Rosa greift sich das Kissen, wirft es voller Schwung zurück zu ihm und los geht die Kissenschlacht. Jesus hätte seine helle Freude, denn seine Warnung war bereits vor langer Zeit: *Wenn ihr nicht werdet wie die Kinder, werdet ihr nicht ins Himmelsreich kommen!*

Rosa kann es kaum erwarten, Julia vom Neuanfang mit Stefan zu erzählen. Tausende Liebesromane spielen am Meer und nun ist eine wahre Geschichte an der Ostsee dazu gekommen. Endlich mal eine mit einer glücklichen Wendung, vielleicht wird sie irgendwann einmal aufgeschrieben, doch zuerst wird sie erzählt. Das Telefon klingelt lange am anderen Ende der unsichtbaren Leitung. Rosa wartet gefühlt eine halbe Ewigkeit, denn sie weiß, in einem dreistöckigen Haus gibt es lange Wege zum Handy-Liegeplatz. »Ach Rosa, du bist es.« Julias Stimme klingt atemlos. »Ich war ganz oben auf der Etage und bin die Treppe runtergerannt. Wir sind fast fertig mit Renovieren. Alles ist so schön geworden, das musst du dir anschauen kommen.« In Rosa macht sich wieder die Freude breit, die sie empfindet, wenn Menschen ihre Gefühle mit ihr teilen. »War das eine Einladung?« – »Klar! Ich freue mich auf Besuch, vor allem auf deinen. Wie war euer Urlaub?« Julias Interesse ist nicht gespielt. »Sensationell ist die Kurzvariante einer Beschreibung. Mehr dazu im frisch getünchten Anwesen von Maik und Julia?« Sie verabreden sich für Freitagnachmittag zum Käffchen.

Rosa klingelt Sturm, Julia öffnet in mit roter Farbe bespritzter Hose und T-Shirt die Reihenhaustür und Rosa fällt ihr um den Hals. »Du bist meine Retterin!« –»Nun übertreib mal nicht.« – »Das ist nicht übertrieben. Wenn du nicht gewesen wärst, würde ich jetzt wahrscheinlich mit Stefan vorm Scheidungsrichter sitzen.« Belustigt betreten sie die große Wohnküche im eleganten Landhausstil und setzen sich an den gedeckten Kaffeetisch. »Ich weiß gar nicht wo ich anfangen soll«, strahlt Rosa, während ihr Blick das zeitlose weiße Kaffeeservice mit dem zarten grünen Dekor und den Holztisch, auf dem es steht, geradezu streichelt. »Woher habt ihr denn diesen Tisch? Der ist echt besonders.« Rosa lässt ihre Hand über die Holzfläche des Esstischs mit den geschwungenen Intarsien streichen und macht aus ihrer Bewunderung keinen Hehl. Julia erwidert stolz: »Das ist Maiks Meisterstück als Tischler. Ein Unikat.« Rosa schaut zu Julia und lacht. »So wie er selbst!« – »Genau, Maik ist in allem besonders und Meister seines Fachs. Komm, ich führe dich erstmal durch unser trautes Heim, bevor du mir von eurem *Liebesurlaub* erzählst.«

Sie steigen vom Wohnbereich über die Holztreppe in die zweite Ebene hinauf. Julia zeigt Rosa feierlich zwei große helle Zimmer mit Sitzecke und erklärt: »Jeder von uns beiden hat hier seinen eigenen, ganz privaten Rückzugsort, wenn er alleine sein möchte. Das ist für mich das Allerwichtigste, aus meiner Erfahrung.« –»Und ganz oben?« – »Da geht es zur Liebesgrotte, wie Maik es gerne nennt, doch die bleibt privat!«

Rosa schiebt ihre Unterlippe nach vorn. »Och? Wirklich? Da war ich jetzt ganz gespannt drauf.« – »Nee, ist nicht drin, das bleibt geheim, sogar für dich«, lacht sie, schüttelt den Kopf, legt Rosa den Arm um die Schultern und meint es offensichtlich ernst. Sie gehen wieder nach unten in die Wohnküche, Julia lässt die Kaffeemaschine das tun, was sie am besten kann, und Rosa beginnt, vom selbstgebackenen Streuselkuchen kostend, den Julia jetzt serviert, begeistert von Thiessow zu erzählen. »Warum haben wir das nicht schon früher erlebt?« Sie stellt die Frage in den Raum, ohne eine Antwort zu erwarten, doch Julia erwidert: »Weil es zum Erkennen des Schönen das Gegenteil braucht. Im Leben braucht es das *Himmelhoch jauchzend* genauso wie das *Zu Tode betrübt*. Das ist das Spiel auf der Erde, das Spiel der Polarität.« Rosa ist erst mal einverstanden mit dieser Erklärung, denn sie hört Geräusche aus der Diele. Maik kommt nach Hause. Das ist er also, der Erlöser. Nein, der Titel ist bereits vergeben. Vielleicht der Erwecker? Er sieht fast noch besser aus als auf dem Foto, das Julia ihr gezeigt hat. Groß ist er, muskulös und verwegen wirkt er in seiner dunkelbraunen Arbeitshose mit den breiten Hosenträgern, dem weißen T-Shirt und dem Zollstock in der Seitentasche. Seine Augen sind echt stahlblau und seinen Mund umgibt irgendwie ein ständiges ungewolltes Lächeln. Er begrüßt Julia mit einem innigen Kuss auf den Mund und Rosa mit Handschlag und sichtlicher Überraschung. »Nanu, Besuch in unseren unfertigen heiligen Hallen?«, – »Grüß dich Maik, ich bin Rosa, die Schülerin in Liebesangelegenheiten. Ich wurde zur vorzeitigen Besichtigung eingeladen.« Maik dreht sein Gesicht fragend in Richtung Julia. Sie antwortet kurz: »Das erklär ich dir später. Jetzt erst mal 'ne Tasse Kaffee.«

Maik macht es sich auf dem gepolsterten Armlehnstuhl gemütlich. Die Verwunderung steht ihm im Gesicht geschrieben, als er erfährt, dass Rosas Mann der Trainer der *Ersten* in seinem Fußballverein ist. »Der ehrgeizige Stefan ist dein Mann?« – »Wenn du Stefan Kunert damit meinst, ja.« Maik lacht und haut mit der Hand auf den Tisch. »Die Welt ist doch ein Dorf. Da finde ich eine Perle in den Weiten des Internets und sie ist befreundet mit der Frau vom besten Trainer in meinem Verein.« Ui, das hätte Stefan jetzt hören müssen: Der beste Trainer im Verein! Sowas – noch dazu vom Stürmer der Alten Herren.

»Maik, darf ich dich mal was fragen?« Rosa will die Gunst der Stunde nutzen, von einem Fußballer zu erfahren, was sie schon lange umtreibt. »Was ist eigentlich für Männer so faszinierend an diesem Fußball?« Auch Julia lehnt sich in Erwartung einer Antwort neugierig zurück. Stille, nur der Regulator im Korridor schlägt die volle Stunde, vier Uhr, Kaffeezeit. »Sie will es genau wissen«, meint er leise zu sich selbst und sinnt nach. Ja, klingt es in Rosa, doch sie sagt es nicht. Maik fängt ganz langsam an zu sprechen, als ob er einen Gedanken nach dem anderen aus dem Oberstübchen angeliefert bekommt. »Fußball ist *das* Spiel für den Mann. Es macht ihm Spaß, seine Kräfte zu messen, seinen Körper zu spüren und sein Können zu zeigen. Das Spiel hat klare Regeln und eine Struktur, verlangt Disziplin, es gibt Sieger und Verlierer, alle sind nur fokussiert auf das Ergebnis, denn das zählt. Und das Beste ist, es hat kein Ende, denn: Nach dem Spiel ist vor dem Spiel. Weiter geht's, jede Woche neu, immer weiter, weiter.« Sie staunt, doch Maik ist noch nicht fertig. »Wenn ich euch hier sitzen sehe, ist es das Gegenteil. Ihr Frauen trefft euch, schnattert drauf los und es interessiert euch vor allem, wie es euch geht. Ihr seid in euer Gespräch vertieft, seid damit im Fluss, ganz im Moment, ohne Ziel und vergesst dabei die Zeit.«

Rosa ist komplett beeindruckt von dem, was sie da hört. Von einem Mann! Er bringt es auf den Punkt. Besser kann man das männliche und weibliche Prinzip anhand von zwei praktischen Beispielen kaum erläutern. Rosa schlürft den Rest Kaffee aus ihrer Tasse. »Hilft Fußball den

Männern also auch dabei, sich abzulenken und die eigenen Gefühle nicht fühlen zu müssen?« Maik grient. »Klar! Wenn du so willst, ist es das Eigentliche, zwar nicht vordergründig, doch der angenehme Nebeneffekt.«

Rosa kann es nicht fassen: »Jetzt wird mir einiges klar. Darum haben irgendwann Männer dieses Prinzip auch in die körperliche Liebe übernommen. Sie wollen was haben und erreichen, streben einem Ziel entgegen und können darum den gegenwärtigen Augenblick nicht genießen.« Maik verschluckt sich und muss aufpassen, dass er beim Husten noch Luft bekommt. Julia klopft ihm mit der flachen Hand den Rücken. Rosa fühlt sich ein bisschen schuldig, bestimmt ist sie in ihrer Direktheit wieder mal zu weit gegangen, denkt sie betroffen. Vom Fußball ins Bett war wohl zu schnell für ihn?! Doch Maik nickt zustimmend, während seine Gesichtsfarbe wieder von Rot auf rosig wechselt und lacht sie an. »Du bist wie Bela, auch bei ihr kamen die Worte immer Herz über Kopf, sehr erfrischend aber auch herausfordernd!« Maik schmunzelt, schaut zu Julia, die ihm ein *Ja* zu nickt und er erzählt: »Bela war meine Urlaubsbekanntschaft vor zwei Jahren. Auf Bali. Sie hat mich damals aus *Platons Höhle* geführt und mich gelehrt, alles zu hinterfragen, was ich bis dahin für richtig und wichtig erachtet hab, auch in Liebesdingen.«

Julia schaut jetzt doch etwas verschämt drein. Rosa ist klar, Frauen möchten komischerweise nichts von ihren Vorgängerinnen hören, auch wenn die längst Geschichte und sie selbst nun die Auserwählten sind. Zum Glück fällt Julia ein, was sie dieser Bela alles zu verdanken hat und bittet Maik, die ganze Geschichte zu erzählen.

Es tut gut, ihm zu lauschen, findet Rosa, und malt vor ihrem inneren Auge passende Bilder aus *Bollywood*-Filmen, denn sie war noch nie auf Bali und hat nur vage Vorstellungen davon, was Langzeiturlauber und Aussteiger dorthinzieht.

Maik hatte Bela an einer Bar am Strand von Amed unter Palmen kennengelernt, sie war mit einer Freundin für zwei Monate im Sabbatical dort und er machte drei Wochen Urlaub mit seinem Kumpel Arne. Der Ruf eines unbeschwerten exotischen Urlaubs eilte dieser Insel voraus und für Maik sollte sich dieser Wunsch erfüllen. Bela war genau das, was er gesucht hatte. Schlank, braungebrannt, lange dunkle Haare, die sie zu zwei Zöpfen geflochten rechts und links neben ihrem niedlichen Gesicht mit den grünen Katzenaugen trug. Eine Frau, die er nicht lange umgarnen musste und die wusste, was sie wollte: Sex haben und zwar solchen, der ihr gefällt. »Ich zeige dir was«, hat sie ihm gleich am ersten Abend in ihrem Bungalow unweit des rauschenden Meeres ins Ohr gehaucht und er hatte sich in froher Erwartung ihr hingegeben. Sie ließen sich Zeit unter dem Moskitonetz am Baldachin des Himmelbetts, viel Zeit in ihrer ersten Nacht und auch an den Tagen danach.

Er konnte seinen Körper spüren wie noch nie und dabei ihre Nähe genießen, ihre Wärme, ihre weiche Haut und ihre Lippen, die er auf all seinen Körperteilen fühlen durfte. Es war völlig anders als er es kannte. Es gab kein Ziel mehr, er wollte nicht seinen Trieb bei ihr befriedigen, er wollte in sie hinein gezogen werden von der Liebesenergie die lieblich aus ihrem Herzen floss. Das kleine Zimmer am azurblauen Meer wurde zu einem heiligen

Raum, einem Ort, an dem sich beide ganz aufeinander einlassen konnten, an dem jeder so sein konnte, wie er wirklich ist. Er erlebte die Schönheit der menschlichen Liebe ganz intim, jenseits der oft so erschreckenden Banalität von Sex, wie er ihn kannte. Als Arne ihn fragte, was er denn den ganzen Tag mit seiner Freundin im Bett macht und Maik ihm davon vorschwärmte, schaute der ihn mitleidig an und meinte nur: »Echt jetzt? Für mich wär das nüscht. Ich bleib lieber auf Frequenz als stundenlang halbtot neben einem Frauchen rumzuliegen, macht doch sonst keinen Feetz.«

Für Maik war es der Himmel auf Erden; dass die Tage vergingen, bemerkte er nur am Sonnenauf- und untergang. Es war pure Ekstase, ein Entrückt-Sein aus Raum und Zeit, er vergaß zu essen und zu trinken, so erfüllt war er von seinen eigenen Gefühlen und vom magischen Hingezogen sein zu dieser Frau.

Am Tag vor der Abreise wurde er von Arne unsanft aus dem Elysium abberufen. »Maik, die Kuschelnummer ist vorbei. Morgen geht der Flieger nach Hause.« Maik musste, ob er wollte oder nicht, den Koffer packen und sich von Bela verabschieden. »Sehen wir uns wieder?«, fragte er flehend. Ihre Antwort kam prompt und war erschreckend kurz. »Nein«, sagte sie. »Ich werde auf Bali bleiben und du nimmst mit nach Hause, was du hier gelernt hast. Die Frauen, die dir begegnen, werden dir dankbar sein.« Sie gab ihm einen Kuss und verschwand unter den Palmen.

Rosa bekommt glasige Augen, kleine Tränchen der Rührung und der Dankbarkeit sammeln sich darin, denn Maik hat seinen Auftrag angenommen und sie hat in der vergangenen Woche bereits ohne sein Beisein davon profitiert. »Und du hast Bela nie wiedergesehen?« Maik zuckt mit den Schultern. »Nein, ich wollte sie dann auch gar nicht mehr wiedersehen. Ich suchte schließlich eine Frau, mit der ich das ganz normale Leben teilen kann, hier in Thüringen und nicht auf einer fernen Insel im Indischen Ozean.«

Sein Blick ruht auf Julia, die ihm ihre Hand reicht, so als wollte sie damit unterstreichen, dass sie diese Frau für ihn ist und sie sagt: »Für Rosa bist du der Botschafter der neuen Liebe.« Dabei nickt sie ihm anerkennend zu und gesteht: »Ich hab ihr gleich im ersten Brief von dir erzählt und neugierig, wie sie ist, hat sie sich umfassend informiert und ihr neues Wissen gleich mit Stefan in die Praxis umgesetzt.«

Jetzt ist es Rosa fast peinlich, dass das Tabuthema so ganz persönlich im Raum steht. Anscheinend möchte es hier und jetzt kein Tabuthema mehr sein, es möchte gesehen werden, wenigstens unter Freunden. Obwohl sie Maik erst seit gut einer Stunde kennt, ist es, als wäre er ihr ganz vertraut.

Er fragt sie unbefangen, was Julia mit *in die Praxis umgesetzt* gemeint hat und plötzlich ist Rosas Schamgefühl wie weggeblasen. Sie erzählt unverblümt davon, wie Julias Schilderung der Liebe mit ihrem neuen Freund sie begierig darauf werden ließ, mehr darüber zu erfahren. Ja und sie erzählt auch von diesem außergewöhnlichen Neuanfang der Kunerts im idyllischen Rügener Liebesnest vergangene Woche. Sie fragt sich, während die Worte durch den Raum wirbeln, wie es möglich ist, einem fremden Menschen so schnell so nah zu sein. Maik strahlt über das ganze Gesicht. »Ich hätte nicht gedacht, dass ich Frauen, ohne dass ich dabei bin, glücklich machen kann.«

Was hat er da gesagt? Rosa schaut zu Julia, die grad noch so ihr Lachen zurückhalten kann, dann bricht es aus allen dreien heraus und ihr gemeinsames Gelächter hallt durch alle drei Etagen. Maik genießt sichtbar die Freude und die entspannte Stimmung zwischen ihnen und fügt hinzu: »Weißt du Rosa, das Entscheidende für eine erfüllende Sexualität ist die Intimität. Das durfte ich bei Bela lernen. Sich ganz nah und vertraut zu sein, keine Rollenspiele mehr, kein Verstecken hinter den eigenen Schutzmauern. Nichts wollen, nichts müssen. Intim sein heißt, du darfst dich zeigen in deiner Verletzlichkeit, mit deinen Ängsten und deiner Scham. Zeig dich mir, so wie du bist, spiel mir nichts vor, das waren ihre Worte damals.«

Julia kneift die Augen zusammen und wiegt den Kopf hin und her: »Warte mal, mir fällt was auf. Wenn ich das Wort intim höre, denke ich nur an nackig sein, Geschlechtsorgane und den gleichnamigen Verkehr.« Rosa grinst: »Geht mir auch so. Hat nicht Herr Schnabel in seinem Aufklärungsbuch *Mann und Frau intim* diesen Irrtum in die Welt gebracht? Getoppt hat diesen Lapsus natürlich die Erfindung der Reinigungslotion für den Intimbereich und so war kein Platz mehr für Intimität in seiner wahren Bedeutung.« Julia nickt zustimmend: »Das Buch hab ich letztens in der Papiertonne entsorgt, bevor es meine Enkel in die Finger bekommen.« Sie lacht darüber und kommentiert das harte Schicksal des Ratgebers: »Der Autor war Frauenarzt und ein Mann seiner Zeit in der DDR. In den Siebzigern hatte er das Buch geschrieben, sicher war es schon zielführender als die Aufklärung von vor hundert Jahren in *Die Frau als Hausärztin*, doch er wusste es halt nicht besser, der Arme.« Sie setzt dazu eine mitleidige Mine auf, Rosa amüsiert sich über Julias Mitgefühl bezüglich des Herrn Schnabel und nimmt sich noch ein Stück vom Streuselkuchen.

Maik zückt sein Handy: »Jetzt will ich es genau wissen. Ich frag mal bei *Wikipedia* nach.« Er fängt an zu tippen. »Alle mal herhören, hier steht: Intimität von Lateinisch *intimus, also innerste,* schon im klassischen Latein mit der übertragenen Bedeutung *engste, nächste, ganz oder besonders vertraute,* ist ein Zustand tiefster Vertrautheit ... bla, bla, bla ... Man kann Sexualität ohne intimen Bezug ausleben, andererseits können zwischen Menschen intime Momente der Begegnung ohne jegliche sexuelle Konnotation entstehen.« Alle drei lassen das Gehörte auf sich wirken, bis Rosa ausruft: »Heureka!«

Erschrocken legt sie sich die Hand auf den Mund, selbst überrascht von der Lautstärke ihres Emotionsausbruchs. Es ist ihr plötzlich so klar vor Augen getreten, was ihr gefehlt hat und was die nicht erblühten Knospen der Osterglocken im Frühjahr meinen. Ihr fehlte nicht nur die körperliche Nähe, ihr fehlte die Intimität zu Stefan. Jeder lebte in seiner eigenen Welt und die kurzen kläglichen Versuche sexueller Begegnungen in ihrer Ehe ließen sie nicht wahrhaft zusammenkommen, nicht innig sein, nicht wirklich zusammen *sein* und sie, Rosa, darum nicht erblühen.

Im Urlaub in Thiessow war es zum ersten Mal anders, war es neu. Sie sind sich wirklich begegnet. Rosa ist sich sicher, es war erst der Anfang eines neuen Weges, den sie gerade eingeschlagen haben, doch sie werden ihn weitergehen. Es fühlt sich an, als würde sich wieder ein Eisenband von ihrem Herzen krachend lösen.

Auf dem Nachhauseweg sind linke und rechte Gehirnhälfte vollbeschäftigt und trotzdem streiten sie sich nicht. Rosa hat einen ganzen Sack voll Erkenntnis-Juwelen dabei, sitzt damit auf *Wolke sieben* und lässt ihre Gedanken kommen und vorbeiziehen. Sie denkt an Olaf und fragt sich, ob alles so gekommen wäre ohne seine Buchempfehlung auf dem Bierdeckel. Sie denkt an Jürgen und wünscht ihm Glück bei der Trophäenjagd, an Axel und seine neue Frau, der er vielleicht doch mal treu sein wird, und an Udo, der seine Frau weiter auf Händen trägt, unabhängig von den Versuchungen auf einer Rennsteigwanderung.

Ihr dürft alle machen, was ihr wollt! Und ich mache, was ich will! Rosa fühlt sich seit langem mal wieder wie Pippi Langstrumpf, leicht und unbeschwert und darum fängt sie an zu trällern: *»Zwei mal drei macht vier, widdewiddewitt und drei macht neune, ich mach mir die Welt, widdewidde wie sie mir gefällt. Hey Pippi Langstrumpf, trallari, trallala, tralla hopsasa. Hey Pippi Langstrumpf, die macht was ihr gefällt. Ich hab ein Haus, ein kunterbuntes Haus, kein Äffchen und kein Pferd, nur Stefan schaut zum Fenster raus. Ich hab ein Haus, kein Äffchen und kein Pferd, und jeder der uns mag, kriegt unser Einmaleins gelehrt.«* Sie will sich kringeln vor Lachen über den umgedichteten Text. Ja, schade eigentlich, dass man das Einmaleins des *Slow Sex* nicht in einer Schule lehren kann. Vielleicht wird es einmal nachfolgenden Generationen vergönnt sein?

Einatmen – Ausatmen.

Stefans Transporter steht auf der Auffahrt vorm Haus, es ist schon dunkel, nach sieben, er musste allein Kaffeetrinken, sicher hat er sich nun Gedanken für das gemeinsame Abendessen gemacht. Rosa betritt den Hausflur. »Stefan?« Im Haus ist es seltsam still, kein Fernseher, kein Radio und leider auch kein gedeckter Abendbrot-Tisch in der Küche. »Wo bist du?«, ruft Rosa in die Stille. »Ich bin hier«, tönt es aus dem Wohnzimmer.

Der Anblick, der sich ihr bietet, ist ungewohnt. Er sitzt auf der Couch mit einem Buch in der Hand und liest. »Nanu, du liest?« Er sieht sie fragend an. »Warum nicht?« – »Weil du abends immer fernsiehst.« Stefan legt das Buch zur Seite, steht auf und nimmt Rosa in seine Arme. »Guten Abend, liebe Frau Gemahlin!«

Rosa weiß nicht, was sie von dieser wunderlichen Begrüßung halten soll und kann sich nicht so richtig auf eine herzliche Umarmung einlassen. »Stefan, was ist los?« – »Was soll los sein? Ich, als dein Mann, freue mich, dass meine Frau nach Hause kommt.« Das klingt gut, doch sie zweifelt. »Du führst doch was im Schilde!« Stefan schüttelt den Kopf. »Nein, gar nicht. Ich will dir ab jetzt so begegnen, wie du es magst.« Rosa nimmt das Buch, worin er gelesen, hat vom Tisch, es ist *ihr* Buch: *Zeit für Weiblichkeit.* Sie kann sich nicht daran erinnern, dass derartige Begrüßungszeremonien darin beschrieben werden. Sie schaut auf den Bucheinband und dann zu Stefan. »So was steht hier aber gar nicht drin?« Lächelnd antwortet er: »Da hast du recht, trotzdem ist mir beim Lesen einiges bewusst geworden. Wenn hier steht, was den Frauen fehlt, weiß ich nach allem, was ich in diesem Jahr gelernt hab, dass es auch mir fehlt, nämlich den weiblichen Anteil in mir zuzulassen. Es fehlt mir Nähe zu mir und zu dir, darum hab ich dich umarmt.« Rosa tut es jetzt leid, so abweisend reagiert zu haben, geht zu ihm, um ihm ihre Arme um den Hals und ihren Kopf an seine Brust zu legen. »Sorry«, flüstert sie. Sie kann nicht glauben, dass ihn zur selben Zeit dasselbe Thema bewegt hat wie sie mit ihren Freunden. Gibt es so was wie Gedankenübertragung doch? Wer weiß das schon?!

»Ich glaube, uns fehlt wirkliche Intimität, Schatz«, klärt sie Stefan in Kurzform darüber auf, welches Licht ihr im Gespräch mit Maik und Julia aufgegangen ist. »Der lange Bericht folgt beim Abendessen. Was gibt es eigentlich?«, fragt sie nach. Stefan zeigt zum Backofen. »Überbackenen Käsetoast mit Ananas. Spezialität des Hauses. Alles vorbereitet. Ofen anschalten, in zwanzig Minuten können wir essen.« Stefan hört geduldig zu, als Rosa von ihrem Nachmittag erzählt. Hin und wieder lässt er einen zustimmenden oder verwunderten Laut von sich hören. »Ach!«, »Ui!«, »Echt?« Der Küchen-Timer schrillt und beendet Rosas Monolog. »Ich finde es echt spannend, dass man Sex haben kann, ohne intim zu sein und intim sein kann, ohne Sex zu haben«, gibt Stefan zu, während er das Blech mit den goldbraunen Toastscheiben aus dem Ofen holt und sie auf einem Teller befördert. Rosa nimmt ein duftendes Scheibchen in die Hand, pustet, damit es nicht so heiß ist, beißt beherzt hinein und verputzt es genießerisch. Sie stützt ihre Ellenbogen auf der Tischplatte ab, legt den Kopf in die Handflächen und schaut Stefan verschmitzt und gleichzeitig sehnsüchtig an. »Ich möchte mit dir intim sein Stefan, mit und ohne Sex.« Er leckt sich nach dem letzten Toast die Finger ab, holt eine Gewürzgurke aus dem Glas, die er geräuschvoll schnurbsend im Mund verschwinden lässt: »Ich bin dabei! Doch das bedeutet für uns: Die Karten auf den Tisch! Wie beim Poker. Wenn einer im Spiel den Einsatz erhöht, muss er die Karten auf den Tisch legen. *Ich will sehen!* heißt das. Ich will sehen, was du auf der Hand hast. Und weil wir beide den Einsatz erhöht haben, müssen wir ab jetzt beide die Karten auf den Tisch legen. Um intim zu sein, muss man ehrlich sein, herzehrlich und darf nicht bluffen.« Egal, woher Stefan das hat, Rosa schlägt beeindruckt die Augen zu ihm auf. »Cool. Super Vergleich! *Die Karten auf den Tisch!* Das passt! Lass das unser neues Motto sein!« Aus dem Radio hören sie Michael Bolton singen: »*When a man loves a woman.*« Stefan schiebt den Stuhl nach hinten, steht auf und macht vor ihr eine Verbeugung: »Darf ich bitten?« Sie schaut ihn verdutzt an und reicht ihm schmunzelnd ihre Hand.

»Gerne.« –»Langsamer Walzer.« – »Ich weiß, dein Lieblingstanz.«

Rosa kann sich nicht daran erinnern, wann sie das letzte Mal in der Küche zusammen getanzt haben. Was sie fühlt, ist Freude. Pure Lebensfreude.

Die Rosen an der Pergola neben der Terrasse verströmen einen betörenden Duft. Der Sommer ist wieder so heiß wie im letzten Jahr und er lässt nur wenige Stauden im Hausgarten am Hang voll erblühen, doch die Rosen tun es und duften wie nie zuvor. Rosa sitzt auf dem Gartenstuhl am großen Terrassentisch und erwartet in jeder Minute Stefan zurück von der Arbeit. Gleich wird er zur Tür heraustreten, mit Kuchen von ihrem Lieblingsbäcker, sie hat die Kaffeebohnen gemahlen – es gibt ihr geliebtes Heißgetränk wieder aufgebrüht in großen Tassen, wie ganz am Anfang. Die riesige Kaffeemaschine ist nicht mehr an ihrem Platz. Das Corpus Delicti aus längst vergangenen Zeiten, als sie sich noch wegen Geldes stritten, hat einen neuen, hoffentlich zufriedenen Besitzer gefunden.

Der Nachmittagskaffee mit Kuchen aber bleibt ein *must have* für alle Ewigkeit und das Schönste ist: Sie freut sich wieder, dass Stefan nach Hause kommt, sich zu ihr setzt und ihr warm ums Herz wird. »Mann ist das 'ne Affenhitze! Trotz Klimaanlage bin ich total platt.« – »Dann setz dich, hier im Schatten weht ein angenehmes Lüftchen.« Rosa wickelt das Kuchenpaket aus, das er auf den Tisch gelegt hat, und schnuppert an den beiden Stücken. »Hmm, Sauerkirsche! Morgen backe ich uns einen Blechkuchen nach Oma Friedas Rezept!« Nasser Kuchen, so heißt der im Allgemeinen, und ob mit Rhabarber, Sauerkirschen oder Apfel, man leckt sich die Finger danach. Rosa hatte der Oma das Rezept noch rechtzeitig abluchsen können, es war nirgends aufgeschrieben, die Hausfrau früher wusste einfach, was alles hineingehört. Jetzt hat

Rosa die Thüringische Backkunst sicherheitshalber für nachfolgende Generationen in Wort und Schrift bewahrt.

»Haben wir am Wochenende was vor?« Stefan hat sich anscheinend akklimatisiert und sitzt ohne T-Shirt vor ihr. Er lächelt breit bei seiner Frage, Rosa erwidert das Lächeln und lehnt sich zurück in ihren Stuhl: »Wenn ich dich so anschaue, verschwitzter freier Oberkörper, dazu schön braungebrannt fällt mir gleich was ein.« Ihre Augen strahlen, die Lippen verziehen sich verschmitzt. »Was denn? Gartenarbeit? Baden gehen?«, fragt Stefan ironisch, denn er weiß, was sie vorschlagen wird. »Ja, so in der Reihenfolge, doch davor könnten wir uns noch verabreden.«

Verabreden. Das ist der Codename für das neue Lieben. Früher unvorstellbar, doch jetzt ist es für Rosa eine Gewissheit: Auch die Liebe braucht feste Zeiten. Ihr geht durch den Kopf, wie sie beide durch dieses neue Ritual aus ihrer Misere kamen und sich ihre Beziehung so wunderbar erneuern konnte. Man verabredet sich schließlich auch mit seiner Familie, mit Freunden, mit Kollegen; was spricht dagegen, sich mit seinem Mann zu verabreden? Stefan überlegt eine Weile. Rosa weiß ja, er will morgen Nachmittag den neuen Trainer im Vorbereitungsspiel unterstützen, das hat er zugesagt. Es war nicht so einfach für ihn, den Posten abzugeben, doch nun ist er froh, nicht mehr die ganze Verantwortung für die erste Mannschaft zu haben. »Samstag morgen, nach dem Aufwachen?«, schlägt sie vor. Er muss nicht wirklich lange über diesen Vorschlag nachdenken. »Passt! Einverstanden.« Jetzt sind sie verabredet und ein leichter Schauer der Vorfreude läuft Rosa über den Rücken. Sie lehnt sich über den Tisch, um ihm einen Kuss zu geben. »Danke für die Zusage. Und das Geschenk nicht vergessen!« – »Selbstverständlich!« Ihr zuzwinkernd setzt er die Kaffeetasse an und schlürft sie Schluck für Schluck aus.

In der Nacht erwacht Rosa durch ein lautes Donnern, Starkregen prasselt zur Erde, Blitze erhellen den tiefschwarzen Himmel. Sie steht auf, um das Fenster zu schließen. Stefan hat einen beneidenswerten Tiefschlaf, wenn man neben ihm eine Bombe zünden würde, schliefe er wohl trotzdem weiter. Das Gewitter hat sie erhofft, es kühlt endlich die trockene, vor Hitze flirrende Luft etwas ab und das leidige Gießen entfällt für ein paar Tage. Also morgen keine Gartenarbeit, nicht Baden gehen, doch die *Verabredung* bleibt, die ist wetterunabhängig, ein kuscheliger Gedanke, der sie schnell wieder einschlafen lässt.

Es kitzelt etwas leicht an ihrer Nase, wie eine Fliege, doch das Kitzeln lässt sich nicht zu verjagen. Jetzt merkt sie, dass es keine Fliege ist, sondern Stefan, der sie seitlich auf seinen rechten Arm gestützt mit einer Feder in der linken Hand wecken will. Sie räkelt sich. »Bestimmt ist es mitten in der Nacht«, brummelt sie. »Nein, es ist neun Uhr.« Sie öffnet die Augen und sieht, dass er nackt im Bett liegt. »Wir sind verabredet, mein Schatz. Ich kann dich gerne an anderen Stellen noch krabbeln, damit du wach wirst.« – »Okay, bin gleich zurück.« Sie steht auf, flitzt ins Bad, entledigt sich ihres Schlafanzuges und macht sich frisch für die Liebe, die sie gleich erleben wird. Im Evakostüm huscht sie unter seine Decke und schmiegt sich an ihn.

Jetzt wird die Einladung zur Vereinigung an ihre Körper abgeschickt, so stellt sich Rosa das jedes Mal vor. Das männliche Geschlechtsorgan erfährt es zuerst und geht in

Stellung, die Vulva braucht eine Weile, bis sie davon Kenntnis nimmt, wird dabei aber von Stefans Hand auf dem Venushügel unterstützt. Nun warten sie, bis das Oxytocin den ganzen Körper überschwemmt, die Vagina Bereitschaft verkündet und alle Zellen Samba tanzen wollen. *Slow Sex!* Was für ein passender Name! Doch was es wirklich ist, was sie gleich erleben werden, dafür gibt es keine Worte. Es ist wie eine wunderbare Meditation, darum kann man diesen Sex auch nicht beschreiben, es ist keine Technik, die man erlernt.

Sie liegen aneinander, streicheln sich ganz fein über ihre Gesichter, über ihre Körper und lassen die Lippen folgen. Sie liegen beieinander und warten auf die Impulse aus ihren Körpern. Es vergeht fast eine halbe Stunde. »Komm zu mir!« Rosa öffnet ganz langsam und weit ihren Schoß, umschließt Stefans Hüfte mit ihren Beinen und sein Glied, das beschenkend langsam an ihren Schamlippen vorbei in das Zentrum der Liebe gleitet, wird von ihr wohlwollend empfangen. Ineinander verschmolzen wartet Rosa weiter auf die Antwort aus ihrem Inneren. Nun spürt sie, wie die *Kundalini*-Energie erwacht und langsam, wie eine Schlange, an ihrer Wirbelsäule entlang nach oben kriecht. Dann öffnen sich beide Herzen und verbinden sich zu einem Energiekreis, der sie der Gegenwart enthebt. Plötzlich glaubt Rosa zu fliegen, sie fliegt wie eine *Yin-Yang*-Kugel durch das All. Sie fühlt sich wunderbar lebendig und gleichzeitig geborgen in diesem Augenblick, der ewig zu dauern scheint.

Sie erlebt eine Vereinigung, ein *Eins-Sein* mit dem Geliebten, so viel reicher und tiefer, als alles andere was vorher war. Diese zutiefst erfüllenden Umarmungen voller

Freude, in der die vibrierende Lust ihren Körper überschwemmt und die Wonne ihr Herz hüpfen lässt, hat sich zur Ekstase ausgeweitet und lässt ihre beiden Seelen verschmelzen. Die Zeit vergeht nicht, alles ist, sie sind.

»Es ist herrlich, ich will gar nicht damit aufhören. Endlich fühl ich mich willkommen bei dir und nicht mehr wie ein Eindringling.« Stefan liegt bequem seitlich an und in ihr, sie sieht ihm die Glückseligkeit an. Langsam kommen beide zurück aus ihrem Traum. »Sag du dazu, was du willst, ich hatte wieder eine sexuelle *Befriedung!*« Rosa freut sich über ihre Wortschöpfung, denn genauso ist es, sie ist nicht nur befriedigt, sondern befriedet. »Ob das der Friede Gottes ist?« – »Mir egal, wie du das nennst, ich denke es ist der Himmel auf Erden.«

Sie gehen behutsam aus ihrer innigen körperlichen Verbindung und genießen das anhaltende Gefühl von Schwerelosigkeit. Rosa dreht den Kopf zu ihm: »Stand das damals schon in deinem Brief, dass wir in dreißig Jahren in so eine heilsame Erotik eintauchen?« Sie schaut ihm in die Augen, lächelt still und kuschelt sich wieder an ihn.

Der Regen in der Nacht war für die Natur so heilsam wie die körperliche Liebe für die zwei Menschen, die sie heute Morgen zusammen erlebt haben. Der Tag bleibt kühl, doch in den Abendstunden sind die Temperaturen wieder angenehm mild. Stefan wischt Tisch und Stühle auf der Terrasse trocken und holt die Sitzauflagen aus dem Schuppen. Rosa hat zum Abendessen Pizza gebacken, dazu gibt es Salat, frisch gepflückt aus dem Hausgarten. »Nimmst du auch ein Bier?« – »Klar, ein Samstagabend-Bierchen gehört auf den Tisch«, antwortet Rosa und fragt nach: »Gibt es denn einen Grund anzustoßen? Hat deine Mannschaft gewonnen?« Stefan schaut zu ihr auf, als wollte er wie früher die alte Frage stellen, ob sie das wirklich interessiert. Doch er antwortet souverän: »Das Spiel ist unentschieden ausgegangen, aber sie haben es gut gemacht, war Pech dabei, aber der Neue hat die Jungs echt gut aufgestellt. Ich denke, es ist ein guter Grund, darauf anzustoßen, dass es auch ohne mich geht im Verein.«

Rosa kann nicht glauben, was sie hört und fragt nochmal nach. »Hast du das grad gesagt?« Er dreht sich zu ihr um, geht auf sie zu und nimmt sie fest in den Arm. »Ja, ich hab das gesagt, dein Gatte, der 'ne Menge verstanden hat im letzten Jahr. Ich gehe ganz raus aus dem Fußballzirkus, war lange genug, jetzt können es andere machen, so wie sie es für richtig halten.« Er sieht in ihr erstauntes Gesicht und lacht. »Tja, auch Männer können sich ändern oder besser: Sie können sich erinnern, dass es so viel mehr im Leben zu entdecken gibt.«

Rosa genießt die Umarmung, es fängt wieder an zu kribbeln wie heute Morgen bei der Verabredung. Doch dann fällt ihr etwas ein und sie löst sich aus seinen Armen, nimmt Stefan das Bier aus der Hand und stellt die beiden Flaschen auf den Tisch. »Jetzt mal was anderes, Schatz – das ist der perfekte Anlass, den Champagner aufzumachen! Die Flasche steht seit meinem Geburtstag im Kühlschrank!« – »Dann gerne den Schampus!«

Was für ein Tag, denkt Rosa. In der Jugend des Lebens meinst du, dass es auf Gefühle und die körperliche Liebe ankommt und sonst auf wenig. Dann glaubst du eher an den Verstand, an die Arbeit, die Familie, an den Erfolg. Das erste hab ich vor langer Zeit erlebt, das andere scheint sich gerade dem Ende zu zuneigen. Der Verstand liefert immer nur dieselben Geschichten, die Arbeit ist zum bloßen Gelderwerb mutiert, die Kinder gehen längst ihre eigenen neuen Wege und Erfolg erweist sich in der materiellen Welt als Schimäre. Vielleicht ist es eine gute Idee, die körperliche Liebe wieder an die erste Stelle zu setzen? Vielleicht ist es das, wonach zu streben es sich lohnt, das, was wirklich Entspannung und Wohlbefinden nach sich zieht? Was stand auf den bunten Geburtstagskarten, die ihr die Freunde geschrieben haben und die noch immer auf dem Küchenregal stehen: *Viel Glück! Entspann dich! Genieße den Augenblick! Gesundheit und ein langes Leben!* Leider steht darauf nicht, auf welchen Wegen diese hehren Wünsche in Erfüllung gehen könnten. Kann Glück ein Ziel sein im Leben? Ist es nicht vielmehr nur Ergebnis dessen, was wir empfinden, wenn uns etwas Freude macht?

Stefan räumt den Tisch ab, holt die Flasche für den besonderen Anlass und passende Gläser dazu auf die Terrasse. Der Korken zischt mit lautem Knall über die Blumenbeete. »Ist ja wie Silvester!«, lacht Rosa und sie stoßen mit den vollen Gläsern auf das neue Leben an.

»Sag mal Stefan, jetzt ist alles so einfach im Bett, du kommst, wann du es willst. Wie ist das möglich?« Er gießt nochmal Sekt in die Gläser. Es ist ihm sichtlich unangenehm, fast peinlich, wenn er darüber nachdenkt, wie ihr Liebesleben vor einem Jahr noch war, doch heute erklärt er ihr selbstbewusst: »Mein bestes Stück ist ein eigenes Wesen. Früher war ich sein Untertan, *er* hat entschieden, wann er kommt. Jetzt entscheide *ich,* was er macht. Wir haben die Rollen getauscht. Ich hab ihn überlistet, ihm die

Macht entzogen und auf mich übertragen. Jetzt ist es auch ein Tanz auf dem Vulkan, doch ich bin es, der auf das Eruptionsknöpfchen drückt. Es macht Spaß, das Zepter in der Hand zu halten. So wie: Komm, lass uns noch weiter um den Kraterschlund herumtanzen, ohne an das Knöpfchen zu kommen. Klasse! Ich genieße es. Ich hab jetzt nicht mehr das kurze Gefühl Aaahhh ... und vorbei, es wird keine Silvesterrakete mehr gezündet, jetzt ist es ein Sternschnuppen-Regen, der gar nicht aufhören will.« – »Wie schön du das formulierst!«

Die Nacht hat sich bereits über die Gärten, Häuser und Felder gelegt, der Halbmond lugt hin und wieder durch die Wolken, mal sind Sterne zu sehen, mal verschwinden sie wieder. Es ist kühler geworden, sie legen sich eine Decke über die Beine, doch beide wollen die Magie dieses Abends noch auskosten. »Kannst du es noch mehr beschreiben, was sich geändert hat?« Er lehnt sich mit dem Glas in der Hand im Gartenstuhl zurück und schaut hinauf zum Mond, als würden dort die Antworten stehen. »Jetzt ist unser Liebesspiel zehnmal so lange. Es ist das möglich, was ich mir so gewünscht, aber nie für möglich gehalten hab.« Er hält inne. Rosa setzt ihr Glas an und trinkt es genüsslich aus. Sie hat kein Bedürfnis zu reden, denn sie will Stefan nicht in seinem Flow unterbrechen. Er spricht leise weiter, ringsherum in den Vorgärten sind alle anderen Geräusche erstorben, nur ab und zu entlässt das Windspiel an der Pergola einen sanften Ton in die nächtliche Ruhe.

»Doch das Alles ist nur möglich durch Bewusstsein, durch Bewusstwerdung. Ich bin mir bewusst geworden: *Das will ich nicht mehr!* Ich konnte dir nicht genügen und auch mir war es schon lange zu wenig.« Sie schaut ihn an und die Ehrlichkeit in seinen Worten tut so gut. »Eigentlich müsste ich alle meine Freundinnen vor dir einladen und ihnen zeigen, was ich jetzt kann. Es war oft so peinlich, ich hätte in den Boden versinken können, als ich mit feuchter Hose nicht die Wahrheit sagen konnte.« Jetzt senkt Rosa den Kopf, guckt strafend über ihre Brille und zieht die Augenbrauen nach oben: »Nun lass die Kirche aber mal im Dorf! Das muss wirklich nicht sein.« Er lacht. »War nur ein interessanter Gedanke.« – »Na, wenn es beim Gedanken bleibt, spinn ihn weiter.« Sie setzt sich auf seinen Schoß und küsst ihn lange. »Die Flasche ist noch halb voll.«

Stefan holt ein Schälchen Cashew-Kerne aus der Küche und stellt sie neben die Gläser. »Und bei dir Rosa? Kannst du auch beschreiben, was jetzt so anders für dich ist?« Sie holt tief Luft und steckt sich ein paar von den Nüssen in den Mund. »Wie soll ich sagen? Mir geht es ähnlich. Jetzt ist Sex mit dir ein wahres Geschenk für mich. Ich weiß inzwischen, dass ich euch Männer viel zu schnell in mich hineingelassen habe, obwohl ich noch nicht wirklich bereit war. Auch dich. Dafür kann nicht der Mann etwas, das ist meine Verantwortung.« Stefan sieht erstaunt zu ihr rüber. »Warum hast du es mir nie gesagt?« – »Weil ich es nicht gewusst habe, dass es so lange dauert, bis die Frau warm und wirklich bereit ist. Pure Unwissenheit. Wie bei dir.«

Wenn Ehrlichkeit Licht wäre, würde ihre Terrasse jetzt gerade flutlicht-hell erleuchtet sein wie ein Fußballplatz. Rosa erklärt ihm weiter: »Ich denke, das geht den allermeisten Frauen so. Vielleicht schämen wir Frauen uns auch dafür, so viel Zeit zu brauchen oder wir wollen dem Mann gefallen oder ihn nicht verunsichern. Die Gründe sind sicher unterschiedlich. Es lohnt sich jedoch für jede Frau, hier wirklich ehrlich zu sein. Denn wenn wir Frauen nicht auf unseren Körper hören, verschließt er sich und wir verlieren das Interesse am Sex.«

Stefan lächelt. »Auch mein Bruder hat sich letztens gewundert: *Was, ihr habt noch Sex? Mit fünfzig?* Das hat keiner mehr in seinem Bekanntenkreis.« Rosa lacht traurig, da sie von vielen Frauen weiß, dass bei diesem Tabuthema einiges im Argen liegt.

»Mir fällt dazu noch etwas anderes ein.« Stefan nickt ihr zu, er möchte wissen, was. »Wir waren beide sehr stark auf Distanz eingestellt. Durch unsere Verletzungen. Nie wieder wollten wir erleben, durch eine Trennung uns so verlassen zu fühlen. Ich hatte mir meine Eisenbänder ums Herz gelegt und du dich in deine Trutzburg verschanzt. Es ist wirklich die größte Freude, die du mir machen kannst, dass ich dich nun endlich als meinen Freund und Weggefährten erleben kann, der geistig und seelisch mit mir verwandt ist.«

Rosa jubiliert innerlich: Wir haben einen Schatz gehoben, vielleicht den *Heiligen Gral* gefunden und Bibi hatte recht: *Wenn es im Bett stimmt, kommt der Rest hinterher!*

Beseelt von diesem Gedanken geht sie ins Haus und kommt mit einem kleinen Büchlein zurück. »Das hat mir letztens Tante Margit geschenkt.« Sie blättert darin, bis sie die gewünschte Seite findet. »Die großen Geister von damals haben von dieser Liebe längst gewusst. Lies mir doch bitte in dieser wundervoll authentischen Nacht mein Lieblingsgedicht von Wilhelm Busch vor, hier, auf der rechten

Seite.« Stefan nimmt das von ihr aufgeschlagene Buch in
seine Hände, stellt sich neben den Stuhl in den Schein des
Windlichts auf dem Tisch, und er liest den kleinen Vers
vor, als wäre es sein eigenes Bekenntnis:

Wärst du ein Bächlein, ich ein Bach,
So eilt ich dir geschwinde nach.
Und wenn ich dich gefunden hätt'
In deinem Blumenuferbett:
Wie wollt ich mich in dich ergießen
Und ganz mit dir zusammenfließen,
Du vielgeliebtes Mädchen du!
Dann strömten wir bei Nacht und Tage
Vereint in süßem Wellenschlage
Dem Meere zu.

Rosa wischt sich mit einem Taschentuch zwei Tränchen
unter ihrem Auge ab. Während die Turmuhr zwölf Mal
schlägt, setzt sich Stefan zurück in den Gartenstuhl und
fragt leise: »Ist das jetzt für immer?« Über Rosas Gesicht
huscht ein schelmisches Lächeln und sie flüstert: »Wenn
nicht für immer, dann auf jeden Fall für ewig!« Er
schmunzelt dankbar und sie schaut glücklich zum nun
wolkenlosen Nachthimmel hinauf. Rosa weiß nicht, ob
sie es sich nur einbildet, doch es kommt ihr so vor, als
würden alle Sterne heller leuchten.

Ausatmen – Einatmen.

Ein Wort der Verlegerin

»Ist das au-to-bi-o-gra-fisch?« Diese Frage dürfte mit Abstand die häufigste bei Lesungen sein. Sehr beliebt beim Publikum, weniger bei Autorinnen und Autoren. Wie kann Katrin Kremzow darauf antworten, ohne dass wir sofort denken: *Das ist ja die aus dem Buch gesprungene Rosa! Lebhaft, übersprudelnd, eine, die ihr Talent zum Dampfplaudern im Außendienst verfeinert hat.*

Da kommt eine zu dir und sagt, sie möchte einen Roman schreiben über eine Frau, die lange verheiratet und nun in der Dauerkrise ist, weil ihr etwas fehlt. Natürlich musst du da lachen – wie oft hast du das schon gehört. Und sogar Bücher dazu geschrieben, zu Frauen mit Liebhabern oder zu den Wahrheiten, die hinter Ehefassaden stecken. Man kann darüber gar nicht oft genug schreiben – doch die, die da zu mir kam, war Katrin Kremzow. Und sie sagte: »Halt, stopp, das wird in meinem Buch alles gaaaanz anders.«

Sie begann zu reden wie der berühmte Wasserfall. Dass Liebhaber und Fremdgehen ja wohl keine Patentlösung seien. Und genereller Lustverzicht auch nicht. Dass ihre Roman-Heldin Rosa das alles gaaaanz anders lösen würde.

Ja, das klang spannend, wie wird Rosa es denn angehen?

»Na, mit anderen Frauen, ihrer Mutter, ihrer Tante, mit Freundinnen und Freunden von früher, mit denen redet sie, ganz offen, und vor allem: ohne Tabu! Sie hat dabei jede Menge Erkenntnisse über sich selbst ...«

Ja, fein, hört sich gut an, aber ich konnte mir die gemeine Frage nicht verkneifen: »Und was ist mit Rosas *Mann*?« Ich will nicht spoilern, nur so viel: Katrin Kremzow hatte eine ebenso einleuchtende wie überraschende Antwort für mich.

Und dann legte sie mit dem Schreiben los. Wie hab ich den Kopf geschüttelt bei Katrins ersten Texten, die ein Roman werden sollten. Bericht! Zusammenfassung! Wo ist der rote Faden? Die normale Einsteigerin hätte hingeschmissen. Nicht so KK, die mit ihrer Heldin Rosa die Liebe zu Pippi Langstrumpf teilt: »Wir machen uns die Welt, wie sie uns gefällt! Und ich tu auch was dafür.«

Der beeindruckendste Moment mit Katrin in ihrer Zeit des Schreibens war, als sie in meinem Garten vor zahlreichen Gästen das erste Mal aus ihrem Manuskript las: Gaaanz ruhig und gelassen, mit aller Zeit der Welt trug Katrin vor. Seid gewiss, die typische Frage kam trotzdem: »Ist das autobiografisch?«

Ich freue mich jedenfalls sehr, dass wir jetzt mit Katrins Liebesroman einen Frauen-Roman ins Verlags-Programm einreihen, der eine Frau aus dem schönen, grünen Thüringen zur Heldin hat – mal was anderes, Schatz!

Alle Bücher im Rellin Verlag haben eine besondere Geschichte, die ich Euch gerne erzähle. Allen gemeinsam ist: Sie bringen Themen, die aus meiner Sicht in die Welt müssen. Sie bringen Menschen miteinander ins so wichtige Gespräch. Und sie bringen uns gute Lese-Stunden.

Viel Freude beim Lesen wünscht

Martina Rellin

Bisher im Rellin Verlag erschienen:

- Klar bin ich eine Ost-Frau! Frauen erzählen aus dem richtigen Leben. Von Martina Rellin
- Amors Kirschkern. Eine kleine Liebesgeschichte. Von Brigitte Luber
- Tauchnitzhaus. Frauenroman. Von Annegret Schowalter.
- Ein Mann steigt seinem Krebs aufs Dach. Das Mutmach-Tagebuch. Johannes Heine & Martina Rellin
- Kein Licht der Welt. Die Geschichte einer Stillen Geburt. Von Carola Kalks
- Im Rudel Hund – Mensch. So räumt Ihr Missverständnisse aus. Von Simone Müller
- Ich und die DDR. Von Johannes Heine
- Die Wetterseite der Bäume. Umsiedlung und Krieg. Kolja – ein Junge aus Wolhynien auf der Suche nach Heimat. Von Peter Arndt.
- Sonne im Schnee – Weihnachtsgeschichten. Von 20 Schreibwerkstatt-Autorinnen, Hrsg. M. Rellin
- Mit hellem Schein. Weihnachtsgeschichten. Von 25 Autorinnen und -Autoren. Hrsg. M. Rellin
- Die Turgot-Kurve. Wie das Zuviel und das Zuwenig die Welt zum Kipp-Punkt bringen. Von Hartmut Stieger.

Rellin Schreibwerkstatt und Rellin Verlag
www.rellinverlag.de
info@martinarellin.de

Katrin Kremzows Herzensthema ist es, die Geheimnisse der Ehe und langjähriger Beziehungen zu erforschen. Darüber einen Roman zu schreiben, war für sie eine Berufung aus der geistigen Welt, wie sie selbst sagt. Katrin Kremzow wurde 1963 in Erfurt geboren, studierte Agrarwissenschaft und danach das Leben mit Ehemann, Kindern, Familie und ihrer Arbeit als Außendienstlerin. Wie ihre Heldin Rosa lebt sie in Thüringen.

»Jetzt mal was anderes, Schatz!« ist Katrins Debüt-Roman. Katrin zählt sich zu den sogenannten Intuitiven, hat sich aber für ihren Roman solides Handwerkszeug in der Rellin Schreibwerkstatt geholt. Inhaltlich inspiriert wird und wurde sie in ihrer Arbeit der Selbst-Bewusstwerdung von Stefan Hiene, Yod Udo Kollitscher, Eva-Maria Zurhorst, Diana Hemmi, Simone Langendörfer und nicht zuletzt Diana und Michael Richardson sowie von vielen Nichtgenannten ...